DICTIONNAIRE

DES

LIEUX HABITÉS

DU

Département de Saône-et-Loire.

Extrait de l'Annuaire de Saône-et-Loire pour l'année 1892.

DICTIONNAIRE

DES

LIEUX HABITÉS

DU DÉPARTEMENT

DE SAONE-ET-LOIRE

Par P. SIRAUD

Chef de Division à la Préfecture,
Officier d'Académie,

PRÉCÉDÉ DE

Considérations sur l'origine et la signification des noms de lieux

Par L. LACOMME

Docteur en droit,
Conseiller général de Saône-et-Loire,
Officier d'Académie.

MACON
IMPRIMERIE GÉNÉRALE, X. PERROUX ET Cie

1892

Le dictionnaire des lieux habités de Saône-et-Loire a paru, la dernière fois, dans l'*Annuaire* de 1869.

Le travail que nous livrons aujourd'hui au public a été considérablement augmenté à l'aide de documents très précis qui ont été gracieusement mis à notre disposition par l'Administration des postes.

La savante étude de M. Lacomme donne à notre publication un véritable caractère de science et d'érudition qui sera, nous l'espérons, apprécié de tous.

Qu'il nous permette de lui adresser ici nos plus sincères remerciements

P. SIRAUD.

Janvier 1892.

INTRODUCTION

Considérations sur l'origine et la significa- tion des noms de lieux habités du dé- partement de Saône-et-Loire.

Les questions relatives à l'origine et à la signification des noms de lieux ont toujours éveillé la curiosité des érudits et des chercheurs, on peut même dire de tout le monde ; car cette curiosité dérive d'un sentiment inné à la nature de l'homme, le désir de connaître l'origine et la raison d'être de ce qui l'entoure. Aussi n'est-il pas de sujet sur lequel se soit exercée davantage, avec plus ou moins de bonheur, la sagacité des savants de tous ordres. On trouve déjà d'inté- ressantes indications sur ce sujet dans des ouvrages publiés au siècle précédent, comme ceux d'Adrien de Valois et de Lebœuf, dans l'immortel *Glossaire* de Du Cange, dans notre savant compatriote Courtépée : et parmi les innombrables monographies et histoires locales parues jusqu'à ce jour, il n'en est peut-être pas une dans laquelle l'auteur ne se soit évertué à expliquer le sens et l'origine des noms des localités dont il raconte l'histoire.

Ce n'est guère toutefois que depuis une trentaine d'années que l'on a cherché à coordonner ces efforts et à jeter les bases d'une théorie générale. Les premiers essais dans cette voie sont dus à M. Houzé (*Études sur la signification des noms de lieux en France*) qui a un peu trop abusé des emprunts aux langues néo-celtiques, à Jules Quicherat (*De la formation française des anciens noms de lieux*, 1867) qui traite peu de la signification des noms de lieux, mais surtout de leur déri- vation au point de vue phonétique, à Hipp. Cocheris (*Origine et formation des noms de lieux*, 1872) qui a ajouté aux travaux précédents de nombreuses étymologies, assez souvent fort hasardées.

Aujourd'hui, les deux maîtres dans cet ordre d'études, qui ont amené la toponymie historique à l'état de science véri- table, sont deux éminents professeurs au Collège de France, MM. Longnon et d'Arbois de Jubainville. « La science de la « toponymie historique en France, écrivait récemment « M. Gaston Paris, doit à M. Longnon la constitution de sa

« vraie méthode, à M. d'Arbois de Jubainville les fondations, « inébranlables dans leur ensemble, sur lesquelles elle se « sera élevée. » (*Romania*, numéro de juillet 1890.)

C'est aux leçons et dans les ouvrages de ces deux savants maîtres qu'ont été puisés les principes et la méthode que le modeste travail qui va suivre s'efforce d'appliquer à un certain nombre de faits particuliers.

Les noms de lieux forment la plus riche nomenclature de la langue usuelle : la dernière édition du *Dictionnaire des postes et des télégraphes* renferme environ deux cent mille noms, et elle est loin d'être complète, si on la compare, pour certains départements, aux dictionnaires des hameaux et écarts qui ont été publiés dans les Annuaires locaux. On arriverait certainement au chiffre d'un million, si l'on comprenait tous les lieux habités, hameaux et écarts, et les noms des cours d'eau et des montagnes. Pour Saône-et-Loire, en particulier, le dictionnaire des lieux habités, auquel le présent travail sert d'introduction, publié par Monnier en 1862, remanié et augmenté par Sirand en 1892, renferme environ quinze mille noms. On voit quel vaste champ s'ouvre aux recherches de l'étymologiste.

Cet immense vocabulaire n'est pas l'œuvre systématique d'un ou plusieurs hommes; il s'est formé au hasard des circonstances depuis que le territoire a été habité et il a pour auteur les populations et les races établies successivement dans notre pays, dont chacune y a laissé la trace de son passage. Ces noms, dont un grand nombre ne disent rien à notre esprit, ont pourtant tous un sens et une raison d'être qu'il est trop souvent difficile de découvrir aujourd'hui, soit par suite de l'ignorance où nous sommes de la langue des populations primitives, soit par suite des altérations profondes qu'ont subies ces noms dans le cours des temps. Ils se rapportent à la configuration topographique du sol, à sa nature, ou à son aspect extérieur, à ses productions végétales, aux animaux qui y vivent; très souvent, ils rappellent la destination des lieux, les constructions qui y ont été élevées, les anciens événements qui s'y sont passés, les noms des anciens possesseurs, des peuples qui y ont vécu, le souvenir de sanctuaires religieux, d'anciennes divinités ou de saints du christianisme, etc.

On voit donc quelle mine féconde de renseignements peut fournir cette étude au point de vue de l'histoire du passé, notamment en ce qui concerne l'extension géographique des races qui ont successivement peuplé notre pays. Aujourd'hui encore, les noms de la plupart des peuples gaulois, à l'arrivée de César, revivent dans un grand nombre de noms de villes ou de régions naturelles de notre pays. La zone d'expansion de la race celtique en Europe peut être déterminée par l'examen des noms terminés par certains suffixes, comme *dunum*, *briga*, *magus*, etc., caractéristiques de cette race. Dans la haute Italie, la région occupée autrefois par les Gaulois (Gaule cisalpine) présente encore aujourd'hui des noms de lieux en *ago* (ancien suffixe gaulois *acus*) qui contrastent avec les noms en *ano* (ancien suffixe latin *anus*) et qui marquent nettement les limites de la colonisation gauloise du côté du Sud. En France même, certaines parties de la Province romaine, plus fortement romanisées que le reste de notre pays, sont encore reconnaissables aux désinences spéciales des noms des localités (noms en *an* de *anus*, en *argues* de *anicus*, etc.). Dans la France du Nord et de l'Est, les noms si nombreux en *court* ou en *ville* marquent nettement la région occupée par les envahisseurs franks. Dans l'Est, les noms en *ans*, si nombreux dans les départements formés de la Franche-Comté, dans la Suisse romande, et dans la région à l'est de la Saône, sont des indices de la colonisation burgonde. Les noms de lieux si caractéristiques du Boullenais (arrondissements de Boulogne et de Saint-Omer) en *thun*, en *ingues*, en *bert*, en *brique*, etc., rappellent l'établissement des Saxons dans cette partie du littoral, et leurs analogues se retrouvent dans les noms saxons de l'Angleterre.

La méthode à suivre, pour retrouver l'étymologie des noms de lieux, doit être à la fois historique et comparative. Il faut, autant que possible, rechercher les formes anciennes des noms des localités et en partir pour en déterminer le sens d'après les langues parlées autrefois : les déformations subies par les noms avec le cours des siècles sont souvent telles que, sans le secours des formes anciennes, le sens en serait absolument impossible à découvrir. Ce sont les formes antérieures à l'an 1000 que l'on doit surtout prendre en considération; car, après cette date, la langue vulgaire étant formée, on n'a plus guère que des formes latines calquées sur la forme populaire.

Il faut en outre user de la méthode comparative, c'est-à-dire rapprocher en séries homologues les noms qui, par leur structure, leur finale, etc. paraissent appartenir à la même famille. Très souvent, le sens d'un nom qui, isolé, paraît obscur, s'éclaire d'une vive lumière à l'aide de ces rapprochements.

Ce qui se comprend aisément du reste; car les circonstances qui ont fait créer tel nom sont le plus souvent de nature à se reproduire en des endroits différents. Rien n'est d'ordinaire difficile à interpréter comme un nom isolé; car c'est peut-être le seul vestige d'une langue perdue.

En suivant cette méthode, en recherchant soigneusement

les formes anciennes, en appliquant toujours, les lois de la phonétique à l'étude de leurs transformations successives, on arrivera certainement à des résultats intéressants, et, en tout cas, on évitera surtout ces étymologies de haute fantaisie auxquelles des hommes sérieux se sont souvent laissé aller. On se gardera, par exemple, pour ne citer que quelques exemples locaux, de dériver Tavernay de *Taranis*, dieu du Tonnerre, Lucenay de *Lucina*, déesse des accouchements, Issy-l'Évêque du culte de la déesse *Isis*, Marmagne de *Mars Magnus*, Romanèche de *Romana esca*, Brandon de *Bronni dunum*, Cluny de *Clunes*, etc. Le pittoresque pourra perdre à ces suppressions; mais la vraie science y gagnera.

L'ordre le plus naturel à suivre dans une étude de ce genre consiste à rechercher autant que possible, dans la série des temps, les différents éléments, les stratifications successives, que les races diverses qui ont occupé, l'une après l'autre, notre pays, ont laissé dans sa toponymie.

C'est là le programme que le maître autorisé des études romanes, M. Gaston Paris, traçait récemment avec la plus grande précision (*Romania*, juillet 1890) :

« D'abord les désignations primitives de fleuves, de mon-« tagnes, de régions appartenant à la langue mystérieuse des « premiers habitants de notre sol ; puis les noms des princi-« pales villes (et sans doute aussi, ajouterai-je, d'un certain « nombre de petites villes ou villages) donnés par leurs « fondateurs, Celtes, Ligures, Aquitains ; — puis l'immense « liste des noms appartenant à la période gallo-romaine, « contenant surtout des dérivés ou composés de noms per-« sonnels, mais aussi des noms tirés d'accidents de terrain, « de plantes, d'animaux, etc., et quelques intéressants « souvenirs des colonies barbares fondées sous l'Empire ; « puis les noms très nombreux attestant la conquête germa-« nique ; — les noms empruntés au culte des saints, les noms « des fondations de l'époque féodale, enfin les noms isolés de « l'époque moderne. »

Dans le travail qui va suivre, avec les limites restreintes qui lui sont imposées, il ne peut évidemment s'agir de rem-plir dans tous ses détails un programme si étendu. Il ne serait du reste possible de le réaliser pour une région déterminée, le département de Saône-et-Loire par exemple, que lorsque les dictionnaires topographiques des divers arrondissements auront été publiés (1). On se bornera donc, pour compléter

---

(1) Le dictionnaire topographique du *Mâconnais* a été publié par Chavot ; celui du *Louhannais* par Guillemin, celui du *Chalonnais* par Canat de Chizy, celui du *Charollais* par Révérend du Mesnil, existent en portefeuille, mais n'ont pas encore paru. Pour l'*Autunois*, on n'a que les *Index* des Cartulaires et les *Pouillés* publiés par A. de Charmasse.

ces notions générales, à parcourir rapidement les périodes successives indiquées précédemment en appliquant les principes généraux à un certain nombre d'exemples choisis parmi les noms qui ne permettent guère le doute.

Nous espérons que la voie ainsi tracée sera suivie par d'autres et que peu à peu, grâce à la recherche et à l'étude des formes anciennes, s'établira d'une façon complète la théorie des noms de lieux de Saône-et-Loire au point de vue du sens et de l'étymologie.

Noms de l'époque gauloise.

On doit s'attendre à trouver de nombreux noms de lieux d'origine gauloise dans l'ancienne contrée des Eduens, dans une région qui fut alors un des centres de la civilisation celtique. Et de fait nous allons passer en revue un certain nombre de noms dont la celticité est incontestable ; de plus il est fort probable que beaucoup de nos noms communaux, inexplicables aujourd'hui, dérivent des anciens *vici* gaulois.

Malheureusement la langue gauloise, qui n'avait pas de littérature écrite, a disparu rapidement après la conquête romaine et est à présent perdue ; il n'en reste qu'un petit nombre de mots conservés par les écrivains latins ou par les inscriptions. L'école celtique moderne, dont le fondateur est Zeuss, l'auteur de la *Grammatica Celtica*, et dont le chef incontesté est, actuellement, M. d'Arbois de Jubainville, est néanmoins arrivée à des résultats remarquables en réunissant ces faibles débris et en les interprétant au moyen d'ingénieux rapprochements avec les langues néo-celtiques.

Mais c'est ici qu'il faut une extrême prudence pour ne pas tomber dans la pure fantaisie : on est bien revenu à présent du procédé employé par Bullet qui consistait à dépecer les noms de lieux modernes pour y retrouver les racines d'un prétendu celtique. Il faut se garder également de demander l'explication directe d'un nom de lieu prétendu gaulois à ce qui peut subsister de gaulois dans les langues néo-celtiques, car ces mots gaulois se sont très modifiés avec le temps. En voulant expliquer des noms de lieux par le bas-breton, on s'est parfois exposé à prendre pour du gaulois des mots empruntés par le breton au latin et fort altérés jusqu'à être absolument méconnaissables ; ainsi, pour citer quelques exemples caractéristiques, le mot breton *pou* n'est qu'un dérivé du latin *pagus* au sens de région ; *plou*, paroisse, de *plebs* ; *tref*, ou *tré*, subdivision de la paroisse, dérive de *tribus* ; *gwik*, bourgade, de *vicus*, etc.

Parmi les noms de lieux dont la celticité est incontestable, une première classe, fort nombreuse, comprend des noms composés de deux thèmes celtiques : le premier est un nom propre d'homme, un adjectif, parfois un nom propre géographique ; le deuxième est un nom commun comme *dunum*, *durum*, *briga*, *magus*, *briva*, *ritum*, *dubrum*. La plupart de ces mots se retrouvent dans des noms de lieux de Saône-et-Loire.

Duxos, mot gaulois latinisé en *dunum*, au sens primitif de montagne, lieu élevé ; au sens secondaire de forteresse ; a été très employé et termine un grand nombre de noms de lieux gaulois.

Il a été employé à l'état isolé et subsiste avec perte de la finale sous la forme *Dun*, nom d'un grand nombre de localités de France (7 communes) ; dans Saône-et-Loire, la montagne de Dun-le-Roi, écart de Saint-Racho, jadis siège d'une ville qui donnait son nom à la région voisine, « *dunensis pagus* » en 954 ; et le diminutif Dunet.

En composition, *dunum* subsiste sous la forme *dun* dans Verdun, nom assez fréquent (6 communes) ; persistance du *d* appuyé par une consonne immédiatement précédente ; « *Verodunum* » d'un thème *Vero*, selon d'Arbois de Jubainville, au sens de bonne forteresse.

Dunum est devenu *don* dans : — Lourdon, écart de Lournand et de Saint-Léger-sur-Dheune, « Lurdunum castellum » au IXe siècle, peut-être pour *Lurodunum*. — Gourdon, *Gordunum*, « *Gurthonense monasterium* » dans Grégoire de Tours. — Brandon, nom de commune, « *ager Briendovensis* » en 917, « V^a *Brandono* » en 1000 ; et écart de Saint-Pierre-de-Varennes ; ancien *Brannodunum*, nom d'une localité de Grande-Bretagne dans la *Notitia occidentis* ; de *Brannos*, corbeau et nom d'homme (d'Arb. de Jub.).

Dunum se réduit parfois à *din* : Verdin, écart de Montagny et de La Vineuse, et Curdin, nom de commune, en sont peut-être des exemples.

Le *d* de *Dunum* est tombé (consonne médiane) dans : — Autun, de *Augustodunum*. — Brancion, *Brancidunum* en 927. — Nyon, écart de Saint-Sernin-du-Plain, sans doute un ancien *Noviodunum* « forteresse neuve ». — Suin (prononciation fautive pour Suun), *Sedunum* ou *Seodunum* dans les chartes de Cluny, peut-être d'un primitif *Segodunum* (nom ancien de Rodez). Cpr. Sion (Suisse), *Sedunum*.

Duros. Ce mot latinisé en *durum*, paraît être un adjectif gaulois pris substantivement au sens de forteresse ; il a formé des noms terminés en — *odunum*, notés à l'époque franke en — *odorum*, et *odurum* ; dans cette terminaison, l'o accentué a donné *eu*, le *d* médial est tombé, et on a eu une terminaison *eurre* qui s'est réduite de bonne heure à *erre*, noté parfois *arre* (exemple *Turnodurum*, Tonneure, aujourd'hui Tonnerre ; *Autessiodurum*, Auxeurre, aujourd'hui Auxerre). On peut citer dans Saône-et-Loire : — Ballore, commune du Charollais ; Balleure, écart d'Etrigny, primitif *Balodurum* ; *Balodornensis ager* en 984. — Anglure, anciennement Angleure, *Angledurum* (Cart. de Paray).

BRIGA, au sens de forteresse, château, termine un grand nombre de noms de lieux celtiques, surtout en Espagne. Dans les noms actuels, ce mot est peu reconnaissable ; car l'*i* de *briga* étant bref, le mot est tombé pour la plus grande partie ; l'*o* latin précédent étant accentué, la terminaison — *obriga* est devenue *euvre* ou *èvre*. On peut voir d'anciens noms en *briga* dans les noms terminés en *brium*, *bria*, ou sous les formes adjectives *brensis*, *brinsis*, des chartes du moyen-âge.

Verosvres vient probablement de *Verobriga*, et Volesvres, anciennement Voleuvres, de *Volobriga*, nom qui se retrouve en Espagne : *Volobrense territorium* en 988 ; *Volobrensis vicaria* en 959. Messvres, *Magaperum* au IXe siècle, aux Xe et XIe *Magabrum*, *Magobrium*, *Magobrense monasterium*, est probablement aussi un ancien *Magobriga* ; les formes de *Maevra vel Mandopera* (Cartul. de Paray, n° 240 § 3) montrent qu'on a prononcé avec la terminaison *euvre*. Par une dérivation analogue, selon d'Arbois de Jubainville, Moyeuvre, commune de l'ancien département de la Moselle, représenterait *Magetobriga* en passant par les formes intermédiaires *Modover* au IXe siècle, et *Moebrium* au Xe siècle.

Giliouvre, écart de Saint-Romain-sous-Gourdon, *Gilobrum* dans une charte publiée par Pérard, doit être un ancien nom terminé en — *obriga*.

Briga isolé a pu donner Broye, nom assez commun en France (5 communes), l'*e* bref donnant *oi* en français (*Tricasses*, Troyes).

MAGUS, champ, synonyme du latin *campus*, termine un grand nombre de noms gaulois ; la terminaison de ces noms en — *omagus* (avec *a* bref et l'accent sur l'*o*) est tombée de bonne heure et a donné des noms terminés en *on* ou *an*, comme *Argentomagus*, Argenton et Argentan ; *Catumagus*, Caen ; *Rotomagus*, Rouen, etc.

Dans Saône-et-Loire, Burnand est probablement un ancien *Burnomagus*, comme cela est certain pour Bournand (Vienne) « *Burnomus* » au IXe siècle, et Bournan (Indre-et-Loire) : Burnus est un nom d'homme gaulois. Les actes du martyre de saint Marcel, apôtre du Chalonnais, parlent d'une localité appelée « *Argentomagensis agger* » située près d'*Hubiliacus* et dont le nom n'a pas persisté.

Les suffixes gaulois : *Briva* = pont ; *Ritum* = gué ; *Dubrum* = eau, ne paraissent pas avoir laissé de traces dans la toponymie de Saône-et-Loire. Toutefois Chambord, hameau de Saint-Forgeot, « *Camborium* » (Cartul. de Saint-Martin-d'Aut.) est peut-être, comme le Chambord de Loir-et-Cher, un ancien *Camboritum* (adjectif gaulois *cambos*, courbe, employé aussi comme nom de personne.

NANTUM ou NANTUS, au sens de vallée. Ce mot a laissé de nombreuses traces dans la nomenclature géographique. On le trouve comme finale dans Lournand, en 900 « *Lornanta* », situé près de Lourdon ; Lournand est évidemment opposé à Lourdon, comme situé dans un lieu bas. Comme terme initial, *Nant* se trouve dans Nanton, commune, et dans les noms d'écarts Nantoux, Nanteuil, Nancelle.

Onna, gaulois au sens de fontaine, se trouve peut-être dans Péronne, *Perruna* en 585, *villa Pelronna* en 936.

Nous passons maintenant à un certain nombre de mots gaulois qui paraissent avoir formé à eux seuls et tout d'un tenant des noms de lieux, et qui se rapportent soit à la situation topographique de la localité, soit à sa faune ou à sa flore, ou bien qui rappellent le culte de certaines divinités.

Le mot gaulois CONDAS, CONDATE, au sens de confluent, a été très employé comme nom de lieu et désigne des localités situées à la jonction de deux cours d'eaux.

Condate, accentué sur l'*a*, a donné Condé dans le Nord de la France et Condat dans le Midi : dans Saône-et-Loire, Condal, commune du Louhannais, au confluent du Besançon et du Solnan, anciennement Condal et Condé.

Condas, qui est probablement le cas direct, avec *a* bref et accentué sur *on*, a donné Conde, nom d'écart qui se trouve à quatre exemplaires (L'Hôpital-le-Mercier, Montceaux-l'Étoile, Saint-Germain-du-Bois et Sens).

MEDIOLANUM ou MEDIOLANIUM, mot qu'Henri Martin et Belloguet traduisaient par « terre sainte du milieu » ; mais cette interprétation n'est plus adoptée, elle est en contradiction avec la situation topographique des trente-trois localités de France dont les noms se réclament de cette étymologie. Ont cette origine, dans Saône-et-Loire : Meulin, écart de Beaubery, Meulin, écart de Matour, « *ager Mediolanensis* » au Xe siècle, « Va *Miolanus* » au XIIIe ; Mioland, écart d'Hurigny, « *in Miolano* » en 1031.

NOVIENTUM, formé de l'adjectif gaulois, *novios* à l'aide du suffixe — *entum* — au sens de la Ville-neuve, la Nouveauté. Ce mot a produit le français Nogent, Noyant, Noviant, noms très répandus. Dans Saône-et-Loire, on a Nogent, nom de deux écarts.

Dervos, nom du chêne chez les Gaulois, est l'origine du nom de Drevain, écart de Saint-Pierre-de-Varennes, qui signifiait une chênaie : Cpr. Drevant (Cher) « Dervenium ».

Cassanos ou Casnos paraît avoir été aussi un mot celtique désignant le chêne. C'est l'origine du nom de la commune de Chânes, ecc*a de Quercu en 1100, et des noms d'écarts comme Chanée ; La Chanée, La Chassagne « Cassanea » ; Chassigneux ; Chassignol « Cassinogilum » ; La Casse ; Les Cassiers.

Vern ou Vernos, nom gaulois de l'aune (gwern, en breton), qui a persisté en français sous la forme Verne, est l'origine des noms de lieux extrêmement nombreux, Le Verne, La Verne, Les Vernes, La Vernée, Le Vernay, Le Vernoy, Verneuil, etc.; mais il est clair que, malgré la racine gauloise, la présence de l'article roman indique pour ces noms une origine assez récente. Vers, commune du Chalonnais, est peut-être un ancien Vernum.

Bibracte, nom du principal oppidum des Éduens, aujourd'hui le Mont Beuvray, paraît formé du gaulois Bebros, castor, avec le suffixe —acte et désigner une retraite de castors. Bibracte est devenu Buvrait ou Bevrait, noté aujourd'hui Beuvray (vocalisation du e précédent la dentale ; Cpr. factum -fait ; lactem, lait ; tractum, trait, etc.)

Cabillonum, aujourd'hui Chalon-sur-Saône, de caballos, cheval, désigne une ville dont l'industrie principale était l'élève des chevaux.

Matisco, Mascon, puis Mâcon (chute du t médial) est formé d'un thème dont le sens reste obscur pour les celtistes, uni au suffixe gaulois isco.

Les noms de quelques divinités gauloises ont laissé des traces dans la toponymie.

Borbo, ou Bormo, divinité à laquelle étaient consacrées les eaux thermales, est l'origine des noms des localités comme Bourbon-Lancy, Bourbon-L'Archambault, Bourbonne-les-Bains ; de Bourbon, écart de Torcy ; et des noms de cours d'eaux, la Bourbince « Borbentia » affluent de l'Arroux, et la Bourbonne, affluent de la Saône « Borbontia » en 855.

Le dieu Belenus, qui a donné son nom à la ville de Beaune (Beleno castro, puis Belna), est peut-être l'origine du nom de Bonnay, commune du Mâconnais, Belnacus en 1120, qui serait pour Belenacus.

Artaius, divinité assimilée à Mercure dans l'inscription de

Beaucroissant (Isère) : « *Deo Mercurio Artaio* »; on en peut rapprocher le nom d'Artaix, commune des bords de la Loire.

Circius, nom du vent de bise déifié par les Gaulois, a donné le dérivé *Circiniacus*, qui au IXᵉ siècle désignait la région de Mesvres : « *Magabero sive Circiniaco* » (843. — Cart. églis. d'Aut.)

Le dieu *Telonus*, mentionné dans une inscription de Périgueux, semble avoir donné son nom à Toulon-sur-Arroux et aux diverses localités homonymes.

Uxellos, adjectif gaulois, au sens d'élevé, qui entre en composition dans *Uxellodunum* « la forteresse élevée », et s'est conservé dans les langues néo-celtiques (breton, *uc'hel*, cornique *ughel*, même sens) est l'origine des noms Usseau, Huisseau, Uxelles, noms de plusieurs écarts de Saône-et-Loire et qu'on retrouve en France à plusieurs exemplaires.

Le mot *Vindos*, adjectif au sens de blanc, et aussi nom propre d'homme, uni au suffixe gaulois — *ssa*, a formé le nom *Vindonissa*; thème étymologique de Vendenesse-lès-Charolles et Vendenesse-sur-Arroux, *Vindenissa* et *Vendonessa* au XIᵉ siècle; le même nom se rencontre dans la Nièvre et la Côte-d'Or; dans les Ardennes et l'Aisne, on a la forme Vendresse.

Les Gaulois paraissent avoir employé beaucoup, pour former des noms de lieux, un suffixe — *oialum*, noté après l'époque mérovingienne — *ogilum* et — *ogelum*, puis dans les derniers siècles — *oilum* qui n'est qu'une calque de la forme française — *euil*, sous laquelle il a persisté. Les celtistes ne sont pas d'accord sur la valeur de ce suffixe — *oialum* : dans son récent ouvrage (*Recherches sur l'origine de la propriété foncière*, etc.), M. d'Arbois de Jubainville suppose que le suffixe — *oialum* aurait des rapports avec le suffixe — *omagus*; les noms en — *oialum* seraient des diminutifs des noms en — *omagus*, des sortes de noms familiers et caressants; théorie qui paraît avoir eu peu de succès. On admet de préférence que le plus souvent — *oialum* est une terminaison adjective ou collective, qui joue le même rôle que le suffixe latin — *etum* joint à des noms de végétaux; en effet le suffixe — *oialum* est souvent uni à des noms d'arbres ou de végétaux; mais parfois aussi il s'unit à d'autres noms, et le sens du thème gaulois auquel il est uni peut rester obscur. A l'époque romaine, ce suffixe continua à être employé en s'unissant avec des noms latins d'arbres, d'arbrisseaux, etc. Voici les exemples de l'emploi de ce suffixe que nous trouvons dans Saône-et-Loire :

Bourgueil, écart de Mont-Saint-Vincent, *Burgoialum*, *Burgogalum*.

Busseul, deux écarts, *Buxoialum*, formé sur le nom latin du buis.

Chanteau, écart de Montet de Bourbon (assourdissement de la finale *euil* en *eau*), *Cantoialum*.

Chassigneux, Chassignol, de *Cassinoialum*; sur le mot anté-romain *Cassanos*, chênaie.

Crêtenil, écart de Chaudenay, *Cristoialum*.

Nanteuil, écart de Gurgy, *Nantoialum*; nom très répandu en France, au sens de *vallestris*, localité située dans un vallon.

Verneuil, écart de Charnay-lès-Mâcon, et de Marcilly-la-Gueurce, *Vernoialum*; au IXe siècle, dans les Chartes de Cluny, *Vernulias*, *Vernolium*. Nom très répandu en France (20 communes), synonyme des noms Aulnoy, Aulnaie.

Pour en finir avec les noms celtiques, relevons le nom de la commune d'Iguerande qui dérive d'un thème celtique: *Ivuranda* ou *Igoranda*; cette localité, *V[e] quæ dicitur Vuiranda*, en 867, était située à la limite des diocèses d'Autun, de Lyon et de Clermont. Ce mot paraît être un synonyme du latin *ad Fines*; il paraît avoir été très répandu dans la France centrale où il ne désigne pas moins de quinze localités, sous les variantes Aigurande, Yguerande, Ingrande, Ingranne, Yvrandes, etc., toutes localités situées à la limite des *Civitates*.

Enfin, deux noms de Saône-et-Loire paraissent renfermer le suffixe ligure —*oscus* et —*uscus*: c'est la *sylva Baroscus* ou Bois de Baron, et le nom communal de Blanot, en Mâconnais. *Blanasco* en 930, *Blanosco* au XIe siècle, dans les chartes de Cluny. On sait qu'en France, ces noms ligures en — *oscus*, — *ascus*, — *uscus*, se rencontrent dans la région comprise entre le Rhône et les Alpes et jusque dans la vallée de la Saône; ces noms, en *osque* ou en *asque* dans le Midi (Gréasque, Lantosque, Manosque) se sont assourdis plus au Nord en *as*, en *at*, en *ois*, etc.

Noms de l'époque gallo-romaine.

Les noms d'origine romaine sont très nombreux dans Saône-et-Loire: sur 590 noms communaux, plus de la moitié ont cette origine, sans parler d'un très grand nombre de noms de hameaux et d'écarts. Cette simple constatation indique que cette contrée fut pénétrée profondément par la langue et la civilisation romaines; on verra, au contraire, un peu plus loin que les invasions barbares n'y ont laissé que de faibles traces.

Parmi ces noms, une première catégorie, de beaucoup la plus importante, dérive des noms romains ou romanisés des possesseurs du sol.

Cette habitude des premiers fondateurs ou propriétaires d'une localité de lui donner leur nom est fort ancienne et doit remonter à l'origine même des civilisations. La Bible y fait déjà allusion ; on lit au livre des Psaumes (XLVIII, 12) : « *Vocaverunt nomina sua in terris suis* », c'est-à-dire : « Ils (les riches) ont donné leurs noms à leurs terres. » Ce que nous pouvons deviner, d'après le petit nombre de noms gaulois dont le sens nous est connu, indique que ce procédé était employé par les Gaulois ; mais, à la suite de la conquête romaine, la transformation qui se fit alors dans l'état de la propriété foncière eut pour résultat de multiplier ces noms presque à l'infini.

Noms provenant de gentilices en ius.

Selon la doctrine établie par M. d'Arbois de Jubainville, les Gaulois avant la conquête ne pratiquaient pas la propriété individuelle immobilière ; à part, peut-être, les maisons enfermées dans les enceintes des *oppida* ou situées dans les *vici*, à part quelques *ædificia* épars dans les campagnes, le sol qui constituait le territoire de la *civitas* était la propriété collective du peuple et était probablement affermé moyennant des redevances aux membres de l'aristocratie. On lira avec intérêt dans le récent ouvrage du savant celtiste (*Recherches sur l'origine de la propriété foncière*, 1 vol. in-8°, 1890), les ingénieuses considérations sur lesquelles il fonde cette doctrine.

Le partage des terres et l'établissement de la propriété foncière individuelle en Gaule furent le résultat de la conquête romaine ; pour asseoir l'impôt direct auquel fut alors assujetti le pays, le cadastre romain divisa le territoire en *fundi* et ces *fundi* devinrent la propriété définitive des membres de l'aristocratie gauloise qui jusqu'alors en jouissaient à titre précaire.

Or, on sait, par les écrits des agronomes et des jurisconsultes, que chez les Romains chaque *fundus*, avec la *villa* située sur son territoire, constituait au point de vue fiscal une sorte d'unité et qu'il était désigné par le nom de famille (*nomen gentilitium*) de son propriétaire primitif auquel on ajoutait le suffixe latin — *anus*. Tous ceux qui ont étudié le droit romain se rappellent le *fundus Cornelianus*, le *fundus Sempronianus*, pris à titre d'exemples dans les fragments du Digeste. La Table alimentaire de Veleia, document rédigé à l'époque de Trajan (*Corp. Inscr. Latin.* tome XI), nous énumère les noms d'un grand nombre de *fundi*, et beaucoup de ces noms persistent encore aujourd'hui sur le territoire de Plaisance, après un intervalle de dix-huit siècles (1).

En Gaule, on suivit le même procédé, mais en se servant d'un suffixe gaulois — *acos* (latinisé en — *acus*) et exprimant également l'idée de possession. Les membres de l'aristocratie gauloise, en arrivant à la cité romaine, prirent des gentilices ou noms de famille ; le plus souvent ce fut le nom du protecteur romain par lequel chacun d'eux était arrivé à la cité romaine ; de là, l'origine de ces noms que l'on trouve dans les inscriptions de la Gaule et qui sont ceux des *gentes* les plus illustres de l'ancienne Rome, les *Julii*, les *Cornelii*, les *Domitii*, etc. D'autres se créèrent des gentilices en ajoutant à leur nom gaulois la terminaison — *ius*.

Dès lors, à l'imitation des Romains, les propriétaires gaulois donnèrent à leurs *fundi* des noms formés sur leurs gentilices ou noms de famille en — *ius*, additionnés du suffixe — *acus*. Telle est l'origine de cette immense série de noms en — *iacus*, si nombreux dans les textes mérovingiens et carolingiens, et qui subsistent encore aujourd'hui, avec des altérations diverses, dans un si grand nombre de noms communaux.

C'est à M. d'Arbois de Jubainville que revient le mérite d'avoir, le premier, mis cette théorie en pleine lumière et de l'avoir appuyée sur des textes nombreux et probants. Comme il le fait remarquer ingénieusement, « après vingt siècles, « après des révolutions multipliées qui ont toutes eu leur « contre-coup dans la géographie, on peut recueillir dans le « Dictionnaire des postes de France, plus de quatre-vingts

(1) La finale latine — *anus* ne se rencontre en Gaule, où elle a produit des noms en *an*, que dans les régions les plus fortement romanisées, comme la Provence et l'ancienne Aquitaine. Dans Saône-et-Loire, on peut citer *Quintaine* (éc. de Viré), *Quintana* en 997, du primitif *Quintianus* (Gent. *Quintius*). Le même gentilice, avec le suffixe gaulois — *acus*, a formé le nom de lieu *Quintiacus*, d'où Quincy (éc. de Saint-Martin-de-Commune), et Guinchay (La Chapelle-de-), anciennement *Quincay*.

« exemples du nom que donnèrent à leurs *fundi*, les Gallo-
« romains du nom de *Sabinius*, quand ils devinrent pro-
« priétaires des petits territoires encore désignés par les
« diverses formes modernes du nom de lieu *Sabiniacus*,
« dérivé du gentilice *Sabinius*. Ces petits territoires appelés
« aujourd'hui : Savigna, Savignac, Savigny, Savigneux,
« Savigné, etc., appartiennent à toutes les parties du terri-
« toire français, etc. » Dans Saône-et-Loire, on trouve cinq
écarts du nom de Savigny.

Outre ce procédé, qui fut le plus communément employé
pour dériver le nom d'un *fundus* du nom de son possesseur,
on en employa quelques autres, beaucoup moins fréquents,
dont nous dirons quelques mots ultérieurement.

De bonne heure, la terminaison — *iacus* tendit à se réduire
à *ecus* dans les pays de la langue d'oïl, par substitution d'un
e accentué au groupe — *ia* ; dès le VIIᵉ siècle, on trouve dans
Frédégaire, *Crissecus*, *Ercrecus* pour *Crissiacus*, *Ercuriacus*.
Cette forme — *ecus*, réduite à *ec*, persista longtemps en
Saintonge et en Poitou, et subsiste encore dans des noms de
cette région comme Aïzecq, Chassiecq, Ruffec, etc. ; mais, le
plus souvent elle s'y est assourdie en *é*.

Au nord de la Loire, — *ecus*, par vocalisation du *c*, devient
— *eius*, qui produit la forme vulgaire *ey* dans l'Est,
(Lorraine, Bourgogne, Franche-Comté), et *i* noté depuis
longtemps *y* dans la France proprement dite (Ile de France,
Picardie, Orléanais, etc.). Cette forme *y*, de la France proprement dite, a toujours tendu à gagner du terrain sous
l'influence de l'action administrative du pouvoir central.
Dans le Midi (pays de langue d'oc) et en Bretagne (partie
occidentale) — *acus* s'est mieux conservé sous la forme *ac*.

Comme formes locales secondaires, indiquons encore *at*,
dans le plateau central (Auvergne, Bourbonnais, etc.), *a* ou *ia*,
dans l'Ain et le Jura, et enfin *ieu* et *ieux*, dans la région
lyonnaise.

Une étude complète des flexions variées de la finale
— *iacus* selon les zones, serait d'un intérêt considérable pour
le linguiste et pour l'ethnographe ; mais on doit se borner ici
à ces indications sommaires.

Dans Saône-et-Loire, pour beaucoup de ces noms, il paraît
y avoir eu, jusqu'au siècle dernier, hésitation entre la forme
en *y* et la forme en *ey* ; finalement, c'est la forme en *y* qui l'a
emporté pour le plus grand nombre, bien que celle en *ey* offre
encore un contingent respectable. On ne trouve guère d'autres
formes qu'à l'état de rares exceptions : *Campaniacus*, par
exemple (du gentilice *Campanius*), qui a donné régulièrement

Champagn, (nom d'une commune et de deux écarts), a donné aussi Champagnat, en 1230 Champenia; forme qui se rattache aux formes en *ia* du Jura et de l'Ain, dont les noms d'écart, Fleuriat, Marciat, Marcillat, Prouillat, Servillat, offrent d'autres exemples.

Parfois les formes en *y* et en *ey*, se présentent avec un parallélisme assez curieux.

Ainsi on a :

Bissy et Bissey, de *Bessiacus*; gentilice : *Bessius*.

Chassy et Chassey, de *Cassiacus*; gentilice : *Cassius*.

Clessy et Clessé, de *Classiacus*; gentilice : *Classius*.

Cressy et Crissé, de *Crissiacus*; gentilice : *Crissius*.

Dracy et Dracé (1), de *Draciacus*; gentilice : *Dracvius*.

Laizy et Laizé, de *Lasiacus*; gentilice : *Latius*.

Civry (2) et Sevrey, de *Severiacus*; gentilice : *Severius*.

Viry et Virey, de *Viriacus*; gentilice : *Virius*.

Il y a environ deux cents noms communaux de Saône-et-Loire, sans parler d'un grand nombre d'écarts et de hameaux, formés ainsi d'un gentilice en *ius* et du suffixe — *acus* : il serait intéressant, pour chacun de ces noms, de remonter à l'aide des formes anciennes au thème étymologique primitif, de rechercher le gentilice d'où ils dérivent au moyen des *Indices* du *Corp. Inscr. Lat.* où de *l'Onomast. tot. latin.* de De Vit, et enfin de rapprocher les uns des autres les divers noms modernes qui ont la même origine. Ce travail serait de nature à tenter la patience d'un érudit et donnerait lieu à d'intéressantes constatations au point de vue de l'application des lois phonétiques. Mais il sort évidemment du cadre de ce rapide essai ; voici seulement, à titre d'exemples, une série d'une douzaine de noms, pour indiquer comment une recherche de ce genre pourrait se faire.

---

(1) Nom d'écart.
(2) Dans Saint-Julien-de-Civry, et dans Sivry, écart de Saisy.

Formes anciennes.	Thèmes étymologiques.	Gentilices.	Variantes modernes.
Allerey Alerium Aleracum	Alliariacus	Alliarius	Alleray Allery Alleyrac Alleyrat, etc.
Ameugny Vᵃ Amouiacus Vᵃ Agmuniacus	Amoniacus	Amonius	Les Amognes (Nièvre)
Azé Vᵃ Aziacus Vᵃ Aciacus	Atiacus	Atius	Azy, Azay Azieu, Aziat Aisy, Aisey Aizac
Baugy Balbiacus	Balbiacus	Balbius	Bangey Baugeay Balbiac
Berzé Berziacus Bertiacum	Bertiacus	Bertius	Berzy Berzieux Bersac
Blanzy Blanziacus Blanciacus	Blandiacus	Blandius	Blandy Blangy Blanzac Blanzat Blanzay
Chagny Caliniacus Chaigniacum	Caniacus	Canius	Chagny Chaiguay Cagny Caniac
Chaintré Vᵃ Cantriacus	Cantriacus	Cantrius	Chaintry Chaintrix
Ciry Ciriacum Vᵃ Cirensis	Cirriacus	Cirrius	Ciry Cirey
Cluny Vᵃ Cluniacus	Cluniacus	Clunius	Clugny Clugnat
Curgy Curgiacus	Curciacus	Curtius	Courgeac Curchy Curcy Curçay Curçiat
Donzy Vᵃ Donziacus	Domitiacus	Domitius	Donzy Donzac Domecy Dancé
Fleury Floriacus	Floriacus	Florius	Fleurat Fleurac Fleurieux Fleurey Floirac

Outre ce premier procédé employé pour former des noms de lieux sur des gentilices en — *ius*, dont il a été longuement parlé parce qu'il a été de beaucoup le plus usité, il en était d'autres dont il convient de dire quelques mots.

On formait encore des noms de lieux sur des gentilices en — *ius*, soit au moyen du suffixe — *o*, — *onis*, soit au moyen du suffixe diminutif — *olus*, soit enfin en employant le gentilice seul et sans l'addition d'aucun suffixe.

Les noms de lieux formés sur des gentilices en — *ius* au moyen du suffixe — *o*, — *onis* revêtent aujourd'hui la terminaison *on*; ils paraissent peu nombreux dans Saône-et-Loire; on en peut toutefois citer quelques exemples :

Avignon (écart de St-Maurice-lès-Chât.) dérive sans doute du gentilice *Avennius*, de même que le chef-lieu de Vaucluse, *Avennio*.

Jouvençon, *Gevencionnum*, V^a *Gevencionno* en 984, du gentilice *Juvencius*.

Poisson, *Poncio* dans un pouillé du XIe siècle, du gentilice *Pontius*.

Droússon, écart de Curgy, du gentilice *Drussius*.

Les noms comme Sivignon (*Civinio* en 901), Gueugnon, Roussillon, etc., rentrent peut-être dans cette catégorie.

Voici maintenant quelques exemples de noms de lieux formés sur des gentilices au moyen du suffixe diminutif — *olus* : ils sont généralement terminés aujourd'hui en *oles*, ou *olles*.

Une charte de Cluny de 936 (*Bruel*, tome I. p. 431) mentionne, en Autunois, une *villa Carenciolas*, localité non identifiée; ce nom est formé sur le gentilice *Carantius* (du mot gaulois *Carantos*, parent, ami). Ce même gentilice joint au suffixe — *acus*, a formé le nom de lieu *Carantiacus*, d'où Charency, nom de deux écarts (Saint-Didier-sur-Arroux et Uxeau).

Matriolas, sur le gentilice *Matrius*, est le thème étymologique de Marolles, nom très répandu en France : c'est probablement la forme ancienne de Marolles, écart de Saint-Didier-sur-Arroux et Sainte-Radegonde.

Scociolæ, sur le gentilice *Scotius*, dans le diplôme faux de Gontran en faveur de Saint-Marcel de Chalon, 577, désignerait, selon M. Longnon, une localité, aujourd'hui disparue, dépendant de la commune d'Ecuisses, *Scotiæ*; ce qui est loin d'être démontré. Les érudits chalonnais, commentateurs de la charte de Saint-Marcel, placent *Scociolæ* à Escles, écart de Saint-Remy, ce qui paraît peu admissible au point de vue de la phonétique. (*V. Mém. Soc. d'hist. et d'arch. de Chalon-s.-S.*, tome I. p. 157 et s.)

La localité appelée *villa Esozolas* dans une charte de Cluny de 936 (*Bruel*, tom. I, p. 435, 439), *Scotiolas* en 954 (*ibid.* II, p. 6), que M. d'Arbois de Jubainville confond avec la précédente, n'est autre qu'Ecussolle, hameau de Saint-Pierre-le-Vieux.

On a enfin formé des noms de lieux à l'aide du gentilice employé sans suffixe, soit au masculin, soit au féminin ; de ce dernier procédé, il est résulté des noms à terminaison féminine, avec ou sans *s* terminal :

Thil-sur-Arroux, *villa Tilius* en 924 (*Dom Bouquet*, IX, 563 e, 564 a), du gentilice *Tillius*.

Barbière, nom de trois écarts : Barbière, écart de Laives, est dit *in Barbaria* en 971, dans les chartes de Cluny ; du gentilice *Barbarius*. Le même gentilice, avec le suffixe — *acus*, a formé le nom de lieu *Barbariacus*, thème de Barberey, écart de Diconne.

Ecuisses, autrefois Escuisses, dérive sans doute de *Scotiæ* ; sur le gentilice *Scotius*.

Villa Cadias, localité non identifiée, située en Mâconnais, d'après une charte de Cluny de 932 (*Bruel*, tome I, p. 387) ; sur le gentilice *Cadius*.

C'est vraisemblablement à cette série qu'appartiennent un certain nombre de noms communaux à terminaison féminine, comme par exemple Aluze, Baudrières, Bruailles, Buffières, Chauffailles, Couches, Germolles, Gibles, Jambles, etc., pour lesquels il serait intéressant de remonter aux gentilices originels au moyen des formes anciennes.

Noms provenant de gentilices en enus.

Parallèlement aux gentilices en — *ius*, de beaucoup les plus nombreux, il existait chez les Romains des gentilices en — *enus* qui, développés aussi à l'aide du suffixe — *acus*, ont formé des noms de lieux en — *enacus*, terminés d'ordinaire aujourd'hui en *nay* ou en *ny*. En voici quelques exemples :

Frontenard et Frontenaud, *Frontennacus*, du gentilice *Frontenus*. Ces terminaisons *ard* et *aud* sont insolites et difficiles à expliquer ; on trouve en 1270 et 1283 la forme régulière Frontenay.

Lucenay-l'Évêque, chef-lieu de canton, *Lucennacus* en 879, et Lucenay, écart de Lugny-les-Charolles, du gentilice *Lucenus*.

V^a *Avenacus*, dans l'*ager Viriacensis* en Mâconnais (Ragut, *Cart. Saint-Vincent de Mâcon*) ; du gentilice *Avenus* ; cette localité n'a pas été identifiée.

Ager Cosenacensis, dans le pays de Mâcon (Bruel. *Chart. de Cluny*, tom. II, p. 492); ce qui suppose une *villa Cosenacus*, sur le gentilice *Cosenus*; localité non identifiée.

On peut considérer comme appartenant à cette série des noms comme Andenay (St-Laurent-d'), Chaudenay, Ozenay, noms de communes, et Mazenay, Sancenay, noms d'écarts.

On a cité également un certain nombre de noms de lieux identiques à des gentilices en — *enus*, sans l'addition d'aucun suffixe.

Dans une charte de Charles-le-Gros, de 885, relative à Saint-Marcel de Chalon (*Dom Bouq*. IX, p. 337 c.), il est question d'une localité appelée *Cavenas* (du gentilice *Cavenus*), et qui n'a pas été identifiée : ce thème a dû donner Chevannes ou Chevennes.

Noms provenant de Cognomina.

Les *cognomina* (surnoms) étaient, comme on sait, le troisième élément des noms de personnes chez les Romains : ils ont servi à former un grand nombre de noms de lieux à l'aide du suffixe — *acus*. Nous citerons pour Saône-et-Loire les exemples suivants :

Antully, *Antullacus*, sur le cognomen *Antullus*.

Barnay, nom de commune et nom d'écart, *Barnacus*, sur le cognomen *Barnas*, ou *Barnaus*.

Brenay, écart de Château-Renaud, *Brennacus*, sur le cognomen d'origine gauloise *Brennus* (ailleurs on a les formes Brenat et Brenac).

Charbonnat, *Carbonacus* en 924, dans une charte du roi Raoul (*Dom Bouq*., tom. IX, p. 564 a); sur le cognomen *Carbo*.

Charnay, nom de deux communes et de nombreux (18) écarts; pour Charnay-lès-Mâcon, on a la forme *Carnacus* en 739 (Testam. d'Abbon) et en 950 (chartes de Cluny), dérivé du cognomen d'origine ethnique *Carnus* (les *Carni*, peuple celtique des Alpes). Il est probable que les écarts qui portent ce nom le tirent plutôt de *Charne*, nom, dans certains idiomes locaux de l'arbre appelé aujourd'hui *Charme*.

Chenay, *Canacus*, du cognomen *Canus* (formes méridionales : Chanac et Canac). Le même cognomen *Canus*, joint au suffixe — *avus*, a formé le nom *Canavus*, thème de Chenôves, commune du Chalonnais, *Canopis* dans la charte de Gontran, pour la fondation de Saint-Marcel.

On peut ranger dans la même catégorie les noms comme Igornay, Malay, Melay, Sornay, Mornay, etc.

Tavernay, *Tabernacus* dans un pouillé du XIe siècle, offre l'exemple rare d'un nom commun (*taberna*), joint au suffixe — *acus*. Dans l'itinéraire d'Antonin, plusieurs stations portent le nom de *Tabernæ* ou *Tres Tabernæ* ; c'est le thème étymologique de Tavernes (Var), et de Saverne (Alsace).

Tournus, *Turnucium villum* en 875, dans un diplôme de Charles-le-Chauve (*Dom Bouq.* VIII, 647 c), est formé sur le cognomen *Turnus* à l'aide du suffixe — *ucius*.

On a aussi employé les *cognomina* sans suffixe pour former des noms de lieux.

M. d'Arbois de Jubainville admet que Cotte (écart de Cortambert), V^a *Copta* ou *Cobta* dans les chartes de Cluny des Xe et XIe siècles, est un ancien *Cupita*, féminin du cognomen *Cupitus*.

Le cognomen *Piper*, origine du nom de Poivre, commune de l'Aube, peut servir à expliquer les noms d'écarts Le Poivre (St-Romain-sous-Gourdon et St-Vallier).

Villorbaine, écart de Mornay, *villa Orbana*, représente le cognomen *Urbanus* au féminin.

Dommange, écart d'Igé, *villa Dominica* en 927, représente le cognomen *Dominicus* employé au féminin.

Par les nombreux exemples qui ont été donnés, on peut voir maintenant pour quelle part considérable l'onomastique romaine a contribué à la toponymie de notre contrée : il n'est pas exagéré de dire que les noms des anciens propriétaires du sol, romains ou gallo-romains, sont encore vivants dans les localités qu'ils ont fondées ou qu'ils ont possédées.

Noms dus à des influences politiques ou religieuses.

Les noms des localités qui rappellent le souvenir de personnages connus dans l'histoire sont relativement rares en France ; la plupart des noms des villes renfermant en composition les noms de César et d'Auguste notamment n'ont pas persisté.

On ne peut guère citer qu'Autun, *Augustodunum*, nom hybride formé du nom de l'empereur Auguste, fondateur de la ville et d'un thème gaulois. Vers le déclin de la période romaine, du IIIe au IVe siècle, la plupart des noms des villes furent changés pour ceux des peuples dont elles étaient les chefs-lieux : dans la *Notitia provinciarum*, Autun figure sous le nom d'*Ædui* ; mais ce nom n'a pas persisté dans la langue populaire, pas plus que le nom de *Flavia* qu'elle aurait pris, au dire d'Eumène, par reconnaissance pour son bienfaiteur, Constance Chlore (dont le gentilice était *Flavius*).

Le seul nom d'anciens peuples gaulois qui paraisse avoir laissé des traces sur notre territoire est celui des *Brannovii* qui peut être l'origine du nom du Brionnais (*Briennensis pagus*) et de celui de la commune de Briant.

Quelques noms rappellent le souvenir des populations barbares, *Leti gentiles*, que les Empereurs établirent sur les divers points du territoire comme soldats et comme colons : on trouve l'énumération de ces diverses stations dans la *Notitia dignitatum imperii romani, pars occidentalis*. (Chap. 44.)

Marmagne, *Marcomania*, rappelle, comme les autres localités homonymes de la Côte-d'Or et du Cher, une station de Marcomans.

Un préfet des Lètes Sarmates résidait à Autun, et de nombreux noms, dans tout le pays éduen, rappellent le souvenir de ces barbares. Dans Saône-et-Loire on a Sermesse, anciennement Sarmasse, *Sarmacia*, nom de commune et nom d'écart ; les nombreux noms d'écarts, Sermaize (4 exemplaires) Sermaizy, Charmasse (2), Charmoissy ont la même origine.

La Brétenière, les Bretenières, Bretenière et Bretonnière, noms d'écarts, rappellent peut-être le souvenir des colonies bretonnes : d'après Eumène, les Eduens reçurent des Bretons insulaires comme artisans.

Germanges (écart de Céron), *Germanica*, peut désigner un établissement de Germains.

L'Epagne (écart du Breuil) *hispagensis v^a*, peut rappeler le souvenir de colons espagnols, ou d'une localité fondée par des *Hispani*. Au moyen-âge, on prononçait Epagne pour Espagne (Cpr. Epagneul).

Bourges (écart de Saint-Clément-sur-Guye) tire peut-être son nom des *Bituriges*, comme la capitale du Berry.

Divinités du paganisme.

Les noms qui en rappellent le souvenir sont fort rares.

Montjeu, près Autun, *Mons Jovis* (comme le Grand-Saint-Bernard) rappelle le culte de Jupiter.

Montjouvent (hameau de Varennes-Saint-Sauveur) se nommait anciennement aussi Montjeu.

Le Jeu (écart de La Comelle) a peut-être la même origine ; Joux, nom de plusieurs écarts, vient plutôt de *jugum*.

Péon (hameau de Ourgy) peut être dû au culte d'Apollon gu risseur (grec : *paiôn*).

Mercurey, *Mercuriacus* dans les plus anciennes chartes, et Mercully (écart de Gueugnon) sont peut-être des vestiges du culte de Mercure, comme Mercury (Savoie) où l'on a découvert une dédicace au dieu Mercure ; mais ils peuvent être aussi de simples dérivés du nom de personne *Mercurius* et désigner d'anciens possesseurs.

Noms tirés du système des voies romaines.

Mansio, gîte où l'on couchait ; se retrouve dans le nom de La Chapelle-au-Mans, *Alta Mansio* dans les anciennes chartes, sur la voie romaine de Toulon à Perrigny-sur-Loire.

Milliarium, borne milliaire ; origine des noms Millore (écart de La Selle) et Milleur (écart de Frontenaud), localités situées sur le passage des voie romaines.

Strata, voie pavée (*via strata lapide*) mot employé substantivement dès l'époque classique ; a produit dans le français du nord le nom commun Estrée (prononcé étrée dès le XIIIe siècle) ; dès cette époque ce mot a disparu de la langue comme nom commun ; aussi désigne-t-il toujours des localités situées sur une voie romaine.

On a dans Saône-et-Loire : Etrez ou Estrée (écart d'Anost) sur la voie d'Autun à Orléans.

Etroyes (écart de Touches) sur la voie d'Autun à Chalon-sur-Saône (voie d'Agrippa).

Letrey, anciennement l'Etrée (écart de Simandre) sur la voie de Chalon à Cuisery.

Saint-Pierre-l'Etrier, anciennement de l'Estrée, *de Strata*, (écart de Saint-Pantaléon) sur la voie d'Autun à Besançon.

De *Via* dérivent :

La Vie (écart de Sainte-Croix) ;

La Via (écart d'Igé) où l'on observe encore les vestiges de la voie romaine.

La Frette, nom de commune et nom d'écart (Sainte-Croix) vient sans doute de *fracta via* (déviation de la voie).

Le Carrouge, le Carruge, Carrage, noms d'écarts nombreux, de *quadruvium*, indiquent un carrefour, un endroit où des chemins se croisent ; mais les plus anciens de ces noms seulement doivent leur origine à des croisements de voies romaines.

Cours d'eau.

Les cours d'eau ont parfois donné leurs noms aux localités traversées, soit à l'état isolé, soit en composition avec des mots comme *pons, fons, vicus*, etc. Voici quelques exemples :

Pontoux, *Pons Dubis* dans la table de Peutinger (aurait donné régulièrement Pondoux, mais il y a eu substitution d'une dentale forte à une dentale douce) est situé à l'endroit où la voie romaine de Châlon à Besançon traversait le Doubs.

Le mot pont, soit seul, soit avec des déterminatifs, a donné beaucoup de noms de lieux ; mais à peu près tous postérieurs à l'époque romaine ; ainsi Pontpierre, *pons petreus*. Le Pontot (écart de Savigny-sur-Grosne), diminutif, *pontiolus* en 950.

Dennevy, *Duinæ vicus*, tire son nom de sa situation au passage de la Dheune, sur la voie d'Autun à Chalon-sur-Saône.

Confluentes, mot latin désignant une localité située à la jonction de deux cours d'eau ; a donné beaucoup de noms de lieux. C'est le thème de Conflans (écart d'Azé), au confluent de la Mouge et du ruisseau d'Aisne. La forme germanique de *Confluentes* est Coblentz (nom d'une ville située au confluent du Rhin et de la Moselle) ; Coublanc, nom de commune dans Saône-et-Loire et la Haute-Marne, est une forme due certainement à une influence germanique.

Le mot latin *Vadum*, qui a donné Vé ou Wez en dialecte picard et wallon, et Gué en français, n'a produit en Saône-et-Loire que les noms évidemment modernes le Gué (uni souvent à un déterminatif).

Établissements romains d'ordres divers.

Les eaux thermales et minérales, dont l'emploi était très apprécié chez les Romains ont donné de nombreux noms de lieux, *Aquæ* suivi d'un déterminatif, revêtant généralement aujourd'hui les formes Aix, Ax, Dax ; dans *Aquæ Borbonis*, le déterminatif a subsisté seul sous la forme Bourbon, c'est aujourd'hui Bourbon-Lancy. *Aquæ calidæ* était l'ancien nom de Vichy ; le nom analogue, les Chaudes Fonts, *Calidæ fontes* (écart de Berzé-le-Châtel) est moderne.

Balneola, qui a donné généralement Baigneux ou Bagneux, est sans doute le thème de Bagneau (écart de Melay) sur les bords de la Loire.

Cavea, mot latin qui désignait la partie du théâtre où l'on était assis, puis l'édifice lui-même ; s'est conservé sous le nom les *Caves joyaux*, qui désigne aujourd'hui à Autun l'emplacement du théâtre romain.

Industries diverses.

Argentaria, mine d'argent, origine du nom Largentière, très fréquent en France : Argentole (écart de Saint-Prix) a le même sens et vient vraisemblablement d'*Argentoialum*.

Ferraria, mine de fer, origine des noms d'écarts Ferrière, les Ferrières.

Aquarias, ancien nom de La Chapelle-de-Brancion dans les chartes du IXᵉ siècle, formé de la même façon que les précédents sur le latin *Aqua* ; se retrouve dans le nom de ruisseau Naiguières (pour En Aiguières).

Petrarias, formé de même sur *petra* ; la Perrière, les Perrières. *Petra*, avec le suffixe — *osus*, *petrosus* ; d'où la Pérouse, Montperroux.

Fabrica, du latin *faber* origine du mot forge ; c'est le thème de Farges, nom de communes, Vᵃ *fabricas* en 930, et des noms d'écarts plus récents, la Farge, la Fargette, la Forge, etc.

Furnus, Four, le Four, noms plus modernes.

Vitrarias, *Vedrarias*, Verrières, nom de communes.

Monuments mégalithiques

Petra, pierre. La commune de Pierre-de-Bresse tire son nom d'un ancien monument mégalithique.

Petra ficta, pierre fichée ; d'où Pierrefite (écart d'Autun), nom très fréquent en France.

Petra lata, pierre horizontale ; d'où Pierrelay (écart de Matour et d'Oé) ; ailleurs Pierrelée, Pierrelatte, etc.

Petra levata, pierre levée, écart de La Chapelle-sous-Brancion (forme méridionale : Peyreleyade).

Longa Petra, Longepierre.

Noms communs latins désignant des lieux habités.

Civitas ; ce mot, originairement une réunion de citoyens, un corps de nation, n'a jamais été employé à l'époque romaine comme nom propre de ville ; plus tard il a servi à désigner les quartiers de l'ancienne ville romaine ; il a donné Cieutat (espagnol *Ciudad*) nom de plusieurs localités du Midi. A Autun, le nom les Cités désigne un quartier occupé autrefois par des constructions romaines.

Murocinctum, lieu entouré d'une muraille ; d'où Murceins, Morsain ; c'est l'opposé du nom Semur, *Sine murum*.

Vicus, centre de population non fortifié, gros village ; a produit Vi, Vic, Vy, noms très fréquents en France. On a, dans Saône-et-Loire, Neuvy, *Novus vicus* (opposé à Viévy, *Vetus vicus*) ; Dennevy, *Duince vicus* ; St-Pierre-le-Vieux, *S. Petrus de Vico*.

Noms communs latins de petites habitations.

Colonica, de *colonus*, maison de cultivateur : a formé Collonges, nom de deux communes et d'une vingtaine d'écarts, et le diminutif Collongette. Pour la plupart, on a la forme *Colonicas* dans les chartes du Xe siècle.

Attegia, petite édicule ; dans Juvénal, les tentes des Maures ; d'où Athée, Athie, nom assez répandu ; thème de Athez, écart d'Anost.

Stabulum, auberge, chaumière, étable. — Etaule (écart de Mellecey) (changement du b en v).

Noms communs de constructions diverses.

Puteolus, diminutif de *Puteus*, petit puits. — Poiseuil (3 écarts), Poisot, Poizolles.

Columella, diminutif de *Columna*, petite colonne. — La Comelle, nom de commune. *Colomella* (pouillé du XIe siècle). — La Colonne, écart de Gigny, tire son nom d'une colonne milliaire de la voie de Tournus à Chalon.

Maceria, murailles, murs de clôtures. — Maizières, la Maizière, nom de plusieurs écarts. Diminutif : Mézerolles de *Macerioloc*.

Turris, la Tour, nombreux écarts.

Vivarium, parc où l'on nourrit du gibier. — Le Vivier (4 écarts).

Palatium et le diminutif *Palatiolum*. — Le Palais, Palaizot, noms d'écarts.

Noms relatifs à la configuration ou la nature du sol.

En général, très simples et n'ont pas besoin d'être expliqués ; bien entendu, beaucoup de ces localités ne remontent sans doute pas à l'époque romaine.

Campania, région plane. — Champagne (6 écarts); diminutif : Champignolles, *Campagniolas*.

Campus, champ, le champ, les champs avec de nombreux déterminatifs.

Mons, Montes ; Mont, le Mont, les Monts, avec de nombreux déterminatifs : Beaumont, *bellus mons* ; Chaumont, *calvus* ou *calidus*, mons, etc. Le diminutif *Monticellus* a donné Moncel, Monceau, Mouceau, noms de communes et d'écarts.

Planities, plaine. — Le Planois.

Vallis, vallée. — Val, Vau, Laval, Lavault, etc.; diminutif : Vauzelles, de *Vallicellas*.

Calculus, caillou, terrain pierreux. — Les Caillots, les Cailloux, les Chailloux, Chaillot.

Cryptas, voûtes, allées souterraines — La Crotte, les Crottes, la Croute. Le nom la Baume, les Baumes, paraît avoir le même sens.

Bray, la Braye désignent un endroit boueux.

Fontana, substantif dans le bas latin. — Fontaine, la Fontaine, Fontenay, de *fontanetum*. Diminutifs : Fontenotte, Fontenotte, Fontenailles.

Fons (féminin en bas latin) a donné la Font, Froidefont, Chaudefont.

Mercasolium, lieu bas et humide (dans Ducange); d'où les noms d'écarts Marchezeuil et Marchizeuil.

Stagnum, Etang, les Etangs, nom de commune et de nombreux écarts avec des déterminatifs. *Stagneria*, emplacements d'étangs (pris pour une terminaison féminine) a donné La Tagnière, nom de commune et d'écart; diminutif : La Tagnerette.

Cumba et le diminutif *Cumbula*, au sens de petite vallée. — La Combe, la Comme, les Combes (avec de nombreux déterminatifs), les Combles, la Combette.

Varinnas, mot probablement anté-romain, au sens de terre légère et sablonneuse; origine de Varennes (sept communes), la Varenne, les Varennes (nombreux écarts); diminutif : Varignolles.

Noms empruntés au règne végétal.

Sylva, forêt; thème de Selve, Sauve, a donné, dans Saône-et-Loire, Souve (écart de La Tagnière et de Thil-sur-Arroux).

Lucus, même sens que le précédent, employé comme nom de lieu à l'époque romaine, a donné d'ordinaire en français Luc; c'est probablement le thème étymologique de Lux, nom de commune.

Brogilum, Broilum, petit bois enclos de murs; ce mot ne paraît guère remonter qu'à l'époque mérovingienne; a donné Breuil, le Breuil, nom de communes et de nombreux écarts. Diminutif : Brouillet.

Les noms d'arbres ont été souvent employés sans suffixes pour former des noms de lieux; en voici quelques exemples dans Saône-et-Loire :

Casnos, mot antiromain désignant le chêne, — a donné Chânes, nom de commune; le Chêne, nom de nombreux écarts.

Carpinus. — La Charme, le Charme.

Fagus. — Le Fay, nom de commune; la Fay (nombreux écarts); les Fays, probablement La Fa et Le Fou.

Ulmus. — Ormes, nom de commune; L'Orme (nombreux écarts).

Genista, genêt. — La Genête.

Les noms d'arbres et d'arbrisseaux s'unissent souvent au suffixe collectif — *etum* pour former des noms de lieux; en voici une série assez longue :

Alnetum, l'aune. — Launay.

Betulletum, le bouleau. — Boulay, la Boulaye, le Boulay, le Bouley.

Buxetum, le buis. — Bussy et Buxy.

Carpinetum, le charme. —, Charmoy, le Charmoy, la Charmoye.

Casnetum, le chêne. — Chanay.

Castanetum, le châtaigner. — Châtenay, Châtenoy (communes et écarts).

Cepetum, de *cepo*, oignon. — Le Spay.

Coryletum, le coudrier. — La Coudraye.

Fagetum, le hêtre. — La Fayette.

Fraxinetum, le frêne. — Franet, La Franoy.

Genistetum, le genêt. — La Jennetoye, écart d'Autun; *Janittectum* est une étymologie de haute fantaisie.

Juniperetum, le genévrier. — Genevry.

Nucetum, le noyer. — Noisy, Noiry; diminutif : Noiseret.

Pometum, le pommier. — Pommey, Le Pommoy. Avec le suffixe — *aretum*, *pomus* donne *Pomaretum*, thème du nom La Pommeraie (7 écarts).

Rausetum, sur le germanique *raus*, roseau, est le thème de Rosey, nom de commune.

Salicetum, le saule. — Saussey.

Spinetum, l'épine. — Epinay, Epinet.

Tilictum, le tilleul. — Tillay, Tillet.

Tremuletum, le tremble. — Trambly, Tremblay.

Ulmetum, l'orme. — Ormoy.

3

Vernetum, le verne. — Vernay et Vernoy.

Les noms des végétaux s'unissent aussi au suffixe fréquentatif — *osus*. Ainsi :

Betullosa, lieu abondant aux bouleaux, est le thème de Les Boulouzes (écart de Fley).

Vernosa, La Grande-Vernouse (écart de Baudrières).

Genistosa, La Jenetouse (écart de Saint-Prix).

On a formé aussi, à l'aide du suffixe — *ea*, des adjectifs sur les noms d'arbres pour désigner les lieux où croissaient ces arbres :

Buxea, La Boisse.

Fagea, La Faye, Faye.

Tremulea, Trémolle, Trémouille.

Cassanea, La Chassagne.

Vernea, La Vergne.

Le suffixe — *aria* a servi à former des noms de lieux désignant des cultures :

Cannabarias, lieu où l'on cultive le chanvre ; Les Chesnérières.

Fabaria, de *faba*, fève ; Favier (écart de Saint-Marcellin).

Frumentarias, de *frumentum* ; Les Fromentières, Fromental.

Ce même suffixe — *aria* s'unit aussi à des noms de plantes qui poussent sans culture :

Pervincarias, la pervenche. — Provenchère, Les Provenchères.

Juncarias, le jonc. — Jonclère, La Jonchère.

Buxarias, le buis. — Bussière, la Bussière.

Juniperarias. — Les Genèvrières.

Raverias pour *Raparias* ; de *rapa*, rave. — La Ravière, Raviers.

Rosarias pour *Rausarias*, le roseau. — Rosière ; les Rosiers, *Rosarias* en 878.

Noms empruntés au règne animal.

Le suffixe — *aria* combiné avec des noms d'animaux indiquait en général des lieux d'élevage.

Berbicaria, sur *berbea*, brebis. — La Bergère, Le Bréchère, noms d'écarts.

Caponarias, sur *capo*, chapon. — Chaponnière.

Caprarias, sur *capra*, chèvre. — Chevrières, Les Chevrières.

Columbarius, pigeonnier. — Colombier (2 communes), Le Colombier, La Colombière.

Luparias, sur *lupus*, loup. — La Louère, Les Louères, La Loubière.

Porcaritias. — La Porcheresse.

Vaccaria. — La Vacherie.

Vulpecularias, de *vulpecula*, diminutif de *vulpes*, renard. — La Verpillière.

Voici enfin deux noms qui n'ont pas pris place dans les catégories précédentes :

Seugne, hameau de Malay, *v*ª *Cigogna* en 940, emprunte son nom à la cigogne ; en a d'ailleurs les formes Sogne, Chuignes, et dans le Midi, Cigogne, ou Sigogne. De nombreuses localités, en France et même en Allemagne, tirent leurs noms de ces oiseaux, pris comme symbole de la piété filiale.

Pratella, diminutif de *Pratum*, est le thème de La Préle, Les Préles, noms d'écarts.

Noms d'origine germanique.

Les invasions germaniques du quatrième siècle et des siècles suivants ne paraissent avoir laissé que de faibles traces dans la toponymie de Saône-et-Loire, et un bien petit nombre de noms de localités paraissent pouvoir être attribués avec certitude aux envahisseurs barbares.

On sait que le plus grand nombre des noms des localités fondées par les envahisseurs germains, par les Francs surtout, sont formés de deux éléments : un nom propre de personne d'origine germanique, et un nom commun latin, d'ordinaire *cortis* ou *villa*, pris à cette époque au sens de domaine rural. De là ces immenses séries de noms en *court* ou en *ville* (soit comme terme initial, soit comme terme final), que l'on rencontre dans les départements du nord et de l'est de la France, et dont la zone marque avec précision les limites de la colonisation franque au nord de la Loire. Parfois aussi, des noms propres d'origine germanique se combinaient avec d'autres noms communs latins comme *mons, campus, mansus, boscus,* etc. Enfin certains suffixes ou certains mots comme *ham* (hameau), *bach* (ruisseau), *fara* (lignée, famille), forment des noms caractéristiques des populations d'origine francique.

De ces diverses catégories, on ne trouve dans Saône-et-Loire qu'un nombre de noms à peu près insignifiant : nous allons en donner une liste rapide qui comprendra la plupart des noms où l'on peut reconnaître une origine germanique.

Noms en ans et en anges.

Les régions situées au voisinage du Jura, dans la vallée de la Saône, et jusque dans une partie de la Suisse, présentent un grand nombre de noms terminés en —*ans*; les trois départements francs-comtois surtout en offrent un nombre extrêmement considérable. Dans les chartes du haut moyen-âge, ces noms apparaissent avec la terminaison latine —*ingus*, —*incus*, trace évidente du suffixe germanique —*ing*; ce suffixe était employé par les populations germaniques pour former des adjectifs et servait à caractériser la possession à la manière du suffixe —*iacus*. Tous ces noms sont formés d'un nom de personne d'origine germanique et du suffixe —*ing*; ils sont caractéristiques en ce qu'ils sont des traces évidentes de la colonisation burgonde dans une région où ces barbares s'établirent en très grand nombre aux Ve et VIe siècles.

Dans Saône-et-Loire, un certain nombre de noms de localités situées surtout dans la vallée de la Saône doivent avoir cette origine :

Bouhans, primitif : *Boding*, du nom familier *Bodo, onis*. (Trois communes de ce nom dans la Haute-Saône.)

Gommerans (écart du Tartre); primitif : *Godemaring* (chute du *d*), sur le nom burgonde *Gondomar*.

Mervans (Mervens en 1140), représente le nom latinisé en *Merovingus*.

Louhans, en latin *Lovingum*; primitif : *Lüping*, sur le nom *Lupus*.

Bosjean, probablement analogue de Bougean (canton de Berne), en allemand *Boedzinghen*.

On peut sans trop de témérité attribuer la même origine à quelques autres noms communaux en *ans* de la même région comme Epervans, Guerfand, Fourlans, Toutenant, etc.

Le suffixe —*ing* prenait au pluriel la forme —*ingen*; cette terminaison a été latinisée en *inga* et traduite en français en *ange*. Ce qui a produit des noms de lieux en *ange* et en *anges*, formés comme les précédents sur des noms de personnes d'origine germanique, et qui sont fort nombreux dans l'ancienne Lorraine et aussi dans les régions qui avoisinent le Doubs et l'Oignon. Ces noms sont également une trace de la colonisation burgonde, et il est probable qu'on peut ranger dans cette série un certain nombre de noms en —*anges* de Saône-et-Loire, comme : Bantanges, Branges, Géanges (*Judingos*), Savianges, noms de communes.

Varanges (écart de Cortambert), *v* *Varincus* et *Varingus*, en 910;

Et peut-être Recuange (écart de La Boulaye), et Bélange (écart de Clessé).

Noms composés avec cortis et villa.

Cortis n'est guère employé seul et sans déterminatif pour former des noms de lieux, au moins dans les régions où se rencontrent les noms en *court*, à cause des confusions possibles; toutefois le dérivé *curtilis* a formé le nom de deux communes de Saône-et-Loire, Curtil-sous-Burnand et Curtil-sous-Buffières.

Le Curtil, forme plus moderne, est le nom de plusieurs écarts; dans notre région du reste, le mot *curtil* est resté comme nom commun au sens de jardin.

Curtis figure, avec des altérations diverses, dans les noms de lieux suivants, où il paraît être combiné avec des noms de personnes d'origine germanique :

Noms des communes : Cormatin, *c. Martini* (pour Cormartin). — Cortambert, *c. Anseberti*. — et Cortevaix.

Noms d'écarts : Conforchon — Confrançon, *c. Franconis*. Corberan — Corcassey — Corcenier — Corchanu — Corcheval — Corlon — Cortailloux — Cortamblin, *c. Amboleni*. — Cortecloux, *c. Acclulfi*. — Cortelin, *c. Adelanus*. — Corterain — Cortiamble — Courmareoux, *c. Marculfi*.

Une connaissance approfondie des formes anciennes et de l'onomastique germanique serait nécessaire pour déterminer dans tous les cas, le nom d'origine germanique qui est uni à *Curtis*.

Coclois (écart de Saint-Désert), *Curtis Claudia*, en 898 (chartes de Cluny), offre l'exemple assez rare de *Curtis* joint à un nom d'origine latine, en même temps que celui d'une altération telle que le primitif ne pourrait être déterminé, en l'absence de formes anciennes.

Viécourt (écart de Saint-Gervais-sur-Couches), *Vetus Curtis*, Corcelle, nom d'écart très fréquent, représente le diminutif *Corticella*.

Le mot latin *Villa*, au sens également de domaine rural, à l'époque mérovingienne, a été uni aussi à des noms propres germaniques pour former des noms de lieux.

On ne peut guère citer dans Saône-et-Loire que Villegaudin, *Villa Gaudeni*, et peut-être Villargeault (écart de L'Abergement-Sainte-Colombe).

Velle, la Velle, forme bourguignonne de *Villa*, et les divers noms Villeneuve, la Villeneuve, Belleville, Villeclair, les diminutifs Villette, Villotte, etc., paraissent plus modernes. Il en est de même des noms Villars, Villers, qui, dans certaines régions, ont formé de nombreux noms de lieux, unis à des noms propres germaniques, mais qui dans Saône-et-Loire sont employés à l'état isolé.

Autres traces des invasions germaniques.

Quelques autres noms communs peuvent encore se trouver unis à des noms propres germaniques : ainsi, Monthelon, de *Mons Allonis* (*Allo, onis*, nom propre germanique de forme familière) ; Champ-Bégon, *Campus Begonis* (écart de Longepierre).

Certains noms de villages de la Bourgogne indiquent que certaines localités étaient habitées par des populations de race burgônde ou franke, les autres par des gallo-romains

Bourgogne, nom de six écarts (Bourgogne, écart de Saint-Point, *Burgundia* vᵃ en 917). — Les Bourguignons, écart de Chenay, — Maison-Bourgou, écart de Cussy, indiquent des centres de population burgônde.

France, nom de deux écarts (vᵃ *Frantia* en 917), indique des localités habitées par des hommes de race francique.

Romanèche, *Romanisca* (suffixe germanique *isch*, latinisé en — *iscus*) ; Romainville, écart de Nochize ; Romagne, Romaine, indiquent des localités habitées par des populations romaines.

Les Thorins (écart de Romanèche), *ager Torrensis* en 925, est un nom germanique rappelant peut-être les *Turingi*.

Paris-l'Hôpital, nom qui se retrouve ailleurs, en France, pour la première partie, peut indiquer une diffusion des *Parisii* hors de leur territoire.

Bergesserin, *Mons Serenus* dans les chartes de Cluny, renferme le mot allemand *Berg* au sens de montagne.

Coublanc (*Vid. Suprà*) est une forme germanique de *Confluentes*.

Oudry, sur le nom germanique *Uldericus*.

Baudrières, sur le nom *Baldericus*.

Reclesnes, Reclenne, noms de commune et d'écart, sur le nom de forme familière *Roccolenus*.

Enfin, quelques noms de rivières paraissent dus à une influence germanique : ce sont certains noms de cours d'eaux, dont la terminaison latine en *a* est devenue *ain* au cas oblique, sous l'influence de la déclinaison faible des germains : au XIIᵉ siècle, le cas oblique en *ain* a prévalu sur le nominatif et a remplacé le nom primitif. Il en est résulté des noms en *ain* ou *in* qui se rencontrent dans plusieurs régions du Nord et de l'Est ; en Bourgogne, on peut citer : le Serain (originairement *Sedena*), le Cousin (*Coza*), le Tarnin (*Tarana*), le Mesvrin (*Magavera*), le Sornin (*Sona*). Cette modification du nom de ces cours d'eaux, due à une influence germanique, semble bien être un indice du séjour des populations germaniques sur leurs bords.

Noms d'origine ecclésiastique.

Un grand nombre de noms de lieux sont dus à l'influence du christianisme qui, à cet égard comme à bien d'autres, a profondément marqué de son empreinte les contrées soumises à son influence.

Edifices et établissements religieux.

Basilica ; ce mot employé à l'origine pour désigner une église, et qui a produit ailleurs Bazoches, Bazoges, etc., n'a rien donné en Saône-et-Loire.

Ecclesia ; a donné l'Eglise (écart de Saint-Sorlin). Le diminutif *Ecclesiola*, thème de Eglisolles, Glisolles, Grisolles, etc., n'a rien donné dans Saône-et-Loire.

Parrochia ; a donné la Paroisse (écart de Villeneuve-en-Montagne).

Altare, Altaria, les Autels (écart de Pouilloux).

Capella ; mot bas-latin, diminutif de *Capa* ; a désigné d'abord une petite chape, puis l'édicule où elle était conservée, enfin tout édifice renfermant des reliques ; nom de dix communes et de vingt-cinq écarts, avec des déterminatifs divers.

Oratorium, d'*orare*, prier ; sanctuaire secondaire ; nom de deux communes et écart de Sancé.

Le Chapitre, la Tour du Chapitre, noms d'écarts ; désignent une possession de chanoines.

Monasterium, lieu où les moines vivaient en commun ; a donné en français de langue d'oïl *moustier* et *moutier* ; thème de Mouthier-en-Bresse, en 926 *Monasterium* ou *Cœnobium Æthicense*.

Le diminutif bas-latin *Monasteriolum* est le thème primitif de Ménetreuil, et de Montret (*Monteraul* en 1301). Dans ces localités on n'a pas conservé de souvenir d'anciens établissements religieux ; mais il faut noter que nombre de petits monastères antérieurs à l'an mil ont disparu sans laisser de traces, et ont été réduits à l'état de simples prieurés-cures, de simples églises paroissiales. Dans les textes du XII° siècle mostier et moutier signifient plutôt église que monastère, par suite d'une confusion entre l'église du monastère et le monastère lui-même ; d'où l'expression : « mener l'épousée au Moutier. »

Cella, en latin classique, petite chambre, sanctuaire d'un temple ; à l'époque carolingienne, cellule d'un pieux solitaire, expression généralement suivie d'un nom propre. La Selle, près Autun, est dite *Cella Sancti Mederici* dans les cartulaires.

Quelques noms rappellent le souvenir des ordres religieux et militaires, et notamment de l'Ordre du Temple ou de Saint-Jean de Jérusalem, et de celui des Hospitaliers. On peut citer les suivants : le Temple (2 écarts) ; la Commanderie (3 écarts) ; Rhodes (écart de Château) ; Saint-Jean-le-Priche et Saint-Jean-vers-Saône (écart de Sennecé-lès-Mâcon).

Il en est de même du nom l'Hôpital qui se trouve dans quatre noms d'écart, dans les noms de communes Paris-l'Hôpital et l'Hôpital-le-Mercier, anciennement de Murcy ou de Murcye. Murcy était probablement l'ancien nom de la localité.

Le nom la Ville-Dieu, *Villa Dei* (3 écarts), désigne souvent aussi un établissement d'un des ordres militaires.

L'ordre de Saint-Lazare, établi pour soigner les lépreux (personnes atteintes du mal de Saint-Ladre) a laissé aussi des traces.

Saint-Lazare (écart de Cluny) était une ancienne léproserie ; la forme savante Saint-Lazare a dû remplacer la forme populaire Saint-Ladre. Sept écarts portent le nom de la Maladière, et rappellent le souvenir des anciennes maladreries établies à l'écart des villages, à raison du caractère contagieux de la lèpre.

Maison-Dieu (écarts de Givry et de Sennecey-le-Grand) : ce mot désigne en général des établissements hospitaliers créés au moyen-âge sur les grandes routes pour héberger les pauvres pèlerins.

Dieu-le-Gard (écart de Saint-Micaud) ; ce nom désigne un lieu mis sous la protection de Dieu.

La Charité (écart de Charnay-lès-Mâcon) ; ce nom peut rappeler un ancien établissement hospitalier.

Noms de Saints.

Cent vingt-neuf communes de Saône-et-Loire portent des noms de saints. Voici, avec quelques explications et quelques rapprochements, la liste de ceux qui offrent un certain intérêt au point de vue des altérations et de l'application des lois phonétiques.

Saint-Ambreuil, *S. Ambrosius;* on a dû dire d'abord Saint-Ambrois, forme régulière, puis Saint-Ambroil et Saint-Ambreuil.

Saint-Bérain, *S. Benignus.* Variantes : Saint-Bénin et Saint-Bonin ; dans Saint-Bérain, la liquide *n* est remplacée par *r* ; ailleurs Saint-Blin, Saint-Broin.

Saint-Boil, *S. Baudelius;* chute du *d* médial. Variantes : Saint-Bauzelle, Saint-Bois, Saint-Beuil.

Chapelle-Saint-Sauveur, *S. Salvator;* Variantes mérid. : Saint-Salvadour et Saint-Salvayre.

Dampierre et Dompierre, *Domnus Petrus.*

Saint-Désert, *S. Isidorus.*

Saint-Didier, *S. Desiderius;* Variantes : Saint-Dizier, Saint-Dézir, Saint-Diery, Saint-Géry.

Dommartin, *Domnus Martinus.*

Saint-Etienne, *S. Stephanus;* variantes : Saint-Estèphe, Saint-Stail.

Saint-Forgeot, *S. Ferreolus;* variantes : Saint-Fergeux (*Ferriolus*), Saint-Forgeux, Saint-Forgeuil.

Saint-Gengoux, *S. Gangulphus;* Variantes : Saint-Gingoult, Saint-Gingolph.

Saint-Gilles, *S. Œgidius,* (chute de l'e initial, et changement du *d* en *l*) ; variante mérid. : Saint-Gély.

Saint-Huruge, Saint-Usuge, *S. Eusebius;* formes populaires : Saint-Euzoie, Saint-Eusóje, Saint-Uzage.

Saint-Igny-de-Roche ; n'est pas un nom de saint ; vient de *Santiniacus;* Santigné en 1288.

Saint-Léger, *S. Leodegarius;* variantes : Saint-Liguaire, Saint-Lager.

Saint-Mard-de-Vaux, *S. Medardus;* variantes : Saint-Méard, Saint-Mézard, Saint-Merd.

Saint-Point, *S. Pontius;* variantes : Saint-Ponce, Saint-Pont.

Saint-Prix, *S. Præjectus;* variantes : Saint-Priest, Saint-Projet.

Saillenard, *S. Leonardus;* variantes : Saint-Liénard.

Saint-Sernin, *S. Saturninus;* variantes : Saint-Sornin, Saint-Sorlin, Saint-Savournin.

Saint-Yan, *S. Eugendus;* variantes : Saint-Oyand, Saint-Oyen.

Saint-Ythaire, *S. Imiterius.*

Noms de l'époque féodale.

Les noms de lieux qui se rattachent par leur origine à l'organisation féodale, ou qui datent de cette époque, sont fort nombreux ; mais ils sont en général faciles à expliquer. Il me suffira d'en énumérer un certain nombre à titre d'exemples.

Constructions et fortifications féodales.

Castellum, diminutif de *Castrum*, le Château, centre de la puissance féodale ; *castellum*, a donné, en vieux français, chastel, château.

Château est, dans Saône-et-Loire, un nom de commune et de très nombreux écarts, le plus souvent avec des déterminatifs très variés : Château-Renaud, *Castellum Rainaldi* ; Château-neuf, Château-Gaillard ; Château-Vert, etc., etc. Châtel se trouve dans le Châtel, nom d'écarts ; dans Châtel-Moron, Châtel-Vilain ; dans le surnom Berzé-le-Châtel.

Castellum a formé une série de diminutifs :

Castellio, thème de Châtillon (3 écarts).

Castellare, le Châtelard, le Châtelier.

Castellanus, ana ; le Châtelain, la Châtelaine ; les Châtelaines.

Castelletum, le Châtelet, le Châtelot.

Firmitas, lieu fortifié ; thème de la Ferté, écart de Beaurepaire et de Saint-Ambreuil ; a donné aussi La Fermeté, nom d'une commune de la Nièvre.

Rocca, en bas-latin forteresse, est le thème des noms la Roche, la Rochette (nombreux écarts), la Roquette.

Avec déterminatifs : La Roche-André, La Roche-Joubert, La Roche-Mouron (noms d'homme) ; Rochefort (4 écarts).

Il est probable que, dans nombre de cas, le nom La Roche est dû à la présence de rochers plutôt qu'au souvenir d'une fortification féodale.

Mota, la Motte seigneuriale sur laquelle s'élevait le château féodal.

La Motte-Saint-Jean, nom de commune.

La Motte (18 écarts) avec des déterminatifs divers.

Domnio, donjon, la citadelle du château, puis le château lui-même.

Donjon (écart de Vitry-sur-Loire) ; les Donjons (écart de Digoin).

Turris, la Tour (10 écarts), avec des déterminatifs.

Forte, Fort, les Forts (2 écarts) ; Montfort (écart de Chaudenay).

La Forêtille, les Forételles sont des diminutifs de Forêt.

La Garde, les Gardes, la Guette, font partie de la même série.

Burgus, lieu fortifié, du germanique *burg*.

Bourg-le-Comte, *Burgus comitis*.

Bourg-villain, *Burgus villanorum*.

Le Bourg Neuf (8 écarts) doit être de date plus récente.

Reparium, maison fortifiée.

Beaurepaire, anciennement Beal repaire, Bel repaire.

Noms se rattachant à l'idée de clôture.

Le Clos, les Clos, avec divers déterminatifs, de *closum*.

Les Hayes (2 écarts), de *haga*, endroit fortifié, retranchement, clôture faite d'arbres et de branchages.

La Palisse (écart d'Etang-sur-Arroux) de *palissia*, assemblage de pieux.

Bretache (écart de La Boulaye et de Montmort), du vieux mot *bretesche*, fortification mobile en bois.

Le Plessis (6 écarts), du bas-latin *plesseium*, parc fermé de haies et de branches entrelacées.

Un certain nombre de noms de lieux paraissent être moins anciens et désigner des constructions nouvelles.

La Batie, écart de La Chapelle-de-Guinchay et de Charnay-lès-Mâcon.

Beauvoir, *bellum videre*, endroit d'où la vue s'étend au loin ; Beauregard, même sens ; Bellevue.

Mirbelle (écart de Saint-Bonnet-en-Bresse), *mirat bellum*, localité d'où la vue est belle.

Mirande, *miranda*, digne d'admiration.

Le Miroir, *miratorium*, localité qui domine le pays avoisinant.

Le château de Butte-à-vent (écart de Cortambert), pour Boute-avant ; nom de défi donné à d'anciens châteaux aux XIIe et XIIIe siècles, ainsi interprété par l'historien de Philippe-Auguste, Guillaume le Breton : « *quod sonat : pulsus in anteriora ad recuperandum terram meam* ».

Moulin de Quincampoix (écart de Saint-Remy), nom de formation analogue : *qui qu'en poist*, c'est-à-dire à qui que cela pèse ; ce qui signifie que le moulin a été établi sur un cours d'eau par un propriétaire *sans se soucier* du tort fait par la retenue de l'eau aux propriétaires des autres moulins situés en aval.

Noms de formation verbale désignant le gite d'animaux ou d'oiseaux.

Chante-alouette, *cantat alauda* ; lieu où l'on entend chanter l'alouette.

Chante-grillet, *cantat grillus*.

Chante-loup, *cantat lupus* ; lieu où hurle le loup.

Chante-merle, *cantat merula*.

Chante milan.

On indique aussi la demeure des oiseaux au moyen du substantif *Nidus*.

Les Nids d'oiseaux, le Nid à la cane ; noms d'écarts.

Gratte-chèvre, Gratte-loup (endroit visité par les loups) sont de formation analogue.

Pisse-de-chien, la Pissoire, désignent de petits cours d'eau.

Noms indiquant la possession par un Seigneur.

Le surnom *le-roi* indique que la localité faisait partie au XIII⁰ siècle du domaine royal : ainsi, Dun-le-roi (écart de Saint-Racho). On doit attribuer, ce semble, la même origine à Réale et la Reine (écart de Varennes-Saint-Sauveur), à Mont-roi (écart de Rosey).

La possession royale est le plus souvent indiquée par le surnom *le-royal*, ajouté au nom de la localité et servant à la distinguer des autres localités homonymes de la même région : ainsi, dans Saint-Gengoux-le-Royal, Donzy-le-Royal, Lessard-le-Royal, Châtenoy-le-Royal.

Les surnoms d'Anzy-le-Duc, de Bourg-le-Comte rappellent la possession ducale ou comtale.

Les surnoms d'Issy-l'Evêque et de Lucenay-l'Evêque indiquent la possession épiscopale.

Dans Paray-le-Monial (Cpr. Paray-le-Moineau, dans Seine-et-Oise), le Crot-Monial (écart de Saint-Eugène), le surnom indique la possession par une abbaye.

Nombre de localités ont comme surnom le nom d'un ancien Seigneur : ainsi, le surnom de Bourbon-Lancy vient vraisemblablement d'*Ansedeus, Ansi*, nom d'un des seigneurs (de même dans Bourbon-l'Archambault).

Il serait facile de multiplier ces exemples, dont un grand nombre d'ailleurs s'expliquent par des faits dont l'histoire a gardé le souvenir.

Beaucoup de noms de lieux ont été formés sur la fin du moyen-âge sur les noms des possesseurs avec le suffixe —ière (analogue de —iacus et de —ing) ; exemple : La Boulandière, La Michaudière, La Rigaudière, etc., ou bien en faisant précéder ce nom de l'article pluriel. Les noms de cette catégorie sont extrêmement nombreux et très faciles à expliquer.

Certains noms font allusion au système de tenure des terres :

Alleud, *allodium*, bien héréditaire, est vraisemblablement l'origine du nom de commune Lalheue.

Habitations et constructions diverses.

Les noms extrêmement nombreux La Cour, Les Cours, avec des déterminatifs divers, formés sur *Curtis*, au sens de domaine rural ; les noms la Ville, la Velle, etc., sur *Villa* au même sens ; le Villard, Villers, remontent vraisemblablement au haut moyen-âge.

Salle, *sal*, en haut allemand, maison ou demeure, a donné les noms La Salle et Saint-Loup-de-la-Salle, et plusieurs écarts ; le plus souvent, ce mot désigne des localités qui ont été des demeures seigneuriales.

Mansus (prononcé *Masus*), qui désignait à l'époque franke l'habitation d'un tenancier avec une quantité déterminée de terres, a donné les noms d'écarts le Mas, le Meix (avec divers déterminatifs, le plus souvent le nom du possesseur).

Mansio, gîte d'étape à l'époque romaine, est le thème du mot plus moderne Maison qui, avec de nombreux déterminatifs, est devenu un nom de lieu.

Mansionile, dérivé de *Mansio*, est le thème de Mesnil, nom de lieu très répandu en France, mais qui ne se rencontre pas dans Saône-et-Loire ; un autre dérivé de *Mansionile*, Magny, le Magny, les Magny s'y rencontre comme nom d'écart.

Casa, habitation rustique, est le thème de la Chaise, les Chaises, noms d'écarts ; diminutifs, Chazotte, la Chazotte.

Casella, diminutif de *Casa*, est le thème de Chazelle.

Casale, le Chazeau, les Chazeaux.

Capanna, origine du mot français Cabane, a donné Cheyanne, Chavenne, Chevenne. Cadole, petite construction, a le même sens.

Borde, ce mot paraît être d'origine saxonne ; (*bord*, en saxon, maison rustique ; *borda*, en bas-latin) a donné la Borde, les Bordes, Bourdeaux, noms d'écarts.

Loge (*lobia*, puis *logia* dans les anciens textes) ; la Loge, les Loges, très nombreux écarts, avec divers déterminatifs.

Heriberga, mot franc latinisé désignant un campement pour les soldats ; ensuite un logement, un abri quelconque. Dérivé : l'hébergement, corrompu en l'Abergement, *albergamentum*, nom de commune et de plusieurs écarts.

Granica, grange, bâtiment où l'on serrait les grains ; Granges, nom de communes ; la Grange, les Granges, noms de nombreux écarts, avec divers déterminatifs.

La Métairie (de *medietarius*, celui qui cultive à moitié fruits), noms de 3 écarts.

Pressoir (écart de Cronat).

Plusieurs noms rappellent des industries diverses : La Tuilerie, Les Tuiles, La Tuillière ; — Les Tupes, les Tupins, les Ollières (surnom de Dracé), indiquent l'industrie de la poterie. La Verrière, les Verrières, l'industrie du verre.

D'autres noms indiquent la nature du sol : les terres blanches, les terres mortes, les terres rouges, noire terre, etc. ; l'Argille, l'Argillet, les Ardillats.

Tous ces noms et les noms analogues n'ont pas besoin d'explication.

Noms d'arbres et d'arbrisseaux.

La plupart ont été étudiés à l'époque romaine ; voici quelques notions complémentaires :

Le Chêne, Les Chênes, la Chênerie, avec divers déterminatifs.

Garit, nom anti-romain de l'Yeuse, est peut-être l'origine des noms Jarrey, les Jarraux, Jarras (ailleurs Jarry, la Jarrige, la Garrigue).

Le Néflier, *Mespila*, le Méplier, les Mépliers.

Le Cornouiller, *Cornus*, est peut-être le thème de la Cornière, les Cornilles.

L'Epine, thème de l'Epinay, l'Epinet, Lespinasse.

Le houx, *agrifolium* en bas-latin, thème de Aigrefeuille, Crefeuille, Arfeuille, les Egreffes.

La Ronce, la Ronze.

Le Sureau, Suzeau.

Le mot *Essart*, du bas-latin *essarta, exarta*, au sens de défrichement, a donné toute une série de noms de lieux :

Lessard, nom de deux communes ; l'Essard et les Essards, nom de nombreux écarts ; l'Essard de la Collonge ; l'Essard-Michaud.

Essertenne, nom de commune ; les Esserteaux (écart de Bussières) *Exartis V^a* en 972 ; l'Essertot (écart de St-Vallier) ; l'Essertenue, montagne de l'Autunois ; les Serteaux ; les Sertines (3 écarts).

Un savant des plus distingués et des plus versés dans l'histoire du Charolais, M. Révérend du Mesnil, fait dériver Sertines ou Essertines (écart de Briant) de deux radicaux celtiques : *Serth*, élevé en pente douce, et *ins*, ville ou village. C'est là un exemple frappant des fantaisies étranges auxquelles on peut se laisser aller, faute d'appliquer aux recherches étymologiques une méthode sévère et de rapprocher constamment les uns des autres les noms appartenant à une même famille.

Post-Scriptum.

En terminant ici cette étude, je dois présenter aux érudits qui pourront s'intéresser à cet ordre de recherches toutes mes excuses pour ce qu'elle a d'incomplet et pour les erreurs qu'elle peut renfermer et qui tiennent surtout à une connaissance insuffisante des formes anciennes. Ces lacunes et ces erreurs sont dues aux limites dans lesquelles je devais me renfermer et au manque de temps qui ne m'a pas permis de faire dans les documents anciens les immenses recherches qui auraient été nécessaires.

Mon but, je le répète en finissant, a été surtout d'appliquer le plus exactement possible, à un certain nombre d'exemples choisis, les principes et la méthode des deux savants maîtres qui m'ont servi de guides.

J'espère que plus tard, lorsque des publications nouvelles auront mis au jour, d'une façon complète, les formes anciennes des noms des localités, et surtout lorsque le Dictionnaire topographique du département aura paru, ce travail sera repris d'une façon définitive par un érudit, en s'inspirant des mêmes principes et de la même méthode. Tous mes désirs seront comblés, si j'ai pu tracer utilement la voie à suivre.

Léon LACOMME.

Mesvres, le 1er novembre 1891.

DICTIONNAIRE ALPHABÉTIQUE

DES

Lieux habités du département de Saône-et-Loire

Communes, Hameaux, Écarts, etc. (1)

A

ABBAYE (l'), Chapelle-Thècle, Ligny, Rigny.

ABBAYE-DES-BARRES (l'), Saint-Christophe-en-Bresse.

ABBESSE (l'), Marcigny.

ABERGEMENT (l'), Burzy, Châtel-Moron, Ciry, Frangy, Frontenard, La Guiche, Messey-sur-Grosne, Montpont, Ste-Croix, St-Didier-en-Bresse, Saint-Martin-de-Salencey, Sevrey, Toulon, Varenne-St-Sauveur.

Abergement-de-Cuisery (l').

Abergement-Ste Colombe (l').

ABIME (l'), Flacé.

ABOST (les), Cordesse.

ABRIOTS (les), Dettey.

ACHARD, Cronat.

ACHAT (l'), Tramayes.

ACHERIS (les), Saint-Emiland.

ACROCHOUX (les), La Chaux.

ADENOT, Chalon.

AFFINOZ (les), Chalmoux.

AFFOUAGES (les), St-Pierre-de-Varennes.

AFRIQUE (l'), Coublanc.

AGÈES (les), La Motte-St-Jean.

AGNEUX et CLOUX, Rully.

AGRÈLES (les), St-Pierre-le-V.

AGRON (les), Thurey.

AGROST (les), Briant, Fleury, St-Christophe-en-Brionnais, Ste-Foy.

AIGLE (l'), Issy-l'Évêque.

AIGREBUILLE, Charmoy.

AIGRES (les), Montmort.

AIGREVAUX, Roussillon.

AIGUE (l'), Issy-l'Évêque.

AIGUELE (l'), St Agnan, Les Guerreaux.

AIGUILLON ou les GUILLON, Lessard-en-Bresse, Volesvres.

AIGUILLY, Couches.

AIR-DES-PRÈS (l'), Ciry.

AIRES (les), Anzy.

AISEREY, Bruailles.

AISNES, Auxy, Azé.

---

(1) Le premier nom d'une ligne est celui du hameau ou écart; le ou les noms qui suivent immédiatement sont ceux des communes auxquelles appartiennent le hameau ou l'écart.

Les communes sont intercalées à leur ordre alphabétique, entre les hameaux, mais en caractère différent.

Les noms de communes ou de hameaux commençant par **Saint** sont placés à la lettre **S.**

Aizy, La Tagnière.

Alexandrette, Château-Renaud.

Allée (l'), St-Pierre-le-V., St-Vincent-en-Bresse.

Allée-de-Brandon (l'), St-Pierre-de-Varennes.

Allée-de-la-Balme, Saint-Germain-du-Bois.

Allée-d'Epiry, Saint-Emiland.

Allerey.

Allériot.

Allognys (les), Pierreclos, St-Sorlin.

Alloise (grand et petit), Chapelle-St-Sauveur.

Allye, Cussy, Sommant.

Almont, St-Pierre-le-Vieux.

Allumettes (aux), St-Jean-des-Vignes.

Allyes, Sommant.

Alonne, Curgy.

Alouette (l'), Chalmoux, Vérissey.

Alouettes (les), Blanzy, Châtenoy-le-R., Montceau-les-Mines, St-Didier-sur-Arroux, St-Remy, Vérissey.

Aluze.

Amange, Chapelle-St-Sauveur.

Amanzé.

Amanzy, Bourbon-Lancy.

Ambly, Vitry-sur-Loire.

Ambulatière (l'), Vincelles.

Amérique (l'), Fleury-la-Mont.

Ameugny.

Amourant, La Tagnière.

Anges ou Anses (les), Collonge-en-Charollais.

Ancien-Château (l'), Lessard-en-Bresse.

Ancien-Château-Gaillard (l'), Allériot.

Ancien-Dépot-de-Cray, Saint-Marcellin-de-Cray.

Ancins ou Enceints (les), Pierreclos.

Ane (l'), St-Léger-sous-Beuv.

Ange, Oudry.

Angelin, Château-Neuf, Tancon.

Angelins (les), Pressy.

Angerolles (les), Trambly.

Angle (l'), St-Symphorien-de-Marmagne.

Angles (les), Génelard, Mesvres, Montmort, St-Vincent-lès-Bragny.

Angluré-sous-Dun.

Anglure, Montmelard, Mussy-sous-Dun, Vaudebarrier.

Angoin, Salornay-sur-Guy.

Anjoux, Sagy.

Anost.

Ansard, St-Martin-de-Lixy.

Antin, Château.

Antoine (les), Issy-l'Evêque.

Antully.

Anxin, St-Pierre-de-Varennes.

Anzy-le-Duc.

Apports (les), Marizy.

Apugny, Hurigny.

Araignées (aux), Bourbon.

Arbigny, Varennes-lès-Mâcon.

Arbin, Savigny-sur-Seille.

Arbois (les), Bouhans, Montjay, Serley.

Arbres (les), Brion.

Arbuans, Champagnat.

Arcelière (l'), Melay.

Arcelle, Artaix.

Archelée (l'), St-Symphorien-de Marmagne.

Archeveau (l'), St-Berain-sous-Sanvignes.

Arcy, Bourbon, Savigny-sur-Seille, Simandre, Vindécy.

Ardignat, Montpont.

Ardillats (les), Bourbon, Chalmoux, Chauffailles, Tramayes.

ARDILLETS, La Motte-St-Jean.
ARÈNES (les), Prissé.
ARFEUILLES, Lugny-lès-Charolles, Marizy, Mont-St-Igny.
ARGAUD, Matour, St-Pierre-le-Vieux.
ARGEROT, Cluny.
ARGILLET(l'), Sens.
ARGENTOLE, St-Prix.
ARGOLAY (l'), Châtenay, St-Germain-des-Bois, St-Pierre-le-Vieux.
ARGUES, Baugy.
ARLEBEAU, Remigny.
ARMECY, Montmort.
ARMES (les), La Chapelle-Thècle.
ARMOIRIES (les), Chevagny-les-Chevrières.
ARMONT, Chassigny, Dommartin.
ARNESSIN, Oyé.
ARNIÈRE, Igé.
ARPENT (en), Tournus.
ARPENTS (les), St-Berain-sur-Dheune.
ARPILLÈRES, St-Germain-du-B.
ARQUEBUSE (l'), Cuisery.
ARSENNE, Vindecy.
ARSIÈRES, Simard.
Artaix.
ARTS(les), Varennes-les-Mâcon.
ARTUS, Beaubery.
ARVOLOT (l'), Boyer.
AS (les), Péronne.
ASNÉES, Chalmoux.
ATHEZ, Anost.
ATRÉCY, Vendenesse-sur-Arroux.
ATRIZET, Varennes-St-Sauveur.
AUBÉPIN(l'), Farges-lès-Chalon.
AUBIGNY, Aluze, Rully, Toulon.
AUBRELLE, Vitry-sur-Loire.
AUCLOUX (l'), St-Berain-s.-Sanv.
AUDOUR, Dompierre-les-Ormes.

AUDURGER ou HAUT-D'URGER, Lesme.
AUGAYS (les), Chapelle-s.-Dun, Ourtil-sous-Buffières.
AUGÈRES (les), Baugy, Sivignon.
AUGÈRES-DE-LA-TOUCHE (les), Anzy.
AUGÈRES-D'EN-BAS (les), Anzy.
AUGÈRES-D'EN-HAUT(les), Anzy.
AUGES (les), Vauban.
AUGOYATS (les), St-Pierre-le-V.
AUGY, Ballore.
AUMONTS (les) ou les HAUTS MONTS, Mary.
AUPONT ou HAUT-PONT, Gilly.
AUPRETIN, Château-Renaud.
AUROUX, Sancé.
AUSUPPES, St-Léger-lès-Paray.
AUTELS (les), Pouilloux.
AUTHELINS (les), Serley.
AUTHEROT (l'), Sermesse.
Authumes.
Autun.
AUVEREAUX, Matour.
AUVERGEATS (les), Chenay.
AUVERGNAT (l'), Gibles, Uchon.
AUVERGNATS (les), Montagny-sur-Grosne.
AUVERNAY (l'), St-Gervais-sur-Couches.
AUVERNAYES, St-Léger-sur-Dh.
Auxy.
AUZON, Montmort.
AVAILLY, Rigny.
AVALLY (Grand), St-Bonnet-de-Joux.
AVAISES, Varennes-sous-Dun.
AVAISES (Grandes et Petites), St-Maurice-lès-Châteauneuf.
AVALIX, Savigny-sur-Seille.
AVE-MARIA (l'), La Loyère.
AVENAY (les), La Chapelle-de-Guinchay.
AVIGNON, Ligny-en-B., Saint-Maurice-lès-Châteauneuf.
AVOINE (l'), St-Nizier-s.-Ch.

Avoise, Montchanin-les-Mines.
Azé.
Azé ou Azey, Dracy-St-Loup.
Azu, St-Romain-s.-Gourdon.
Azy, Ciry.
Aye (l'), Chauffailles, Mussy.
Aynard, Bonnay.

B

Bachasses, Donzy-le-Pertuis.
Bachelay, La Chaux.
Bachet, St-Maurice-lès-Ch.,
  Paris-l'Hôpital.
Baclot, Viré.
Badeaux (les), Palinges, Saint-
  Vallier.
Bades, Marizy.
Badeys, St-Pierre-de-Varennes.
Badières, Ratte.
Badolon, St-Igny-de-Roche.
Badouettes (les), Chenay.
Bagatelle, Tournus.
Bagneaux, Melay.
Bagots (les), Vitry-sur-Loire.
Baignant, Allerey.
Bailly (le), Bourbon, Chenay.
Baisse (la), Mailly, Marcigny,
  St-Aubin-en-Charollais, St-
  Julien-de-Jonzy.
Baisse-au-Loup, Paray.
Baisse-Léonard, Romenay.
Baisses (les), Baudrières,
  Chauffailles.
Baissoles, Oyé.
Baize ou Bèze (en), Gibles.
Baizet (le), Mussy.
Bajais ou Bajets (les), Saint-
  Pierre-le-Vieux.
Bajard (les), Mussy.
Bajolet (le), Chânes.
Bajons (les), Anglure.
Balas, Joncy.
Balais (les), Oudry, Palinges.
Balay, Joncy.

Balettes (les), Juif.
Balifay (les), Germolles.
Balland, Bergesserin.
Ballangers (les), La Selle.
Balleure, Etrigny.
Balligand, St-Maurice-lès-Ch.
Ballore.
Balore, Cronat.
Balme (la), Bouhans, Cuiseaux,
  Loché, St-Croix, St-Germain-
  du-Bois, Serley.
Balmont, Semur.
Balmonts (les), Romanèche.
Balosle, St-Germain-du-Bois.
Ballots (les), Loisy, Viry.
Banand, Vinzelles.
Bancherats (les), Sarry.
Banchet (le), Buffières, Châ-
  teauneuf.
Bandue (la), St-Agnan.
Bantanges.
Bantange, Montpont.
Banzon ou Bonzon, St-Gengoux-
  de-Scissé.
Baraban, Tournus.
Barand, St-Usuge.
Baranzy, Les Guerreaux.
Baraque (la), Broye, Les Guer-
  reaux, Montcoy.
Baraques (les), Charbonnat,
  Lucenay, Morey, Palinges,
  St-Bonnet-de-Joux, St-Loup-
  de-la-Salle, Villegaudin.
Baraudat, Cressy.
Baraudière (la), Gibles.
Baraux (les), Martigny.
Barbarandière (la), Colombier-
  en-Brionnais.
Barbaudière (la), Châteauneuf.
Barbeaux, Roussillon.
Barberey, Diconne.
Barbette, Branges.
Barbier-des-Bois, Bruailles.
Barbière, Champlieu, Curbi-
  gny, Laives.

BARBIERS (les), Chânes, Saint-Prix.

BARBOTTE, La Tagnière.

BARBRÈCHE, Vitry-en-Charoll.

BARD, St-Maurice-lès-Châteauneuf.

BARDARD, St-Etienne.

BARDELOT (le), Rousset.

BARDETTES (les), Chênay.

BARDINS (les), Chapelle-sous-Uchon.

BARDINIÈRE, Chauffailles.

BARDNIÈRES (les), Mailly.

BARDOTS (les), Oudry, Saint-Micaud.

BARGE (la), Briant, Chaîntré, Châtenay.

Barizey.

BARLIERS (les), Charmoy.

BARNAUDIÈRE, Fleury.

Barnay.

BARNAY, Les Guerreaux, St-Martin-de-Lixy, Tancon.

BARNOT, Baron, Marly-s.-Issy.

Baron.

BARON (le), Chasselas.

BARONNERIE (la), St-Didier-en-Brionnais.

BARONNIE (la), Sennecey-le-G.

BARONNETS (les), Martigny.

BAROT, Issy-l'Evêque.

BARQUE (la), Bruailles.

BARRAGE (le), Bragny-s.-Saône, Charnay-lès-Chalon, Gigny.

BARRAS (les), Beaurepaire, Berzé-la-Ville, Clessy, Laizé, Semur.

BARRAT, Montceau-les-Mines.

BARRAUD (les), Chapelle-sous-Dun, Martigny-le-Comte, Serrigny.

BARRAUX (les), Motte-St-Jean.

BARRE (la), Autun, Beaumont, Bragny-sur-Saône, L'Hôpital-le-Mercier, Sainte-Croix, St-Maurice-lès-Châteauneuf, Saunières, Torcy, Trambly.

BARRE-DE-JOUX, St-Laurent-en-Brionnais.

BARRE-DE-LA-VILLEDIEU (la), Torcy.

BARREND (le Petit), Montcony.

BARRES (les), Chassy, Chauffailles, Marly-sur-Arroux, Romenay, St-André-le-Désert, St-Aubin-en-Char., St-Eugène, St-Laurent-en-B., St-Nizier-s.-Charmoy, Saint-Pierre-le-Vieux, La Tagnière.

BARRETS, St-Firmin.

BARRICAND, Montagny-s.-Gr.

BARRIER, Vaudebarrier.

BARRIÈRE (la), Antully, Devrouze, St-Julien-sur-Dheune, La Tagnière.

BARRIÈRE-DE-L'ILE (la), Saint-Gilles.

BARRIÈRES (les), Bourgvilain.

BARRIÈRES-DU-CHEMIN-DE-FER (les), Remigny.

BARROTS (les), Germagny.

BARVIER (le), Varennes-s.-Dun.

BAS (le), Aluze.

BAS-DU-RIF, Bourg-le-Comte.

BAS (les), Chapelle-sous-Dun, Charmoy, Reclesne, Matour.

BAS-D'AUXY (le), Auxy.

BAS-DE-BRANGES, Branges.

BAS-DE-BRIENNE, Brienne.

— -DE-BUIS, Bourg-le-Comte.

— -DE-CANADA (le), Auxy.

— -DE-CHÊNE, St-Sernin-du-B.

— -DE-COILLAT, Chapelle-Thècle.

— -DE-COLOMBIER, Colombier-en-Brionnais.

— -DE-FOUILLOUX, St-Marcelin-de-Cray.

— -D'IGUERANDE, Iguerande.

— -DE-JONZY, St-Julien-de-Jonzy.

— -DE-LA-VILLE, Sengzan.

— -DE-LAYER, Jouvençon.

BAS-DE-MARAIS, St-Sernin-du-Bois.

— -DE-MEULIN, Meulin.

— -DE-MONTAGNY, Montagny-près-Louhans.

— -DE - MONTBELLET, Montbellet.

— -D'ORMES, Ormes.

— -DE-PIERRE, Pierre.

— -DE-RANCY, Rancy.

— -DE-REDY, Sornay.

— -DE-ST-BÉRAIN, St-Berain-s.-Sanvignes.

— -DE-SAINTE-RADEGONDE, Ste Radegonde.

— -DE-SIENNE, La Charmée.

— -DES-CHAINTRES, Verrière (la Grande).

— -DES-CROTS, Torcy.

— -DES-REUILS, St-Léger-sur-Dheune, St-Pierre-de-V.

— -DE-SARRANCY, Iguerande.

— -DE-SAVY, Crèches.

— -DE-SEILLE, Bantanges.

— -DE- VARENNE, Varenne Reuillon.

— -DE-VELLE, St-Eugène.

— -DE-VILLAGE, Senozan.

— -DU-CHARD, Ste-Radegonde.

— -DU-CREIL, Perrecy.

— -DU-CROT, St-Jean-de-Trézy.

— -DU-PRIX, Bourg-le-Comte.

— -DU-RIAUX, Brion.

— -DU-RY, Bourg-le-Comte.

— -GIRARD, Ozolles.

— -MORIN, Chalmoux.

BASSE-BOURSE (la), Perrigny.

BASSE-COUR (la), Châteaurenaud, St-Germain-du-Plain, Perrecy.

BASSE CRUZILLE (la), Bois-Ste-Marie.

BASSE-FRODDIÈRE (la), Abergement-de-Cuisery.

BASSE-VELLE, St-Désert.

BASSES-COURS (les), Senozan.

BASSENIER, Uxeau.

BASSETS (les), Amanzé, Châtenay, St-Christophe-en-Brionnais, Vareilles.

BASSICOT, Bourbon.

BASSIÈRES (les), Suin.

BASSIN (au), Fragnes.

BASSY, St-Gengoux-de-Scissé.

BASTIEN (les), Chapelle-sous-Uchon.

BATAILLARD, Varennes-St-Sauv.

BATAILLE (la), Bourgvilain.

BATAILLY, St-Christophe-en-B.

BATANT, Charmoy.

BATHIZERAT, Grury.

BATIÉ (la), La Chapelle-de-Guinchay, Charnay-lès-Mâcon.

BATIERS (les), Sanvignes.

BATONNIERS (les), Poisson.

BATTÉE, Gilly.

BATTÉES (les), Dennevy, Saint-Sernin-du-Plain.

BATTÉES - DE - COUCHES (les), Couches.

BATTEREY, La Charmée.

BATTOIR (le), Abergement-Ste-Colombe, Flacey, St-Firmin.

BATTOIR-D'ÉCORCES (le), Bourbon.

BAUCHE (la), Montpont.

BAUCHERATS (les), Sarry.

Baudemont.

BAUDEMONT, Laizé.

BAUDIÉ ou BOIS-DIEU, Bussières, Savigny-sur-Grosne.

BAUDINET, Boyer, Dyo.

BAUDIN (les), Semur, St-Vallier.

BAUDOTS (les), Marcilly-lès-Buxy.

BAUDRAS (les), Chapelle-du-Mont-de-France, Sanvignes, Trivy.

Baudrières.

BAUDY (les), Berzé-le-Châtel.

BAUGEY, Morey.

BAUGIS (Grand et Petit), Issy-l'Evêque.

Baugy.

BAUGY, Artaix, La Comelle, Reclesne.

BAUJARDS (les), Monthelon.

BAUME ou BAULME (la), Blanzy, Cronat, Marigny, Motte-St-Jean, St-Micaud.

BAUMES (les), Antully, Charrecey, Sommant, St-Léger-s.-Beuvray.

BAY, La Tagnière.

BAYARD, Baudemont.

BAYONS (les), Melay.

BAZELLE (la), Chalmoux, Grury.

BAZIN, Bourbon-Lancy, Cressy.

BAZÔLLE (la), Curbigny.

BAZOYE, St-Didier-sur-Arroux.

BEATHEY, St-Désert.

BÉAT (le), Brancion.

BEAU ou Bos (le), Chapelle-au-Mans, La Comelle.

BEAUBERNARD, Oudry.

BEAUBIGNY, St-Symphorien-des-Bois.

Beaubery.

BEAUCAIRES (les), St-Agnan.

BEAUCHAMP, Neuvy.

BÉAUDÉSIR, Vendenesse-sur-Ar.

BAUDINS (les), Semur.

BAUDRAN, Bourbon-Lancy.

BEAUDRIÈRES (les), Mouthier.

BEAUDROIN, Baudrières.

BÉAUFER (en), Tournus.

BEAUFRANC, Rigny.

BEAUJARDE (la), St-Pierre-de-Varennes.

BEAU-JARDIN (le), Vitry-sur-Loire.

BEAUJON, St-Christophe-en-B.

BEAUJOUR, St-Nizier-s.-Ch.

BEAULIEU, Châteaurenaud, Varennes-lès-Mâcon.

BEAULIEU-DE-ST-SULPICE, Condal.

BEAULOUIS, Cronat.

BEAUGLOUP ou BOST-LOUP, Briant.

BEAUMARTIN (Grand et Petit), Romenay.

BEAUMIDI, Issy-l'Evêque.

BEAUMONT, Branges, St-Romain-sous Gourdon, Trivy.

Beaumont-sur-Grosne.

BEAUPIERRE, Vitry-sur-Loire.

BEAUPRIX, Chalmoux.

BEAUREGARD, Demigny, Fuissé, Gourdon, Lessard-le-Royal, Marcigny, La Motte-St-Jean, Palinges, Paray, St-Martin-du-Lac, Tournus, Varenne-Reuillon.

Beaurepaire.

BEAUSOLEIL, Sancé.

BEAUVAIS, St-Martin-de-Lixy.

BEAUVALLON, La Selle.

BEAUVERNAY, Pressy, Vauban.

Beauvernois.

BEAUVERNOIS, Savigny-en-Rev.

BEAUVOIR, Branges, Frangy, Vendenesse-sur-Arroux.

BEAUX ou BOST (les), Rigny.

BEAUX-LIEUX, Vaudebarrier.

BEAUZOMME, St-Christophe-en-Brionnais.

BÉCÈRE (la), Chassigny, Saint-Racho.

BÉCIÈRE (là), Gibles.

BÈCHE, Cuisery.

BÈCHE (Grand et Petit), Besjean.

BÈCHERIE (la), La Frette.

BÈCHERON, Varenne-Reuillon.

BECREUX, Varennes-St-Sauveur.

BEFFOUX, Le Miroir.

BÉGU, Crêches.

BEIGNY (le), Marigny.

BEIS, Pruzilly.

BEL-AIR, Blanzy, Bourbon, Le Breuil, Chapelle-au-Mans, Charolles, Charrecey, Cluny, Cuiseaux, Digoin, Flacé, Jalogny, Mâcon, Maltat, Montceau-les-Mines, Pressy, St-Maurice-lès-Chât., St-Léger-sur-Dheune, Saint-Pierre-le-Vieux, Saint-Yan, Semur, Sivignon, Tramayes, Varennes-sous-Dun, Verosvres

BELANGE, Clessé.

BELAVENIR (à), La Chapelle-de-G.

BELINE, Saint-Bonnet-de-Joux.

BELINS (les), Bourg-le-Comte.

BELLANOISET, Varennes-Saint-Sauveur.

BELLECROIX, Chagny, Ciel, Cluny, La Racineuse.

BELLECOUR, Vinzelles.

BELLE-ÉTOILE (la), Gruty, Monthelon.

BELLEFONT, St-Martin-en-Br.

BELLE-IDÉE (la), Saint-Firmin.

BELLEVELLE (la), St-Martin-la-Patrouille.

BELLEVERNE, Chapelle-de-G.

Bellevesvre.

BELLEVILLE, Mouthier-en-Bres.

BELLEVUE, Montmort, Épinac.

BELLEVUE, Autun, Mouthier-en-Bresse, Palinges, Paray, Perrecy, Roussillon, St Bonnet-de-Joux, St-Prix, St-Vallier, Saillenard, La Selle, Tintry.

BELNÉ, Tournus.

BELOUSE (la), Davayé, St-Léger-sous-la-Bussière, St-Sorlin, Verzé.

BELOUSES (les), Baudemont, Crêches, Sennecé-lès-Mâcon.

BELUZARDS (les), Sainte-Cécile.

BELUZE (la), Briant, Crêches, Gourdon, Oudry, St-Romain-sous-Gourdon, Tancon, Toulon, Volesvres.

BELUSES (les), Baudemont, Fleury, Mailly, St-Gengoux-de-Scissé, Saint-Maurice-lès-Chât., St-Martin-de-Salencey.

BENACHOTS (les), Saint-Agnan.

BENCHOT (le), Toulon.

BÈNE, Chissey-lès-Mâcon, La Vineuse.

BÉNÉTIN, Lournand.

BENNE-THEUILLER (la), Saint-Racho.

BENOIT (les Grands et Petits), Romenay.

BENOST-AUMONIERS (les), Trivy.

BÉRAUDIÈRES (les), Chapelle-sous-Dun.

BERBETTE, Branges.

BERCATONS (les), Saint-Amour.

BERCULLY, Chassey.

BERDENIAUX (les), Ciry.

BERGE (la), Donzy-le-National.

BERGELAINES (les), Savianges.

BERGENÉES, Sainte-Croix.

BERGÈRE (la), Igé, Sologny, Verzé.

BERGERIE, Aluze, Chaintré, Cormatin, Gilly, Igé, Savianges.

BERGEROLLE (la), Saint-Igny.

BERGERS (les), Anglure, Crêches, Chevagny-sur-Guye, Mussy.

Bergesserin.

BÉRIAUX, Collonge-en-Charol.

BERLAND, Saint-Igny.

BERLIÈRE, Matour, Charmoy.

BERLINGOTS (les), Autun.

BERLINGOTTE, Château.

BERLINGUET, Igornay.

BERLOCHE, Cronat.

BERNACHON, Saint-Point.

BERNADOTTE (la), Savianges.

BERNARD (les), Saint-Agnan, La Chaux, les Guerreaux, Marly-sous-Issy, Trivy.

BERNARDET, Céron.

BERNARDON, Chenay.

BERNAUD (les), St-Pierre-de-V.

BERNILLON, Tramayes.

BERNOUX (la), Bosjean, Sagy.

BERRETS (les), Laizy.

BERRY, Saint-Julien-de-Jonzy.
BERSOTTE (la), Cronat.
BERTÈRES les), Villeneuve-en-Montagne.
BERTHAUD (en), Sainte-Hélène.
BERTHAUD ou BRETAUD (la), Bourg-le-Comte.
BERTHAUD (les), La Chaux, St-Amour.
BERTHELIÈRE (la), Melay.
BERTHELOTS (les), Serrières, Solutré.
BERTHES (les), Lournand.
BERTHIERS (les), La Tagnière.
BERTHILIERS (les), Charnay-lès-Mâcon.
BERTHOD, St-Vincent-en-Bresse.
BERTHOUX (le), Montret.
BERTS (les), Juif.
BERTRANDIÈRE (la), St-Martin-en-Bresse.
BERTRANDS (les), Couches.
BERTRAT, Mornay.
Berzé-la-Ville.
Berzé-le-Châtel.
BESACE (la), Sancé.
BESANCEUIL, Bonnay.
BESBE, Sommant.
BESSAIRE (la), Saint-Racho.
BESSANDREY, Simard.
BESSARD (le), Juif.
BESSAY (le), Matour.
BESSAY (les) Pruzilly, Saint-Amour, Saint-Verand.
BESSE ou BAISSE, Baudrières, St-Aubin-en-Charollais.
BESSE-AU-LOUP, Paray.
BESSEROLE (la), Prissé.
BESSEUE, Bonnay.
BESSIÈRES (les), Nochize, Gibles, Saint-Racho.
BESSONS (les), Vitry-en-Char.
BESSOT (le), Dettey, St-Nizier-sur-Arroux.
BESSOTTES (les), St-Sernin-du-Bois.

BESSUGE, Baugy, Chapaize.
BESSY, Ciry, St-Romain-sous-Versigny, Uxeau.
BETOUX, Vendenesse-sur-Arr.
BETTEVOUX (Moulin de), Uchizy.
BEUCLAIS (les), St-Christophe-en-Brionnais.
BEUGNE, La Vineuse.
BEUGNONNE (la), Prissé.
BEUILLET, Château.
BEUILLON, Chapelle-sous-Dun.
BEULOTS, Grande-Verrière.
BEURCHEE, Brion.
BEURETTE (la), Laizy.
BEUREY, St-Gervais-s.-Couches.
BEURNOUS, les Guerreaux.
BEUROT, Gueugnon.
BEUTHIAU (en), Saint-Point.
BEUTON, Vendenesse-s.-Arroux.
BEUTHOT (le), Verrière (la Grande).
BEUTTE (la), Marcilly-la-G.
BÈZE ou BAIZE, Gibles.
Bey.
BEY (les), Chassigny.
BEZORNAY, St-Vincent-des-Prés, Vitry-les-Cluny.
BIAT, Brancion.
BIATS-DE-TOULONGEON (les), Chapelle-sous-Uchon.
BIAUNE, Sologny.
BICÊTRE, Mâcon.
BICHE-NICHE, Romenay.
BICHETÉE (la), St-Pierre-de-Var.
BIDAUTS (les), St-Berain-sous-Sanvignes, St-Micaud.
BIDELATS (les), Lesme.
BIDOLETS, Chapaize.
BIDOLINS (les), Melay.
BIEF (le), Chardonnay, Chasgny, Châtenoy-en-Bresse, Matour.
BIEF-BOULY, Sornay.
BIEF-DE-FOUR, Jouvençon.

BIEF-DE-LOIRE, Abergement-de-Cuisery.

BIEFS (les), Sassenay.

BIEFS-DE-NÉBAN (les), Sainte-Croix.

BIÈRE ou BIERRE, Broye, Frontenaud, Vendenesse-lès-Ch., St-Ythaire.

BIERRES (les), Saint-Racho.

BIEUX, Comelle-sous-Beuvray.

BIGARNY, Maltat.

BIGEARD (les), Anost.

BIGEONNIÈRE, Mâcon.

BIGOTTE, Saint-Christophe-en-Brionnais.

BIGUEURES (les), Beauvernois.

BILIAUD, Cronat.

BILLARD (les), Dompierre-sous-Sanvignes, St-Amour.

BILLARDE (la), Couches.

BILLAUDOTS (les), Igornay.

BILLAUX (les), Rigny.

BILLEBAUD, Châtenay, Ciry.

BILLEBINS, Gibles.

BILLÉTATS (les), Vigny.

BILLONS (les), Anost, Cussy.

BINAND, Condal.

BINCHOT (le), Sevrey.

BIOLAY (Gr. et Petit), Romenay.

BIOLAY (le), St-Usuge.

BIOLÉE (la), Ste-Croix.

BIONE, Frontenaud.

BIOURE (la), Bragny-en-Char.

BIOUX (les), Branges, Charnay-lès-Mâcon, Mâcon.

BIRÉ, Charolles.

BIRON, Guerfand.

BIRY, Cressy.

BIS (le), Fleury.

BISE (la), Antully, Collonge-en-Charollais, Grury, Roussillon.

BISE-A-L'ANE, St-Léger-sous-Beuvray.

BISFRANC, Vitry-en-Charollais.

Bissey-sous-Cruchaud.

Bissy, St-Martin-la-Patrouille.

Bissy-la-Mâconnaise.

Bissy-sous-Uxelles.

Bissy-sur-Fley.

BIZOTS (les), St-Nizier-s.-Char.

BIZY, Lugny-lès-Charolles.

BLAIN-LE-VIEIL, Roussillon.

BLAINE, Châteaurenaud.

BLAIREAUX (les), Monthelon.

BLANCHISSERIE (la), St-Jean-des-Vignes.

BLAIRES (les), Morhay.

BLAISES (les), Chapelle-du-M.-de-France.

BLAIZY, St-Mard-de-Vaux.

BLANAY, Donzy- le - National, Savigny-en-Revermont.

BLANCHARD, Longepierre.

BLANCHIZET, Saint-Point.

BLANCHOTS (les), Autun, Saint-Prix.

BLANCS (les), Colombier-en-Brionnais, Le Fay.

BLANAY, Beaurepaire, Donzy-le-National, Savigny-en-Revermont.

BLANGUE, Lournand.

Blanot.

BLANOT, Donzy-le-Pertuis.

BLANOY, Beaurepaire.

BLANY, Laizé.

Blanzy.

BLÉMONTS (les), Chapelle-de-Guinchay.

BLÉREAUX (les), Monthelon.

BLÈRES, Mornay.

BLESSY, (le), Germolles.

BLIGNY (les), Cersot.

BLONDEAU (le), Brandon.

BLONDEAUX (les), Etang.

BLOT (les), Charbonnat, Paray.

BLOUZARDS (les), Ste-Cécile.

BLOUZE (la), Davayé, St-Sorlin.

BLOUSES (les), Créchos, Saint-Julien-de-Civry.

BLUZU (la), Varenne-sur-le-Doubs.

Bluzes (les), Fleury, St-Maurice-lès-Châteauneuf.

Bobelins (les), Sanvignes.

Bobins (les), St-Symphorien-de-Marmagne.

Bocards (les), Chapelle-de-G.

Bocquin, Montret.

Bodets, Varenne-sur-le-Doubs.

Boebe, Chapelle-St-Sauveur.

Bœuf, Dyo.

Boileau, Oudry.

Boileaux (les), Autun.

Bois ou Bouhin, Laizy.

Boirards, Cuza.

Boires (les), Saint-Micaud.

Boiry, Boyer, La Clayette, Tournus.

Bois (au), Monco, Varennes-St-Sauveur.

Bois (le), Barize, La Charmée, Burzy, Chagny, Mary, Sanvignes, Serley.

Bois (les), Chapelle-de-Guinchay, Chapelle-du-Mont-de-France, Chapelle-sous-Dun, Fleury, Gergy, Mailly, Neuvy, Pruzilly, St-Albain, Saint-Ambreuil, St-Berain-sous-Sanvignes, St-Racho, Saint-Romain-sous-Gourdon, Sanvignes, Semur, Serley, Serrières, Sologny, Villeneuve-en-Montagne.

Bois-a-la-Dame (le), Anzy.

Bois-a-la-Grande-Femme, Sologny.

Boisard, Guzy.

Bois-Aumonier, Bonnay.

— -Autot, Torcy.

— -Bachelas, Sologny.

— -Barbier, Bourbon-Lancy.

— -Bardot, Colombier-en-B.

— -Basselart, Sologny.

— -Beloup, Les Guerreaux.

— -Benoit, Romenay.

— -Bettit, Beaubery.

Bois-Billard, Ste-Cécile.

— -Biscaud, St-Berain-s.-S.

— -Blanc, Blanzy, Uchon.

— -Blanchin, Montpont.

— -Bonnard, Torcy.

— -Bouché, Blanzy, Sanvignes.

— -Bouillet, Vigny, Viry.

— -Bouillot, Vitry.

— -Bouilli, Le Puley.

— -Bouin, Fleury.

— -Boulay, Blanzy.

— -Boulot ou Bouleau, Bosjean.

— -Bourgeois (le), Blanzy, St-Nizier-sous-Charmoy.

— -Bouton, Briant, Demigny, Oyé, St-Christophe-en-B.

— -Bouvier, Dommartin.

— -Bredy, St-Berain-s.-Sanv.

— -Brenat, Cressy-s.-Somme.

— -Bressous, Romenay.

— -Bretoux, Montchanin, St-Eusèbe, St-Laurent-d'And.

— -Brulé, Chapelle-St-Sauv., Mesvres, Ste-Croix, Torcy, La Chaux, Simard.

— -Brunot, Montmort.

— -Bureau, St-Berain-s.-Dh., Sanvignes.

— -Carnot, St-Nizier-s.-Ch.

— -Carré, Azé, St-Symphorien-lès-Charolles.

— -Cassé, Charmoy.

— -Chanut, Juif.

— -Chapelain, St-Vallier.

— -Chapitre, Chânes.

— -Charmoy, St-Marcelin.

— -Charnay, Palinges.

— -Chataignier, Uxeau.

— -Chaumont, La Boulaye.

— -Cheval, Poisson.

— -Chevret, Varennes-St-S.

— -Clair, Blanzy, Nochize, Perrecy, Saillenard, Saint-Didier-sur-Arroux, Sologny.

— -Colas, Chenay.

Bois-Cornu, Clessy.
— -Coupés (les), Cirv, Uxeau.
— -Curé (le), Gilly, Gergy.
— -d'Aizy, La Tagnière.
— -Dallant, Châteaurenaud.
— -d'Amange, Chapelle-St-S.
— -d'Ange, Oudry.
— -Daron, Oyé.
— -d'au-Bout, Le Breuil.
— -d'Authumes, Authumes.
— -d'Auvart, Le Breuil.
— -d'Avaise, St-Bonnet-de-Joux.
— -d'Avaux ou d'Avost, Bruailles, Chapelle-St-Sauveur.
— -d'Azu, St-Romain-s.-G.
— -de-Ban, Savigny-en-Rev.
— -de-Baron, Baron.
— -de-Beauregard, Lessard-le-Royal.
— -de-Billon, St-Nizier-s.-Ch.
— -de-Boulogne, Mary.
— -de-Bourges, St-Ythaire.
— -de-Brion, Torcy.
— -de-Cérigny, St-Romain-s.-Gourdon.
— -de-Champignolles, Uchon.
— -de-Chard, Ste-Radegonde.
— -de-Collonge, Curgy.
— -de-Colombier, Colombier-en-Brionnais.
— -de-Cornon, Dommartin.
— -de-Dissey, Mouthier.
— -de-Dracy, Dracy-St-Loup.
— -d'Egland, Mont.
— -de-Faine, Charbonnat.
— -de-Fangy, Tintry.
— -de-Faye, Leynes.
— -de-Forêt, Oyé.
— -de-Frais, St-Racho.
— -de-Garnay, Marly-s.-Ar.
— -de-Gergy, Gergy.
— -de-Grand-Vau, Grury.
— -de-Gueurce, Montceau-les-Mines
— -d'Houe, St-Marcelin.

Bois-de-l'Abbesse, St-Prix.
— -de-la-Chaume, St-Berain-sous-Sanvignes.
— -de-la-Comme, Sully.
— -de-la-Croix, Chapelle-de-Guinchay.
— -de-la-Crotte, St-Symphorien-de-Marmagne, Uchon.
— -de-la-Grange, St-Maurice-lès-Châteauneuf.
— -de-la-Guiche, Ste-Foy.
— -de-Lalier, Mercurey.
— -de-la-Loge, Gronat.
— -de-la-Motte, Digoin.
— -de-la-Place, Montmort.
— -de-la-Ragey, Sanvignes.
— -de-la-Roche, La Vineuse.
— -de-Latifant, St-Symph.-de-Marmagne.
— -de-la-Valle, Racineuse.
— -de-la-Velle, Viry.
— -de-Lave, Lugny-lès-Charolles, St-Julien-de-Civry, St-Martin-de-Com.
— -de-l'Echot, Branges.
— -de-l'Eglan, Chassy, Gueugnon.
— -de-l'Envers, Essertenne.
— -de-l'Epine, Chalmoux.
— -de-Lessard, Lessard-le-R.
— -de-Leynes, Leynes.
— -de-l'Haie, Lugny-lès-Ch.
— -de-l'Herse, Vauban.
— -de-Loise, La Chapelle-de-Guinchay.
— -de-l'Œil, Fontena.
— -de-Long, Sens.
— -de-Marnand, St-Didier-en-Brion., Varenne-l'Arconce.
— -de-Menuse, Champforgeuil, Orissey, St-Jean-des-Vignes.
— -de-Molaise, Ecuelles.
— -de-Molard, Ste-Cécile.
— -de-Monde, Varennes St-S.
— -de-Montbœuf, Mesvres.
— -de-Montpont, Montpont.

BOIS-GIRAUD, Vendenesse-s.-A.
— -GROLLIER, Pierreclos.
— -GRUYANT, Briant, Ste-Foy.
— -GUILLEMARD, Issy-l'Evêque.
— -GUILLOT, La Racineuse.
— -GUINGAMP, Palinges.
— -JANIN, St-Martin-du-Mont.
— -JEAN-BORDE, St-Berain-sur-Dheune.
— -JEAN-GRAS, Couches.
— -JEUNE, Poisson.
— -JOAKIN, Iguerande.
— -L'ABBESSE, St-Prix, Roussillon.
— -LABOUREAU, St-Léger-sur-Dheune.
— -LAGRANGE, Marigny.
— -LAIZON, Toulon.
— -LAMET, Curdin.
— -LATIN, Brion, Mesvres.
— -LAVAL, La Racineuse.
— -LAVAUX, Marmagne.
— -LE-COMTE, Gueugnon.
— -LE-DUC, Autun.
— -LITEAU, Charmoy.
— -L'OISEAU, Anzy.
— -LAURIOT, Curdin.
— -MALTERRE, Montceau-les-Mines.
— -MARAIS, Torcy.
— -MARCEAUX, Thil-s.-Arroux.
— -MARCOUX, Chassy.
— -MARÉCHAL, Charnay-lès-Mâcon.
— -MARILLEY, St-Symphorien-de-Marmagne.
— -MATHEY, Autun.
— -MELAS, St-Agnan.
— -MENEAU, Marly-sur-Ar.
— -MENU, Chevagny-sur-Guye.
— -MESSARD, Chassy.
— -MICHELOT, Uxeau.
— -MILLOT, Fay.
— -MOLLERON, Mary.
— -MONSIEUR, Sainte-Hélène, Vitry-en-Charollais.

BOIS-MONTREUIL, Saint-Léger-sur-Dheune.
— -MOREY, Montpont, Iguerande.
— -MOTTIN, St-Symphorien-lès-Charolles.
— -MOUCHOIR, St-Léger-s.-la-Bussière.
— -MUET, Hôpital-le-Mercier.
— -MYON, St-Gengoux-le-N.
— -NARBOT, Artaix.
— -OUDOT, Fay.
— -PAUGRAS, Couches.
— -PACAUD, St-Didier-en-Bresse.
— -PAYOT, Gruy.
— -PERRAULT, St-Berain-sur-Dheune, Pouilloux, Saint-Vallier.
— -PHILIBERT, La Frette.
— -PIERRIN, Broye.
— -PLAIN, Montcony, Saint-Vincent-lès-Bragny.
— -PLANT, Artaix.
— -POMMIER, Palinges.
— -PRÉAUX (les), Neuvy.
— -PRINCE, Pressy.
— -RABOT, Anzy.
— -RAMÉE, Mussy.
— -RELOUP, St-Agnan.
— -RENARD, Baudrières.
— -RENAUD, Mesvres, Montret.
— -REPLIBERT, Perreuil.
— -REVAT, Sanvignes.
— -ROGY, Motte-Saint-Jean.
— -ROND, Céron, Chenay, Marly-sur-Arroux, St-Julien-de-Jonzy.
— -RONDOT, Dompierre s.-S, Perrecy.
— -ROUIN, ou ROUEN, Fleury.
— -ROULEAU, Blanzy.
— -ROULOT, Montceau-les-M.
— -ROUSSOT, Boyer.
— -ROUX, St-Léger-sous-Beuv.
— -RUBIN, Dommartin.
Bois-Ste-Marie.

BOIS-ST-JEAN, Autun.
— -ST-MARTIN, Marmagne, Péronne.
— -ST-MAURICE, Fay.
— -ST-PIERRE, Montceau-les-Mines.
— -ST-ROMAIN, Tavernay.
— -SAISI, Vitry-en-Charollais.
— -SEPAY, Beaubery.
— -SIMON, Perrecy.
— -SIRE, Fay.
— -SORET, Montchanin, Saint-Eusèbe.
— -TAILLIS, La Vineuse.
— -TARDIF, St-Romain-s.-G.
— -TAPON, Chambilly.
— -TENANS, Vergisson.
— -VALLÉE, Vitry-sur-Loire.
— -VELOT, Uxeau.
— -VILLEDIEU, Blanzy.
BOISSE (la), St-Léger-lès-Paray.
BOISSEAU, Verrière (La Grande).
BOISSELETS (les), Marcilly-lès-B.
BOISSERET (le), Varenne-Reuil.
BOISSEROLLE (la), Saint-Sorlin.
BOISSET, Sarry.
BOITERIE, La Clayette, Viry.
BOIVIN, Charmoy, St-Berain-s-Sanvignes.
BOIZERONS (les), Sommant.
BOLLETRUT, Sainte-Hélène.
BOMBIE (la), Montagny-sur-G.
BOMMÉ (la), St-Micaud.
BONDE (la), Brosse, l'Abergem.-de-Cuisery, Jouvençon.
BONDELUE (la), Autun.
BONDELUSE, St-Martin-de-Com.
BONDES (les), Maltat.
BONDILLY, Écuisses.
BON-DINER, Oyé.
BON-ENFANT, St-Laurent-d'An.
BONIN-BONNOT (les), Génelard.
BONLIEU, Baudrières.
BONNARDES (les), Essertenne.
BONNARDS (les), Anost, Saint-Martin-de-Senozan.

Bonnay.
BONNE-DAME (la), Champforgeuil.
BONNE-EAU, Couches, Dettey, St-Pierre de-Varennes.
BONNEFONT, Coublanc, Volesvr.
BONNE-FONTAINE, Torcy.
BONNEGON, Beaubery.
BONNE-MARE, Savigny-en-Rev.
BONNET (le), Dettey.
BONNOTES (les), Marmagne.
BONS-AMIS (les), Simard.
BONS-SIRES (les), Saint-Usuge.
BONTY, Semur.
BONVIN, Saint-Yan.
BONZEAUX (les), Varennes s.-D.
BONZON ou BANZON, Saint-Gengoux de-Scissé.
BOQUIN (le), Montret.
BORBEAU, St-Pierre le-Vieux.
BORBES (les), Vaux en-Pré.
BORBIER, Gilly.
BORCELLE, Mussy-sous-Dun.
BORD, Volesvres.
BORDE, Château.
BORDE (la), Mont, Ste-Croix, Sanvignes, L'Abergement-de-Cuisery.
BORDENETS (les), Marcilly-lès-Buxy.
BORDERON, Châtenoy-en-Bresse.
Bordes (les).
BORDES (les), Abergement-de-Cuisery, Brove, Flay, L'Hôp.-le-Mercier, Ménetreuil, Saillenard, Savigny-sur-Seille, Simandre.
BORDET, Chapelle-Thècle.
BORDIAUX (Grand et Petit), Montret.
BORDIAUX (les), Martigny.
BORDUELLE (la), St-Germ.-du-Bois.
BORDURE (la), Pouilloux.
BORELS (les), Ratte.

BORGEOT (le), Chapelle-Saint-Sauveur, La Chaux, Thurey, Villegaudin.

BORGES, La Villeneuve.

BORGET, Toutenant.

BORGY, Dezize.

BORNAT, Bragny-en-Charollais, Poisson, Versaugues, Volesvres.

BORNAY, Saint-Eugène.

BORNE, Bourbon.

BORNE-CREUSE (la), St-Sernin-du-Bois.

BORNES (les), La Comelle, Toulon.

BORNETS (les), La Motte-Saint-Jean, Sivignon.

BORNEUF, Grury.

BORNIAUDS (les), Vitry-s-Loire.

BORNOT, Mâcon.

BORREAUX, Royer.

BORROGE, Charnay-lès-Chalon.

BOSDIÉ ou BOIS-DIEU, Savigny-sur-Grosne.

Bosjean.

BOSQUET, Mazille.

BOS-ROND, St-Bonnet-de-Cray.

BOSSU, Chânes.

BOSSUE (la), Saint-Eusèbe.

BOSSUS (les), Saint-Agnan.

BOST, Comelle, Gourdon, Matour, Mont, Rigny, Sainte-Radegonde.

BOTORET, Tancon.

BOTTE, Matour.

BOTTERAT, St-Bonnet-de-Joux.

BOTTERON, Varenne-l'Arconce.

BOTTET (le), Beaubery.

BOUAUX (les), Cussy.

BOUCANSAUD, Marigny.

BOUCAUD (les), Châtenay.

BOUCHARDIÈRE, Colombier-en-Brionnais.

BOUCHAT, Devrouze, Essertenne, St-Étienne-en-Bresse, Hautefond, Serrigny, Varennes-St-Sauveur.

BOUCHATIÈRE, La Genête.

BOUCHAUX (les), Saint-Agnan, Sivignon.

BOUCHAY (le), Chevagny-s.-G.

BOUCHELOT, Étang.

BOUCHET (le), Changy, Lugny, Saint-Martin-de-Salencey.

BOUCHON-D'OR (le), Comelle.

BOUCHOT (le), Bourbon, les Guerreaux, Flacey, Mont, St-Romain-sous-Gourdon, La Vineuse.

BOUCLE (la), Montpont.

BOUCHOUX (les), Flacey.

BOUDARD, Vendenesse-sur-Arr.

BOUDAUX, Cronat.

BOUDEDEY, Laizy.

BOUDELAN (la) St-Martin-de-Commune.

BOUDOTS (les), Oudry.

BOUDREVEAUX, Bragny-sur-Saône.

BOUDRY, Montagny-s.-Grosne.

BOUDURE (la), Baudemont, Vareilles.

BOUFFIERS (les), Prizy.

BOUGEROT, Gergy.

Bouhans.

BOUHAUX (les), Cussy.

BOUHY, St-Maurice-lès-Couches.

BOUILLARDS (les), Iguerande.

BOUILLERES, Igorna.

BOUJOLLES, Marcilly-lès-Buxy.

BOULACHE (en), Mary.

BOULAIS (les), St-Aubin-en-Ch.

BOULAIZÉ, Viré.

Boulaye (la).

BOULANDIÈRE, Thurey.

BOULARDS (les), Branges.

BOULAS (les), Cronat, Dompierre-s.-Sanvignes, Martigny, St-Prix, Sanvignes.

BOULAY, Baudrières, La Boulaye, Boyer, Bragny-en-Charollais, Buffières, Charbonnat, Cronat, Guerreaux,

Lugny-lès-Charolles, Serley, Sivignon, St Symphorien-de-Marmagne, St Symphorien-lès-Charolles, St-Nizier-sous-Charmoy.

BOULAYE (la), La Frette, Verrière (La Petite).

BOULAYS (les), Artaix, Uxeau,

BOULEAU (le), Torcy.

BOULÈGRE, Vitry-sur-Loire.

BOULERY, Paray.

BOULEY (le), Saint-Eugène, La Boulaye, Chissey-en-Morv.

BOULEYS (les), Saint-Germain-du-Plain, Verrière (la grande).

BOULERAND, Abergement-Ste-Colombe.

BOULOTS (les), St-Symphorien-de-Marmagne, Savigny-en-Revermont.

BOULOUZES (les), Fley.

BOULOY (le), St-Nizier-s-Charm.

BOUQUINS (les), Tramayes.

BOURA (le), Bourgvilain.

BOURAILLON (en), Vauban.

BOURBASSOT ou BOURG-BASSOT, Marigny, Mercurey, Touches.

BOURBE (la), Mussay, Dompierre.

BOURBES (les), Mailly, Rousset.

BOURBIER (le), Perreuil.

Bourbon-Lancy.

BOURBON, Torcy.

BOURBOUILLON, Sagy.

BOURDEAU, St-Symphorien-de-Marmagne.

BOURDON, Cronat.

BOURDON (les), Loché, Senozan.

BOURDONNIÈRE (la), Curbigny.

BOURG-CHATEAU, Louhans.

BOURG-DE-ST-SULPICE, Gondal.

BOURG ANCIEN, Dyo.

Bourg-le-Comte.

BOURG-LE-VIEUX, Chassigny.

BOURG NOUVEAU, Dyo.

BOURGES, St-Clément-sur-Guye.

BOURGEOIS (les), Saint-Nizier-sous-Charmoy.

BOURGEOIS, Vinzelles.

BOURGEOT (le), Igornay.

BOURGNEUF (le), Beaurepaire, Chapelle-Saint-Sauveur, Charette, la Chaux, Dommartin, Joudes, Mercurey, Ouroux-sur-Saône, Touches.

BOURGOGNE, Bourgvilain, La Clayette, La Comelle, Marly-sous-Issy, Saint-Didier-sur-Arroux, Saint-Eusèbe, Saint-Point.

BOURGUIGNONS, Chenay, Coublanc.

BOURG-HAMEAU ou RAMEAU (le), Saint-André-le-Désert.

BOURG-PHILIPPE (le), Guerfand.

BOURGUEIL, Mont-St-Vincent.

Bourgvilain.

BOURGVILAIN, St-Aubin-en-Ch.

BOURILLON, St-Martin-de-Lixy.

BOURLIERS (ez), Torcy.

BOUROT, Vitry-sur-Loire.

BOURRÉ (le), Anzy.

BOURREAUX, Saint-Vincent-lès-Bragny.

BOURRELET (le), Torcy.

BOURSE (haute et basse), Perrigny-sur-Loire.

BOURSERONS (les), Brion.

BOURSONS (les), La Comelle.

BOUSSAL, Thil-sur-Arroux.

BOUSSEAU (le), Jalogny.

BOUSSEAUD (les), Martigny, Jalogny.

BOUSSELOUP, Grury.

BOUSSERAIN, Toulon.

BOUSSON, St-Didier-sur-Arroux.

BOUSSY, Bourbon.

BOUT (le), Péronne, Tournus.

BOUT BOUHARD (le), Farges-lès-Chalon.

BOUT-D'AMONT, St-Loup-de-la-Salle, Pierre.

Bout de la Levée, Lacrost.
Boutards (les), Vitry-s-Loire.
Bout d'Œuvre, Pouilloux.
Boutraux (les), Prissé.
Boutecul, Céron.
Bouteloup, St-Germain-des-R.
Bouterons (les), Sologny.
Bouthier, Semur.
Bouthière ou Boutière (la), Chenoves, Mâcon, Montpont, Romenay, St-Gengoux-le-Nat., Saint-Léger-sous-Beuvray, Saint-Vallerin, Thurey.
Boutières (les), Branden, Champagnat, Mâcon, Pierreclos.
Bouton, Laizé, Sully, Verrière (la Grande).
Boutrey, Laives.
Bouvatière (la), Sainte-Croix.
Bouvier, Saint-Firmin, Saint-Sernin-du-Bois.
Boux ou en Bout, Tournus.
Bouzeron.
Bouzerons (les), Brion.
Bouzolles, Azé.
Bouzon, St-Gengoux-de-Scissé.
Bouzu, Saint-Racho, Vauban.
Boye, St-Gengoux-de-Scissé.
Boy (le), Chassigny.
Boyer.
Boyer, Hautefond, St-Maurice-lès-Châteauneuf.
Bozot, Issy-l'Evêque.
Bradon, Mazille.
Bragny-en-Charollais.
Bragny-sur-Saône.
Bragny (le), Issy-l'Evêque.
Brairette (le), Blanzy.
Bram, Broye, Louhans.
Bramepain, Bourbon-Lancy.
Brancion.
Brandon.
Brandon, St-Pierre-de-Varen.
Branges.
Branges, Monthelon.

Branlard (le), Mussy.
Branlaud, Blanzy.
Branle (le), Blanzy.
Branles (les), Bergesserin, Curtil-sous-Buffières, Trivy.
Brasse, Hurigny.
Brasserie (la), Autun, Châteaurenaud, Montcenis.
Brauges (les), Vitry-s-Loire.
Braux (les), St-Jean-de-Trézy.
Bray.
Braye (la), Vitry-sur-Loire.
Breboux (les), St-Bonnet-de-Joux, Pressy, Suin.
Brecatons (les), St-Amour.
Brèche (la), Cronat, Curgy, St-Symphorien-lès-Charolles.
Bréchère (le), Dracy-lès-Couch.
Bréchotte (la), Antully, Saint-Symphorien-de-Marmagne.
Bréchoux (les), Saint-Bonnet-de-Joux.
Brediaux (les), Presso.
Bredure (la), Ciry, Suin, Pouilloux.
Bréjon, Navilly.
Bréjot (le), Ciry.
Breloche (la), Cronat.
Bremme (la), Uchon.
Brenay, Châteaurenaud.
Brenière (la), Saint-Privé.
Brennons ou Brenons (les), Artaix, Melay, Neuvy.
Brenots, Etang, Lalheue, Mesvres, Le Miroir, St-Eusèbe.
Brenoty (le), St-Martin-la-P.
Bresse-sur-Grosne.
Bressans (les), Gigny.
Bretache, La Boulaye, Montmort.
Bretagne, Genouilly.
Bretaux (les), Mont-Saint-Vincent.
Bretecut, Varennes-sous-Dun.
Bretenière (la), Montret, St-Vincent-en-Bresse.

BRETENIÈRES (les), Sagy.
BRETILLONS, St-Bonnet-de-J.
BRETIN (les), Frangy.
BRETINIÈRES, Verosvres.
BRETONNIÈRE, Oiel, St-Léger-sous-la-Bussière.
BRETOTS (les), Gourdon.
BRETTES (les), Montagny-s-G.
BRETURE (en), Melay.
Breuil (le).
BREUIL (le), Abergement-de-Cuisery, Berzé-le-Châtel, Chissey-en-Morvan, Dampierre-en-Bresse, Demigny, Etrigny, Gueugnon, La Guiche, Lugny-lès-Charolles, Maltat, Matour, Oyé, Saint-Berain-sous-Sanvignes, St-Léger-sous-la-Bussière, St-Pierre-le-Vieux.
BREUILLE (la), Martigny.
BREUVES, Saint-Usuge.
BRÉVETTE, Vincelles.
BREVIÈRE, Etrigny.
BRIAL, Perrigny.
BRIAILLE, Ligny.
Briant.
BRIANT, La Clayette.
BRICONNAT, Clessé.
BRIDEAUX (les), Reclesne.
Brienne.
BRIEURE (la), Morlet.
BRIÈRE, Le Breuil.
BRIÈRE-BRESSON, Chambilly.
BRIRETTE (la), Ciry, Digoin, Grandvaux, Iguerande, Pouilloux.
BRIÈTON, Chambilly.
BRIFFAUT, Neuvy, Vitry-sur-Loire.
BRIGADES (les), Saint-Agnan.
BRIGOT, Saint-André-en-Bresse, Savigny-sur-Seille.
BRILE (la), Verrière (la grande).
BRILLE-DES-VERNOTTES, Verrière (la Grande).

BRILLE-ST-HILAIRE (les), Verrière (la Grande).
BRILLE (le), La Comelle.
Briou.
BRILLES (les), Charbonnat.
BRIOLES, Uxeau.
BRION, Grury.
BRIRÉ, Laizy.
BRIRETTES (les), Mont.
BRISCOU, Autun.
BRISOLLE ou BRISOULE (en), Cluny.
BROCARD, Lournand.
BROCCARDS (les), Thurey.
BROSSE-POPILE (la), Uchon.
BROCHES (les), Saisy.
BROCHET (le), St-Nizier-s-Ch.
BROCHEVET, Saint-Maurice-lès-Châteauneuf.
BROCHON, Jambles.
BROGES (les), Vitry-sur-Loire.
BRONCHET, St-Léger-lès-Paray.
BROSSARD (les), Sanvignes.
BROSSATS (les), Serrières.
BROSSE (la), Bissey-s-Cruchaud, Boyer, Bray, Chambilly, Châtenoy-le-Royal, Digoin, Gilly, Romenay, St-Agnan, St-Didier-en-Brionnais, St-Julien-de-Jouzy, Saint-Yan, Plottes, Pouilloux, Sologny, Uchon, Vaudebarrier.
BROSSE-A-LA-LOUVE, St-Nizier-sous-Charmoy.
BROSSE-A-L'EAU, St-Julien-de-Givry.
BROSSE-AU-PARC, Pierreclos.
BROSSE-BELIN, Ozolles.
BROSSE-BEAUVALET, Colombier-en-Brionnais.
BROSSE-D'AIRINGUE ou DES-RINGUES, St-Didier-en-Brionnais, Poisson.
BROSSE-DE-GISSY, St-Didier-s-Arroux.
BROSSE-DE-LA-CURE, Ozolles.

BROSSE-DE-LUZY, Sainte-Radegonde.

BROSSE (la grande), Montchanin-les-Mines.

BROSSE-MAILLOT, Ste-Radegonde, Vaudebarrier.

BROSSE-MAZILLES, Marly-s-Ar.

BROSSE-NAUBAS, Peray.

BROSSE-RAMEAU, Torcy.

BROSSE-RONDE (la), Dompierre-les-Ormes.

BROSSE-VAILLOT (la), Blanzy.

BROSSES (les), Antully, Auxy, Berzé-le-Châtel, Chauffailles, Ourbigny, Etang, les Guerreaux, Laizy, Mornay, Neuvy, Oudry, Oyé, Saint-Aubin-en-Charollais, Saint-Berain-s-Sanv., Ste-Cécile, St-Martin-du-Lac, St-Symphorien-de-Marmagne, St-Vallier, La Tagnière, Tancon, Trivy, Varenne-l'Arconce, Verosvres, Viry.

BROSSES-DIEU, St-Germain-des-Bois.

BROSSES-DU-GOUT (les), St-Bonnet-de-Joux.

BROSSES-DU-MONTCEAU, Prizy.
— —FRATES, Vigny.
— —ROBIN, Perrecy.
— —SIBOT (les), St-Symphorien-de-Marm.

BROSSES-TILLOTS, Mary, Rousset.

BROTTEAUX (les), Gourdon, Martigny.

BROU, Jalogny.

BROU (Moulin de), Azé.

BROUAILLES, Issy-l'Evêque.

BROUCHY (le), Champagnat.

BROUILLARD (le), Curtil-s-Burnand, St-Ythaire.

BROUILLARDS (les), Cluny.

BROUILLAT (le), St-Christophe-en-Bresse, Cronat, Lesme,

Marizy, Mont-Saint-Vincent, Neuvy, Ouroux-sur-Saône.

BROULÈRES (les), St-Berain-sous-Sanvignés.

BROUSSAILLES (les), Chenay, Grury.

BROUSSAILLONS (en), Igé, St-Igny.

Broye.

BROYE, Cuiseaux, Flacev.

BROYER (les), Chapelle-de-G.

Bruailles.

BRUEL, Charmoy.

BRUÈRE FOSSÉ, St-Sernin-du-Bois.

BRUÈRE-DE-MAI, Châtenoy-l-R.

BRULARD, Blanzy, St-Eusèbe.

BRULAY, Varennes-s.-Dun.

BRULÉ (le), Lugny-lès-Char.

BRULE-FER, St-Romain-s.-G.

BRULÉS (les), Chassy, Cortevaix, Donzy-le-Pertuis, Grury, Simandre, Varennes-s.-Dun.

BRURE ou BRIÈRE, La Guiche.

BRURES (les), Cronat, St-Christophe-en-Brionnais.

BRUSSIÈRE (la), St-Germain-du-Bois.

BRUSSILETS, Huilly.

BRUYÈRE (la), Anost, Broye, La Boulaye, Bray, Charbonnat, Chauffailles, Davayé, Dracy-lès-Couches, Gourdon, Grury, Igé, Iguérande, Mary, Montceau-les-Mines, Palinges, Perrecy-les-Forges, Poisson, Rigny, St Eusèbe, St-Martin-en-Bresse, St-Maurice-de-Satonnay, St-Sernin-du-Bois, St-Vallier, La Tagnière.

BRUYÈRE-AU-PRÊTRE (la), Bergesserin.

— —AUX-MALES ou AUX-MALLS, Autun.

— —AUX-MOUCHES, Curtil-sous-Buffières.

Bruyères-Bresson, Chambilly.

— -de-la-Raie, Chenay.

— -de-la-Roche, Charnay-lès-Mâcon.

— -Derrières, Pressy.

— -des-Gouttes, Thil-sur-Arroux.

— -du-Voisinet, Charnay-lès-Mâcon.

— -Finie, Vitry-s-Loire.

— -Germain, Les Guerreaux, St-Agnan.

— -Laurent, Pressy, Vitry-s-Loire.

— -Mazille, Les Guerreaux.

Bruyères (les), Amanzé, Baudrières, Berzé-la-Ville, Bois-Ste-Marie, Bourbon, le Breuil, Chalmoux, Champlecy, Chânes, Chapelle-de-Guinchay, Chasselas, Chassigny, La Clayette, Colombier-en-Br., Curbigny, Cussy, Donzy-le-Nat., Dyo, Fleury, Génelard, Genouilly, Gibles, Gourdon, Gueugnon, Iguerande, Mâcon, Maltat, Marcigny, Marizy, Marly-s-Arr., Marmagne, Ménetreuil, Montmelard, Paray, Perrigny, Pierreclos, Pouilloux, St-Amour, St-Eugène, St-Eusèbe, St-Germain-des-Rives, St-Igny, St-Léger-lès-Paray, St-Marcelin, St-Martin-du-Lac, St-Martin-la-Pat., St-Pierre-de-Varennes, St-Romain-sous-Gourdon, Savigny-sur-Seille, Simandre, Simard, Suin, Tavernay, Vendenesse-sur-Arroux, Vergisson, Verosvres, Versaugues, Volesvres.

Bruyères-d'Arcy, Simandre.

— -des-Champs, Grury.

Bruyères-des-Champs-Ronds, Poisson.

— -de-Chatenay, Simandre.

— -de-la-Fay, Loisy.

— -de-Lavau, St-Léger-lès-Paray.

— -de-Villecourt, Gueugnon.

— -du-Verne, Beaubery.

— -d'Uzeliot, Génelard.

— -Gallet, Oudry.

— -Manjoches, Marizy.

— -St-Denis (les), Bourbon-Lancy.

— -Salées (les), Étang.

— -St-Yan (les), Bourbon-Lancy.

— -Saulnot, Thil-sur-Arroux.

— -Thorins, Romanèche.

Bruyerette, Mornay, Vitry-sur-Loire.

Bruyerettes (les), Mont.

Bruys (les), Serrières.

Bryon, Grury.

Burs (les), Les Guerreaux, La Motte-St-Jean.

Buat, Tramayes.

Buc (au), Mary, Viré.

Bucerne (la), Pressy.

Buchalière (la), Sagy.

Buchardières (les), Vinzelles.

Bucheleur, Cuzy.

Bucheratte, Tancon.

Buches (les), Ozolles.

Buchillon (les), Laizy.

Buclière (grande et petite), Bantanges.

Buer (le), Bruailles, Dracy-le-Fort, St-Gengoux-le-Nat., St-Léger-du-Bois, St-Léger-s-Beuv., St-Martin-la-Patr., Mellecey, Montpont.

Bufaut, Neuvy.

Buffières.

BUFFIÈRE, Montbellet.
BUFFOTS (les), Grury.
BUGERON (le), Chapelle-Thècle.
BUGIÈRES, Savigny-s-Seille.
BUGNOTTE (la), Marcilly-lès-Buxy.
BUGUET (les), Ratte.
BUGY, St-Maurice-de-Satonnay.
BUILLET, Château.
BUIS (le), Chapelle-s.-Uchon, Chissey-en-Morvan, Curtil-sous-Burnand, St-Léger-s.-Beuvray.
BUIS (les), Bissey-s.-Cruchaud, Chapelle-au-Mans, Chardonnay, Curtil-sous-Burnand, La Vineuse.
BUISSEROLE, Varennes-St-Sauveur.
BUISSON (le), Baudrières, Chassigny-s-Dun, Grandvaux, Marly-s.-Arroux, Montmelard, St-Martin-du-Lac, Varennes-s.-Dun, Verrière (la Grande).
BUISSON-BORGET, Sté-Radegonde.
— -DE-LA-VIGNE (le), Lugny-lès-Charolles.
— -DES-CROIX (le), Lugny-lès-Charolles.
— -DE-MORGELLE, Sully.
— -DES-OISEAUX, St-Martin-de-Commune.
— -DES-VASVRES, Antully.
— -DES-PINS, Ciry.
— -JEAN-CHÈNE, Chapelle-St-Sauveur, Terrans.
— -LA-ROSE, Oudry.
— -LA VIENNE, St-Léger-sur-Dheune.
— -MARNOT, St-Firmin.
— -MICHEL (le), Sanvignes.
— -PERDRIX, Bourbon-Lancy.
— -RONCIN, Lalheue.

BUISSONNAT (les), Brancion, Chaintré.
BUISSONNÉE (la), Ménetreuil.
BUISSONNIÈRE (la), Etang, Fley.
BUISSONNIERS (les), St-Forgeot.
BUISSONS (les), Branges, Chalmoux, Chapelle-au-Mans, Le Fay, Hautefond, Marcigny, Marcilly-la-Guerche, Marigny, Mont-St-Vincent, Ozolles, St-André-en-Bresse, Sully, La Tagnière.
BUISSONS MONIAUX, Laizy.
BULLANDS (les), Romanèche, St-Vérand, Solutré.
BULLET (les), Sagy.
BURATE (la), St-Germain-des-B.
BURE, Sens.
BUREAU (la), Chapelle-s.-Dun, Montchanin-les-Mines, Torcy.
BURCHÈRE, Azé.
BURDY (les), Bouhans.
Burgy.
BURLAND (les), St-Igny.
BURNANCEAU, Brandon.
Burnand.
BURNAYS (les), Crêches.
BURNET, Chapelle-du-Mont-de-France.
BURNETAT, Chambilly.
BURNOUX (le), St-Clément-sur-Guye.
BURRIER (les), Chapelle-de-G.
BURTEAU (le), Mervans.
Burzy.
BUSSERET, La Guiche, Jalogny.
BUSSEROLLES, Rully, Uxeau.
BUSSEUIL, Poisson, Uxeau.
BUSSEUIL, Montceaux-l'Etoile.
Bussières.
BUSSIÈRE, Anost, Champlecy.
BUSSIÈRE (la), Chalmoux, Ciry, St-Germain-du-Bois, Saint-Léger-sous-la-Bussière, Sanvignes, Tagnière, La Vineuse.
BUSSIÈRE (la grande et la petite), St-Marcelin.

BUSSIÈRE-RAMPOIS, Ciry.
BUSSINIÈRE (la), Frontenaud.
BUSSY, Anost, Dezize, Fleury.
BUSSY (le), La Motte-St-Jean.
BUT (le), Mary.
BUTARDE, Branges.
BUTELIÈRE (en), Vincelles.
BUTTE-A-VENT, Cortambert.
BUTTERIES, Chauffailles.
BUTILLARDE, Varennes-Saint-Sauveur.
BUTTE (la), Pierreclos, Trivy.
BUTTES (les), Bourbon-Lancy, Varennes-le-Grand.
BUTTET (le), Martigny.
Buxy.
BUXY ou BUSSY, Mervans.
BUYS (les Grands), Pierreclos.
BUZON, Cressy-sur-Somme.
BY (le), Fleury-la-Montagne.
BYRON, Guerfand.

G

CABARET (Maison), Fragnes.
CABOIS (la), Vitry-en-Charollais.
CABOUX, Tancon.
CACHIRE, Dompierre-les-Ormes.
CACHOT, St-Julien-de-Civry.
CADETS (les), Neuvy.
CADOLE (la), Broye.
CADOLES (les), Montpont, Varennes-St-Sauveur, Bantanges, Château, Juif, Montret, Mussy, Romenay, Savigny-sur-Seille.
CADOLES-DE-CHARMOISSY (les), Montret.
CADOLES DE JUIF, Juif.
— -DES BOIS (les), Branges.
— -DE-TRIGOTS (les), Montret.
— -DE-VIENNETTE(les), Montret.

CADOLES-DU-CHARMOY (les), Juif.
CADOLON, St-Igny.
CADOT (les), Chaintré, Vinzelles.
CADOUX (les), St-Christophe-en-Brionnais.
CAFÉ DU-LOUP, Saint-Martin-d'Auxy.
CAILLE (la), Chauffailles.
CAILLOTERIE (la), La Vineuse.
CAILLOTS (les), St-Firmin, Laizy, Sully.
CAILLOUX (les), Dampierre-en-Bresse, Mervans.
CALATIÈRE, Vinzelles.
CALIFORNIE, St-Remy.
CALVAIRE (le), Charmoy, Fontenay, St-Sorlin.
CAMAGNE (la), Montpont.
CAMELIN (les), Varennes-le-Gr., La Racineuse.
CAMUS (les), Bourbon, Clessy.
CAMUSATS (les), Marmagne.
CAMUSELLE (la), Saint-Firmin.
CAMUSES (les), Chenay.
CANADA (BAS-DE), Auxy.
CANADA, Auxy, Champforgeuil, Tintry.
CANAL (le), Bourbon Lancy, Fragnes, Rully.
CANILLOTTE, Saint-Vincent-lès-Bragny.
CANNE (la), Cersot.
CANNETS (les), St-Pierre-de-V., Villeneuve-en-Montagne.
CANTELOUP, Charbonnat.
CANTIAUX (les), Saint-Germain-des-Bois.
CANTINE, Montceau-les-Mines.
CANTON (le), Branges.
CANTONS (les), Palinges.
CAPETTES-SOUS-JOUDES, Joudes.
CAPITANS (les), St Amour.
CARABINS (les), Chenay.
CARAVATTES (les), Frontenaud, Jouvençon.

CARBONAL, St-Romain-s.-Gour-
don.

CARCABEAU (le), St-Etienne-en-
Bresse, Montret.

CARCANOT, Fontaines.

CARCOLE (le), Pourlans.

CARRETS (les), St-Didier-s.-Ar.

CARGE-D'ARLAY, Charnay-lès-
Mâcon.

CARGES (les), Beaubery, Saint-
Eugène.

CARILLONS (les), Tramayes.

CARIOTS (les), Cronat.

CARJEMATON, Saint-Sorlin.

CARLE (la), Vitry-sur-Loire.

CARRAGE, Bourbon - Lancy,
Charbonnat, Grury, Maltat,
Mont, St-Léger-sous-Beuv.

CARRAGES (les), Digoin.

CARRAU (le), Vitry-sur-Loire.

CARRAUX (les), Poisson.

CARRÉ-MAUDIT, St-Christophe-
en-Bresse.

CARRÉS (les), Paray, St-Nizier-
sous-Charmoy, Vitry-en-Charollais.

CARRIÈRE (la), Chassy, Clessy,
Gilly, Montceau-les-Mines.

CARRIÈRES (les), Chardonnay,
Préty, St-Laurent-en-Brionnais, Gilly, Chaintré, Saint-
Laurent-d'Andenay, Farges-
lès-M., St-Maurice-les-Ch.

CARRIÈRES BLANCHES (les), Lacrost.

CARRIÈRES-DE-LYS, Chissey-lès-
Mâcon.

CARRIÈRES-DES-MOINES (les),
Lournand.

CARRIJACQUES, St Sorlin.

CARRIOT, Cronat, Vitry-sur-L.

CARRON, Suin.

CARRONDE (la), Oudry.

CARRONNIÈRE (la), Romenay.

CARROUGE (le), Amanzé, Chassy,
Jugy, Oudry, Ozenay, Saint-

Désert, St-Eugène, Varennes-
le-Grand, Varenne-Reuillon,
Varennes-St-Sauveur.

CARRUGE (le), Buffières, Berzé-
le-Châtel, Chapelle - Thècle,
Matour, Péronne, Pierreclos,
St-Usuge.

CARRUGE-PONSARD (le), Chapelle-Thècle.

CARRY-POUTET (le), Buxy.

CARTERAN (le), Bragny-en-Charollais, Chassy.

CARTERONNES (les), Mâcon.

CARTHELIER, Coublanc.

CARTIER, Cronat.

CAS (les), Saint-Racho.

CASSARD, Uchon.

CASSE (la), Champagny, Colom-
bier-s.-Uxelles, Longepierre,
Montmort.

CASSEVESSE, Giry.

CASSIERS (les), St-Berain-sous-
Sanvignes.

CASTILLE (la), Château.

GATHENIÈRE, Simandre.

CATON (le), Oyé.

CAULAUDIÈRE, Céron.

CAVE-AUX-RENARDS (la), Broye.

CAVE-DES-FÉES, Bourbon.

CÉLAIRE ou CÉLÈRE, Baron,
Grandvaux.

CELLE-DU-BAS (la) Auxy.

CELLE-DU-HAUT (la), Auxy.

CELLEBY, Mâcon.

CELLIER (le), Givry.

CELLIER-AUX-MOINES, Givry.

CELLIERS (les), Martigny.

CELZY, Montmort.

CENTRE (le), Creusot.

CERCOT, Moroges.

CERCY, Perrecy, St-Gervais-en-
Vallière.

CERISIER (le Grand et le Petit),
Simard.

CERISIERS (les), Antully.

CERNAT (Bas et Haut), Laizy.

CERNE, Saint-Laurent-en-Brionnais, Vareilles.

Céron.

CERPRIX (les), Gourdon.

Cersot.

CERTEAUX, Uchon.

CERTENUE (la), Mesvres.

CERTOTS (les), Saint-Martin-d'Auxy, Saint-Micaud.

CERVEAU (le), Curgy.

CERVEAUX, St-Pantaléon.

CÉSAR (les), Chassy.

CHAFFAUDS, Saint-Laurent-en-Brionnais.

CHAGNE, Romenay.

CHAGNEMENT, Issy-l'Evêque.

CHAGNIOTS (les), Montret, Beaubery.

CHAGNOLES, Chapelle-s.-Uchon.

CHAGNOT, Senneçé-lès-Mâcon.

Chagny.

CHAGNY, Saint-Point.

CHAIGNARD, Chapelle-Thècle.

CHAIGNE (la), Beaurepaire, Chapelle-Naude, Le Miroir.

CHAIGNOT, Curgy, Oudry.

CHAIGNOTS (les), Beaubery, St-Léger-du-Bois.

CHAILLIOT, Saint-Romain-sous-Gourdon.

CHAILLOT, St-Étienne.

CHAHLOUX (les), St-Aubin-en-Charollais, Baugy, Flacé.

CHAILLY, St-Emiland, Jalogny.

CHAILLY-GUÉRRY, Flacé, Mâcon.

CHAIN, St-Julien-de-Jonzy.

CHÂINE (la), Charmoy.

CHAINELOTTES (les), Autun.

CHAININ, Sologny.

Chaintré.

CHAINTRES (les), Brion, Montret.

CHAINTRIÈRES (les), Dommartin.

CHAINTRY, Ballore.

CHAISE (la), Cressy, St-Christophe-en-Brionnais, Vauban.

CHAISES (les), Saint-Prix.

CHALANCEY, Couches.

CHALANDON (les), St-Symphorien-d'Ancelles.

CHALANDRON (les), Melay.

CHALANTIGNY, Suin.

CHALAS, Charmoy, Montcenis.

CHALAY, Chauffailles.

CHALENCEY, Couches.

CHALENFORGE, Trivy.

CHALET (le), Autun, Chagny, La Frette, Ste-Foy, Flacey.

CHALMINS (les), Mont.

Chalmoux.

Chalon.

CHALONS (les), Sagy.

CHALOR, Nanton.

CHALUMENT, Pierreclos.

CHALUT, Tancon.

CHALVELS (les), St-Romain-s.-Gourdon.

CHAMARD, Saint-Léger-sur-Dheune.

CHAMASSÉ (la), Chassy.

CHAMBALAINE (la), Navilly.

CHAMBARDS (les), Chenay, Saint-Martin-du-Mont.

CHAMBERT (le), Chapelle-sous-Dun.

Chambilly.

CHAMBOIS, Tavernay.

CHAMBON (le), Anzy, Artaix, Cortevaix, Cronat, St-Agnan, St-Aubin-s.-Loire, Vindecy.

CHAMBONS, Marmagne, Varennes-sous-Dun.

CHAMBRESSE, Dommartin.

CHAMBORD, St-Forgeot.

CHAMBREZAT, Palinges.

CHAMBRION, St-Symphorien-de-Marmagne.

CHAMBRY, Anzy.

CHAMELAIN, Laizy.

CHAMEROSE, Mercurey.

CHAMEUTRE, Bergesserin.

Chamilly.

CHAMIREY, Touches.
CHAMISSIAT, Romenay.
CHAMOUTRE, Bergesserin.
CHAMOGES, Baron, St-Symphorien-lès-Charolles.
CHAMONARD (les), St-Amour.
CHAMOTEY, Saillenard.
CHAMOIS (le), Mervans.
CHAMOUX (les), Bourg-le-Comte.
CHAMP (le), Curtil-s.-Buffières, Laizy, St-Martin-en-Gâtin.
CHAMP-AUBÉ, Bourbon-Lancy.
CHAMP-AU-LOUP, Vareilles.
— -AU-VIEUX (le), St-Firmin.
— -AUX-MOINES, Dyo, Prizy.
— -BARNAUD, Sully.
— -BAUDOT, Martigny.
— -BEAUJARD, Changy, Saint-Julien-de-Civry.
— -BEDEAU, Grury.
— -BÉGON, Longepierre.
— -BENOIT, Saint-Bonnet-de-Vieille-Vigne.
— -BERTRAND, Blanzy.
— -BILLARD, Montagny-près-Louhans.
— -BILON, Poisson.
— -BISE, Sornay.
— -BLANC, Bourbon-Lancy, Digoin, Martigny, Vitry-sur-Loire.
— -BLONDIN, Chérizet.
— -BODIN, Gilly.
— -BOIROT, St-Romain-sous-Gourdon.
— -BON (le), Anzy, Artaix, Chapelle-de-Guinchay (La), Cronat, St-Agnan, St-Aubin-sur-Loire, Vindecy.
— -BONNIARD, Laizy.
— -BOULET, Lessard-en-Bresse.
— -BORGNE, Palinges.
— -BORREAU, St-Romain-sous-Gourdon.
— -BOURDON, Chapelle-de-B., Mesvres.

CHAMP-BOUROT, La Boulaye.
— -BRETON, Saint-Vincent-lès-Bragny.
— -BRESSAN (le), Romenay.
— -BRIÈRE (le), Grury.
— -BROUILLAT, Cronat.
— -BROYE, Broye.
— -BRULÉ, Marcilly-la-Gueur., Tournus.
— -BUTIN, St-Pierre-le-Vieux.
— -CAILLOUX, Cronat.
— -CANARD, Meulin.
— -GARRÉ, Mazille, Maltat.
— -CATIN, Pierreclos.
— -CEROT, Génelard.
— -CERY, Issy-l'Evêque.
— -CHANOUX, St-Eugène, St-Pantaléon.
— -CHAPEAU (le), Ménetreuil.
— -CHEVALIER, Blanzy.
— -CHEVENÉ, Marizy.
— -COLON, Meulin, Sivignon, Montagny-sur-Grosne.
— -COLOT, Les Guerreaux.
— -CONTOT, Sancé.
— -CONTAUX, Joncy.
— -CORNARD, Amanzé.
— -CORNU, Brion, St-Agnan.
— -CRETIN (le), Châteaurenaud.
— -CROUX, Perrecy.
— -D'ANON, Bourbon-Lancy.
— -D'ASILE, Perrecy.
— -D'ARROUX, Sanvignes.
— -DE-BALOGE, Grury.
— -DE-BRION, Mont.
— -DE-CHAROLLES, Charolles.
— -DE-FOIRE, Rully, Perrecy.
— -DE-GUYE, St-Martin-du-Tartre.
— -DE-JOUG, La Tagnière.
— -DE-LA-BERGE, Pressy.
— -DE-LA-BROSSE (le), Antully.
— -DE-LA-CORDE, Lesme.
— -DE-LA-CROIX, Broye, Chalmoux, Curtil-sous-Buffières, St-Vincent-lès-Bragny.

CHAMP-DE-LA-FÉE ou DE FAY, Mont.

— -DE-LA-LOGE (le), Grüry, Mesvres.

— -DE-LA-PIERRE, Brion, Perrecy.

— -DE-LA-RIVIÈRE, Sommant.

— -DE-LA-TÊTE, St-Didier-sur-Arroux.

— -DE-LA-VACHE, Perrecy.

— -DE-L'ESCALIER, l'Aberg.-de-Cuisery.

— -DE-L'ETANG, Grury, Uxeau.

— -DE-L'ORME, Ciry.

— -DE-LUX ou CHANDELUX, Dévrouze, Simard.

— -DE-MOUCHES, Antully.

— -DE-PRIX, Sully.

— -DERNIER, Blanzy, Cordesse.

— -DERRIÈRE, St-Gilles, Marizy.

— -DE-THIOT, Sevrey.

— -DEVANT, Laizy.

— -DE-VAUX, Broye.

— -DES-ANGLES (le), Buffières.

— -DES-BAUX ou DES-BOST, Grury.

— -DES-BOIS, Comelle, Grury.

— -DES-BOULÉES, Brion.

— -DES-BRESSANS, Gigny.

— -DES-BROSSES, St-Berain-s.-Sanvignes.

— -DES-BRUYÈRES, Sanvignes.

— -DES-CHARVES, Villeneuve-en-Montagne.

— -DES-FONTAINES, St-Léger-sous-Beuvray.

— -DES-FORGES, St-Martin-de-Salencey.

— -DES-FRÉTYS, Blanzy.

— -DES-JOUX (le), St-Sernin-du-Bois.

— -DES-PIERRES (le), St-Sernin-du-Bois.

— -DES-PINS, Chapelle-du-M.-de-France.

— -DES-POISSES, Blanzy.

CHAMP-DES-TYRS, Chalmoux.

— -DES-VIGNES, Bourbon.

— -DIOT, St-Martin-du-Mont.

— -DU-BATTOIR, Verrière (la Grande.)

— -DU-BOIS, Poisson.

— -DU-CHÊNE, La Tagnière.

— -DU-CHOUX, St-Nizier-sous-Charmoy.

— -DU-COIN, Curtil-sous-Buffières.

— -DUFOUR, Oslon.

— -DU-FRÉTIL, Blanzy.

— -DU-MOULIN, Grury, La Selle, Verrière (la Grande-), Montceau-les-Mines.

— -DU-NOYER, Champlecy, Pouilloux.

— -DU-POMMIER, La Comelle.

— -DU-RENARD, Bourbon.

— -DU-THIOT, Sevrey.

— -DU-VERNAY, Le Fay.

— -DU-VERNE, Pouilloux.

— -DYOT, Serley.

— -FAYOT, le Miroir.

— -FERRIOT, St-Pierre-de-V.

— -FILLET, Longepierre.

— -FLEURY, Genouilly.

— -FOITANT, Dyo.

— -FOUGEROT, Blanzy.

— -FOURRÉ, Brion.

— -FRÉGAUD, Thurey.

— -FRENAY, Frangy.

— -FRIAND, Grury.

— -GAILLARD, St-Eusèbe, Sermesse, Chalon.

— -GARNIER, La Selle, Saint-Nizier-sur-Arroux.

— -GAUTHERON, Dyo.

— -GÉLIN, Bourgvilain.

— -GENETET, St-Julien-de-C.

— -GERBAUD, Pierreclos.

— -GIRARD, La Comelle.

— -GONIN, Varennes-s.-Dun.

— -GONNIAUD, Champlecy.

— -GRENON, Charnay.

CHAMP-GRILLOT, Uchon, Lournand.
— -GUÉRIN, Gilly.
— -HUGUET, Broye.
— -JACOB, St-Vallier.
— -JACQUET, St-Eusèbe.
— -JOLY, Montagny-près-Louhans.
— -JUSEAU, Marmagne.
— -LIARD, Joncy, Ste-Hélène.
— -LONG, Chapelle-sous-Dun, Ciry, Curgy, Cussy, Dompierre-sous-Sanvignes, Mont, Pierreclos, Vitry-sur-Loire.
— -LOUP, Ste-Cécile.
— -LOX, Bergesserin.
— -MAGNIEN, Bourbon.
— -MARCHAND, Mesvres.
— -MARION, Mont.
— -MARTENOT, Grury.
— -MARTIN (Grand et Petit), Broye, Trivy.
— -MATHEY, La Tagnière.
— -MATRON, Buffières.
— -MENARD, Pierreclos.
— -MEUNIER, La Motte-Saint-Jean, Les Guerreaux.
— -MILAN, Bruailles.
— -MILLET, Ouroux-sous-le-B., Ste-Marie.
— -MILOT, Mornay.
— -MOINE, Prizy, Sagy.
— -MONSEIGNEUR, Prizy.
— MOREAU, Viry, Baron, Montceau-les-Mines, St-Martin-en-Bresse.
— -MOREY, Devrouze.
— -MORIN, Vendenesse-sur-A.
— -MORON ou MOREAU, Baron.
— -MOUTON, Châtenoy-le-Roy.
— -NARBEAU, St-Symphorien-lès-Charolles.
— -NAGU, Anzy, Viry.
— -NEUF, St-Martin-d'Auxy.
— -NOLLOT, Fontaines.
— PACAUD, Dracy-le-Fort.

CHAMP-PALIVERT, Cordesse.
— -PAQUIERS, Morlet.
— -PATIN (le), Broye.
— -PAPILLON, La Vineuse.
— -PELLETIER, St-Symphorien-lès-Charolles.
— -PENDRY, Serrières.
— -PENDY, Pierreclos.
— -PÉON, Bourbon-Lancy.
— -PERRAULT, St-Berain-sur-Dheune, Génelard.
— -PERRIN, Neuvy.
— -PIERRE, Saint-Symphorien-lès-Charolles.
— -PHILIPPE, St-Point.
— -PILLOT, Château.
— -PIROUX, Fontaines.
— -POISSONNAT, La Vineuse.
— -POULARD, Cronat.
— -POUSSOT, Pouilloux.
— -PRÉAUD, Sologny, Neuvy.
— -PREMIER, Etang.
— -PRIOT, Trivy.
— -RAIE, St-Romain-sous-G.
— -RAMBERT, St-Julien-de-C.
— -RAMÉ, La Selle.
— -REBAUD, Volesvres.
— -REBOURG, Sassenay.
— -REGNAULT, Mont-St-Vincent, Sanvignes.
— -RENARD, Touches.
— -RENAUD, Chapelle-Saint-Sauveur, La Chaux, Dampierre-en-Bresse.
— -RIMBERT, Donzy-le-Nat.
— -RONO, Chauffailles, Ligny, Mesvres, St-Julien-de-Jonzy, St-Pierre-le-Vieux.
— -RONDOT, La Charmée.
— -ROUAN, Meulin.
— -ROUGE, Mazille.
— -ROUSSEAU, Viry.
— -ROUX, Charolles.
— -SAINT-MARTIN, Abergement-Ste-Colombe.
— -ST-PIERRE, Baudrières.

CHAMP-SEMARD, Tournus.
— -SOURIS, St-Pantaléon.
— -TARDIF (le), Miroir.
— -TAVERNE, la Grande-Ver-
rière.
— -TERRE, Antully.
— -THIBAUT, Joncy.
— -TILLON, Rigny.
— -TOUT-SEUL, Hautefond.
— -VÉLOT, Oye.
— -VAUX (le), Broye.
— -VENOT, La Guiche.
— -VERT, Baudemont, La Bou-
laye, Mâcon, St-Eusèbe.
— -VIEUX, St-Firmin.
CHAMPS (les), Autun, Branges,
Bussières, Chapelle-au-Mans,
Génelard, Lessard-en-Bresse,
Mouthier, Le Rousset, Veros-
vres.
CHAMPS-BARLETS, Dyo.
— -BEAUJARDS (les), St-Julien-
de-Civry.
— -BEAUX (les), Chapelle-
Naude.
— -BERBETS (les), Anost.
— -BRION (les), St-Symphorien-
de-Marmagne.
— -BONS, Tramayes.
— -CHAGNOTS, St-Pantaléon.
— -CABOTS, Vaudebarrier.
— -CHEVROT, Génelard.
— -D'ARBOUX, Laizy, San-
vignes.
— -DE-CHOSES, Cussy.
— -DE-GOURINS, (les), Mou-
thier-en-Bresse.
— -DE-GUYE, St-Martin-du-
Tartre.
— -DE LA-RIVIÈRE, Sommant.
— -FÉGOT (les), Le Miroir.
— -GELÉS (les), St-André-le-
Désert.
— -GIRAUD (les), St-Forgeot.
— -DE-LA-CROIX, St-Bonnet-de-
Vieille-Vigne.

CHAMP-MAUJARDS, Varenne-
l'Arconce.
— -NEUFS, Mouthier.
— -NAGU, Anzy.
— -PASQUIERS, Morlet.
— -PÉTRÉ, Mont-St-Vinc.
— -PION, Bourbon.
— -ROBET, Vauban.
— -ROUSSEAU, Cordesse.
— -VAUDELIN, Chalmoux.
CHAMPABEAU, La Motte-St-J.
CHAMPAGE, St-Martin-de-Com.
Champagnat.
CHAMPAGNE, Beauvernois, Cul-
les, Dampierre, Péronne, St-
Maurice-de-Satonnay, Sasse-
nay.
CHAMPAGNY, Fleury, Maltat.
Champagny-sous-Uxelles.
CHAMPBROYE, Broye.
CHAMPCEAU, Iguérande, Mar-
cigny.
CHAMPCROUX, Perrecy, Verrière
(la Grande).
CHAMPDREAUX, Uxeau.
CHAMPEAU, Bragny-en-Charol.,
Igornay, Ouroux-sous-le-
Bois-Ste-Marie, Verrière (la
Grande).
CHAMPENCY, Bragny-en-Charol.
CHAMPENEAU, Saint-Bonnet-de-
Vieille-Vigne.
CHAMPERNY, Varennes-s.-Dun.
CHAMPERVY, La Boulaye.
CHAMPÈTRE (le), Baugy.
CHAMPÈTRÉ, Mont-St-Vincent.
CHAMPÈTRE (en), St-Vérand.
CHAMPERNAUD, Montmelard.
Champforgeuil.
CHAMPFRECAUD, Thurey.
CHAMP-GELÉ, St-André-le-D.
CHAMPIAUX (les), Autun, Châ-
teau.
CHAMPIGNOLLES, La Tagnière.
CHAMPISSEREY, Tronchy.
CHAMPITEAU, St-Firmin.

CHAMPLAIN, Jambles,

Champlecy.

CHAMPLEVERT, Mâcon.

CHAMPLIARD, Joncy.

CHAMPLIAUX, St-Nizier-s.-Arr.

Champlieu.

CHAMPLOT, Montagny-s-Grosne.

CHAMPLOUP, Ste-Cécile.

CHAMPLY, Vareilles.

CHAMPNAGU, Anzy-le-Duc.

CHAMPŒCUEUILLON, St-Léger-du-Bois.

CHAMPOINOT (le), Ratte.

CHAMP-POISSONNAT, La Vineuse.

CHAMPOMEY, Thurey.

CHAMPONIAU ou CHAMPONCEAU, Montceau-les-Mines.

CHAMPONNIÈRE, Serley.

CHAMPOULARD, Cronat.

CHAMPOUSSOT, Pouilloux.

CHAMPOUX, Cuzy.

CHAMPRIAT, Trivy.

CHAMPRIGY, St-Bonnet-de-V.-V.

CHAMPROND, Ligny-en-Brion.

CHAMPROUX, Charolles, Perrecy.

CHAMPSEAU (le), Iguerande, St-Martin-du-Lac.

CHAMPSEUIL, St-Gervais-en-Val.

CHAMPSIGNY, St-Léger-du-Bois.

CHAMPSOURIS, St-Pantaléon.

CHAMPTABOT, Savigny-en-Rev.

CHAMPTERRÉ, Antully.

CHAMPTICHÉ, Thil-sur-Arroux.

CHAMPTOT, Montagny-s-Grosne.

CHAMPTROIS, Charmoy.

CHAMPVELOT, Oyé.

CHAMPVENT, Chardonnay, La Guiche, Tramayes.

CHAMPVIGNY, Chambilly.

CHAMPVIGY, Saint-Bonnet-de-Vieille-Vigne.

CHAMP-ZÈLE ou SAINTES-AILES (les), Cuzy.

CHANALLE (la), St-Léger-sous-la-Bussière, St-Point.

CHANANGOIN, Sologny.

CHANAUX (les), Mâcon, Nanton.

CHANAY ou CHANÉE, Mâcon, Varennes-St-Sauveur.

CHANCELLE (la), Montjay.

CHANDELUX (les), Simard.

CHANDON, Anzy, Trivy.

CHANDONNERIE, Chambilly.

CHANEAU (la), Verzé.

CHANEAUX (les), Charnay-lès-Mâcon.

CHANÉE (la), Lessard-en-Bresse, St-Germain-du-Bois, Thurey.

CHANÉES (les), Romenay.

Chânes.

CHANET (le), Châteaurenaud.

CHANETS (les), Varennes-Saint-Sauveur.

CHANIAUX (les), Marizy, Bourg-le-Comte.

Change.

CHANGEY, Saisy.

Changy.

CHANGY, Bourbon-Lancy, Dompierre-sous-Sanvignes.

CHANILLIÈRE (la), Romanèche.

CHANILLONS (les), St-Symphorien-d'Ancelles.

CHANLIAU, Creusot.

CHANLON, Curgy, Chapelle-s-Dun.

CHANSERONS, Vergisson.

CHANSON, St-Prix.

CHANTAL, Monthelon.

CHANTE-ALOUETTE, Bourg-le-Comte, Gibles, Montmelard.

CHANTEAU, Bourbon, Mont.

CHANTE-GRIELET, St-Léger-s.-la-Bussière.

CHANTELOUP, Charbonnat, Hurigny.

CHANTEMERLE, Flacey, Montpont, Sagy.

CHANTEMIDE, La Boulaye.

CHANTEMILAN, Chambilly.

CHANTIER du Creusot, Chalon.

CHANTIERS (les), St-Remy.

CHANTIN, La Frette.
CHANTIZY ou CHAMPS-THIZY, Chapelle-Naude.
Chapaize.
CHAPEAU (le), Ciel.
CHAPEAU-BLANC, La Frette.
CHAPELIER (le), Crèches.
CHAPELLE (la), Auxy, Beaubery, Beaurepaire, Charette, Châtenoy-en-Bresse, Chenay, Ciry, Cuiseaux, Cuzy, Démigny, Laizé, Ouroux-s.-Saône, Rully, Sermesse, St-Bonnet-de-Joux, St-Micaud, St-Yan, Varennes-St-Sauveur, Verzé, Villeneuve-en-Montagne.
Chapelle-au-Mans (la).
CHAPELLE-BADEAU (la), Saint-Berain-sous-Sanvignes.
Chapelle-de-Bragny (la).
Chapelle-de-Guinchay (la).
CHAPELLE-DE-MARLOUX, Mellecey.
— -DE-PROD'HUN (la), Antully.
Chapelle-du-Mont-de-France (la).
Chapelle-Naude (la).
CHAPELLE-ST-BENOIT, Bissey-sous-Cruchaud.
— -ST-JEAN (la), Chauffailles.
— -ST-LÉGER, Curgy.
— -ST-MICHEL, Etang-sur-Arroux.
— -ST-ROCH, Uchon.
Chapelle-St-Sauveur (la).
CHAPELLE-ST-THIVIER, Clessé.
Chapelle-sous-Branclon (la).
Chapelle-sous-Dun (la).
Chapelle-sous-Uchon (la).
Chapelle-Thècle (la).
CHAPELLE-VILLARS (la), Villeneuve-en-Montagne.
CHAPELLES (les), Grury, Montret.

CHAPENDY, Vendenesse-lès-Ch.
CHAPET, Charmoy.
CHAPETS (les), St-Berain-sous-Sanvignes.
CHAPEY, Broye.
CHAPINIÈRE, Toutenant.
CHAPITRE (le), Allerey, Perreuil, Pierreclos, St-Berain-sous-Sanvignes, St-Martin-sous-Montaigu.
CHAPLON, St-Maurice.
CHAPONNIÈRE, Davayé, Hurigny.
CHAPOTIX, Viré.
CHAPOUTOT (le), Mervans, Chissey.
CHAPPE (la), Cronat, Martigny, Chissey-lès-Mâcon.
CHAPTRE (la), Gilly.
CHAPUIS, Cuzy.
CHAPUIS (les), Montjay, Rigny.
CHAQUETS (les), Palleau.
CHAR (le), Marcigny.
CHARANGEROUX, St-Usuge.
CHARAS, Brion.
CHARBILLY, St-Symphorien-de-Marmagne.
Charbonnat.
CHARBONNERIE (la), Sommant.
CHARBONNET (le), Prizy.
Charbonnières.
CHARBONNIÈRE, Allériot, Blanzy, Clessy, Dyo, Gilly, Montceau-les-Mines, Mouthier-en-Br., Uchon, Volesvres.
CHARBONNIÈRES (les), St-Emiland.
CHARBOTTINS, St-Pierre-de-Var.
CHARCONNET, St-Léger-s-Beuv.
CHARCANS (les), Paray.
CHARCUELE, Bissy-la-Mâconn.
CHARD, Ste-Radegonde.
CHARDENET, Huilly, Terrans.
CHARDENIÈRE, Frontenaud, Montjay.
CHARDENOUX, Bruailles.
Chardonnay.

CHARDONNET (Grand et Petit), St-Romain-sous-Versigny.

CHARDONNIÈRE, Varennes-St-Sauveur.

CHARDERU, Tancon.

CHARDIER, Cronat.

CHARDIGNY (les), Berzé-la-Ville.

CHARÉCONDUIT (Grand et Petit), Châtenoy-le-Royal.

CHARENOY, Iguerande, St-Didier-sur-Arroux.

CHARENGEAT, Condal.

CHARENGEROUX, St-Usuge.

Charette.

CHARETTE, Matour.

CHARGELEAUX (les), Antully.

CHARGY, Marcilly-les-Buxy.

CHARITÉ (la), Charnay-les-M., Buxy.

CHARLANCHE, Condal.

CHARLENTON, Chapelle-Thècle.

CHARLET (en), St-Mard-de-Vaux.

CHARLY, Mazille.

CHARMAILLERIX, Coublanc.

CHARMASSE, Genouilly, Mesvres.

CHARMAY, Anglure.

CHARME (la), Bourgvilain, Burgy, Chauffailles, Jalogny, Ouroux-sur-Saône.

CHARME (le), Bray, Burgy, Verosvres.

CHARMES (les), Abergement-de-Cuisery, Antully, Chambilly, Laizé, Mancey, Mont, Neuvy-Grandchamp, Pierreclos, Rigny, St-Aubin-sur-Loire, St-Léger-sous-la-Bussière.

CHARMEAUX, Broye.

Charmée (la).

CHARMELOTS (les), St-Micaud.

CHARMETTES (les), Beauvernois.

CHARMICHAUD, Rigny.

CHARMIÈRES (les), St-Maurice-lès-Châteauneuf.

CHARMILLES-DE-SAINT-CLÉMENT (les), Mâcon.

CHARMILLES-DE-MONTGARDON, Condal.

CHARMOISSY, Montret.

CHARMONELLE, Laizé.

CHARMONT (les), Leynes.

CHARMONT (Grand et Petit), Branges.

CHARMOT, St-Gilles.

CHARMOTTE (la), Mervans.

CHARMOTTE (Grande et Petite), Serley.

Charmoy.

CHARMOY (le), Abergement-Ste-Colombe, Brion, Juif, Mervans, St-Martin-de-Com.

CHARMOY-LA-VILLE, Charmoy.

CHARMOY (sur), Broye.

CHARMOYE (la), Tavernay.

CHARNAILLES, Jambles.

CHARNAUDAT, Cressy-s-Somme.

CHARNAY, Beaubery, Berzé-la-Ville, Bourgvilain, Chapelle-du-Mont-de-Fr., Chapelle-Naude, Chassigny, Frangy, Gibles, Marly-sur-Arroux, Montmelard, Perrigny, St-Julien-de-Civry, St-Martin-de-Salencey, Sologny, Torpes, St-Vincent-des-Prés, St-Yan.

CHARNAY-CHATEAU, Perrigny.

Charnay-lès-Chalon.

Charnay-lès-Mâcon.

CHARNAYS (les), Bourg-le-Comte, Céron, Trivy.

CHARNE (le), Dyo, St-Maurice-lès-Châteauneuf.

CHARNÉE (la), Gibles.

CHARNEQUIN, Frontenaud.

CHAROLLAIS (le), Curdin.

Charolles.

CHAROLLES, St-Julien-de-Jonzy.

CHAROST, St-Berain-s.-Dheune.

CHARPAILLE, Bourbon.

CHARPILLIÈRE (la), Remigny.

CHARRANCY, Iguerande.
CHARRAS, Brion.
Charrecey.
CHARRÉCONDUIT, Châtenoy-le-Roy.
CHARRIÈRE (la), Breuil.
CHARRIÈRES (les), Antully, Bergesserin, Le Fay, Marcigny, St-Martin-du-Lac, Trambly.
CHARRIERS (les), Céron, Chalmoux, Chenay.
CHARTON (le), Mont, Mallat.
CHARTONDU, Sagy.
CHARTRAN (la), La Tagnière.
CHARVIS (les), St-Emiland.
CHASSAGNE (la), Blanzy, Ciry, Devrouze, Etang, Granges, Laizy, Montceaux-l'Etoile, Montmelard, Oudry, Ouroux-sous-le-Bois-Ste-Marie, Palinges, Perrecy-les-Forges, St-Gengoux-le-Nat., St-Vincent-lès-Bragny, Varenne-l'Arconce.
Chasselas.
CHASSENIER, Toulon.
CHASSEFOUX, Mont-St-Vincent.
CHASSEPUITS, Sully.
CHASSÈRE, Hautefond.
CHASSEREUX, Iguerande.
CHASSE-RONDIERS, Chambilly.
Chassey.
CHASSEY, Curbigny.
CHASSIGNEUX, Issy-l'Evêque, Vendenesse-sur-Arroux.
CHASSIGNOL, Oyé, St-Ythaire.
CHASSIGNOLE, Baugy, Bonnay, St-Clément-sur-Guye, Génelard, La Guiche, Morey, Palinges.
Chassigny-sous-Dun.
CHASSINS (les), Marizy, Melay.
Chassy.
CHATAIGNERAIE-DE-MONTMORET (la), St-Léger-sous-Beuvray.
CHATAIGNIER (le), Artaix, Chapelle-sous-Uchon.

CHATAIGNIERS (les), St-Didier-sur-Arroux.
CHATAY, Mont.
Château.
CHATEAU (le), Allerey, Anost, Antully, Azé, Ballore, Beaurepaire, Berzé-le-Châtel, Bissy-la-Mâconnaise, Bouhans, Brienne, Chaintré, Chamilly, Champforgeuil, Champlecy, Charbonnières, Charette, La Charmée, Chasselas, Chassy, Château, Châteauneuf, Châteaurenaud, Chauffailles, Chenay, La Clayette, Cormatin, Couches, Curtil-sous-Burnand, Donzy-le-Pertuis, Dracy-le-Fort, Fontaines, Génelard, La Guiche, Hôpital-le-M., Igornay, Joncy, Joudes, Lans, Lays, Lessard-le-R., Lournand, La Loyère, Lucenay, Lugny-lès-Charolles, Marcilly-la-Gueurce, Marcilly-lès-Buxy, Martigny-le-Comte, Mercurey, Mont, Montceaux-l'Etoile, Montcoy, Montjay, Morlet, Moroges, La Motte-St-Jean, Navilly, Oslon, Pierre, Pierreclos, Pontoux, Rosey, Roussillon, Rully, Sailly, St-Aubin-sur-Loire, St-Germain-du-Plain, Ste-Hélène, St-Jean-le-Priche, St-Léger-lès-Paray, St-Léger-sur-Dheune, St-Loup-de-Varennes, St-Martin-de-Senoz, St-Maurice-de-Satonnay, St-Micaud, St-Remy, St-Vincent-en-Bresse, La Salle, Sarry, Sassenay, Savianges, Savigny-sur-Grosne, Senozan, Sercy, Serrières, Sigy-le-Châtel, Sully, Terrans, Torcy, Toutenant, Varennes-lès-M., Varenne-s.-le-

Doubs, Vincelles, Vinzelles, Vitry-lès-Cluny.

CHATEAU-BUSON (le), St-Remy.
— -CHANEL, Clessé.
— -CHARDON, Berzé-la-Ville, Brandon.
— -COULOUX, Oslon.
— -D'AUDOUR, Dompierre-les-Ormes.
— -CHARNAY, Perrigny-sur-Loire.
— -D'EAU, Montchanin.
— -DEBIAUNE, Sologny.
— -DE-BOUTON, Verrière (la Grande).
— -DE-BRANDON, Saint-Pierre-de-Varennes.
— -DE-BUSSIÈRES, La Tagnière.
— -DE-BUTTE-A-VENT, Cortambert.
— -DE-CHAMPIGNOLLES, La Tagnière.
— -DE-CHARDENOUX, Bruailles.
— -DE-CHARLY, Mazille.
— -DE-CHASSIGNOLLES, Bonnay.
— -DE-CHAUMONT, Saint-Bonnet-de-Joux.
— -DE-CHAVANNES, St-Racho.
— -DE-CHAVY, Ozenay.
— -DE-CHAZOU, Hurigny.
— -DE-CHIZEUIL, Digoin.
— -DE-COIZEAU, Saint-Albain.
— -DE-COLLANGE, Vendenesse-lès-Charolles.
— -DE-COLLONGES, Chapelle-sous-Brancion.
— -DE-CONDEMINE, Charnay.
— -DE-CORCELLES, Bourgvilain, St-Symphorien-lès-Charolles.

CHATEAU-DE-COURCHÉVAL, Beaubery.
— -DE-CRARY, Ozolles.
— -DE-CYPIERRE, Volesvres.
— -DE-DARON, Oyé.
— -DE-DIGOINE, Palinges, St-Martin-d'Auxy.
— -DE-DINECHIN, Fleury.
— -DE-DRACY, Dracy-St-Loup.
— -DE-DRÉE, Curbigny.
— -DE-DURETAL, Montpont.
— -DE-FLEURY, Ciry.
— -DE-FOUGERETTE, Etang.
— -DE-GERMOLLES, Mellecey.
— -DE-GIVRY, Laizé.
— -DE-GORZE, Germolles.
— -D'HURIGNY, Hurigny.
— -DE-LA-BANDIE, St-Agnan.
— -DE-LA-BRUYÈRE, Igé.
— -DE-LA-FAYE, St-Germain-du-Bois, Semur.
— -DE-LALLY, St-Léger-du-Bois.
— -DE-LA-MARCHE, Villegaudin.
— -DE-LA-MOTTE, Epervans.
— -DE-LA-SAUGERÉE, Etrigny.
— -DE-LA-SERRÉE, Curtil-sous-Burnand.
— -DE-LA-SERVE, Romenay.
— -DE-LAUNAY, Briant.
— -DE-LA-VALLÉE, Perrigny.
— -DE-LA-VERNOTTE, Vérissey.
— -DE-LA-VESVRE, La Selle.
— -DE-L'ETANG, St-Julien-de-Jonzy.

CHATEAU-DE-LIMANT, Ciry.
— -DE-LOURDON, Lournand.
— -DE MALFARAT, Saint-Bonnet-de-Cray.
— -DE-MARCILLY, Marcilly-la-Gueurce.
— -DE- MARFONTAINE, Montbellet.
— -DE-MARIGNY, Marigny.
— -DE-MARTINET, Saint-Romain-sous-Versigny.
— -DE-MAZONCLE, Marly-sur-Arroux.
— -DE-MERCEY, Cheilly.
— -DE-MERLEY, Ciel.
— -DE-MILLERY, Saint-Forgeot.
— -DE-MIMANDE, Chaudenay.
— -DE-MOLLERON, Vaudebarrier.
— -DE-MONTIEU, Broye.
— -DE-MONTPERROUX, Grury.
— -DE-MONTVAILLANT, Clermain.
— -DE-NEUILLY, Cersot.
— -D'EPIRY, St-Emiland.
— -D'OUILLY, Montagny-sur-Grosne.
— -DE-POMMIER, Cormatin.
— -DE-PROMBY, Chapelle-Naude.
— -DE-RABUTIN, Champlecy.
— -DE-RAMBUTEAU, Ozolles.
— -DE-RÉAL, Varennes-St-Sauveur.
— -DE-ST-DENYS, Curgy.
— -DE-SELORRE, St-Yan.
— -DE-SIVRY, Saisy.
— -DE-SOMMERY, Gilly.

CHATEAU-DE-TENARRE, Baudrières.
— -DE-TERZÉ, Marcilly-la-Gueurce.
— -DE-THOIRIAT, Crêches.
— -DE-TOULONGEON, Chapelle-sous-Uchon.
— -DE-TRÉLAGUE, La Tagnière.
— -DE-VACHERET, Demigny.
— -DE-VAUX, Etang, Sivignon.
— -DE-VAUX-SOUS-THARGE, Péronne.
— -DES-BLANCHARD, Ozolles.
— -BOURSONS, Etang.
— -DES-CREUX, Fleury-la-Montagne.
— -DES-HAUTS, St-Bonnet-de-Joux.
— -DES-MOINES, Berzé-la-Ville.
— -DES-MYARDS, Brandon.
— -DES-RAUX, Grury.
— -DES-TOURS, Crêches.
— -DE-SIVIGNON, Sivignon.
— -DE-VAUX, Sivignon.
— -DE-VOUSIN, Marizy.
— -DE-VILLARGEAULT, Abergement-Ste-Colombe.
— -DU-BOIS-DU-CHASSAGNE, La Comelle.
— -DU-JEU, Etang.
— -DU-PAILLIER, Saint-Bonnet-de-Cray.
— -DU-PARC, Sancé.
— -DU-PIGNON-BLANC, Brion.
— -DU-PLESSIS, Blanzy.
— -DU-PONT-DE-VAUX, Marly-sous-Issy.
— -DU-SAUVEMENT, Ciry.

CHÂTEAU-D'UXELLES, Chapaize.

— -DU-ROUSSET, LeRousset.

— -GAILLARD, Baron, La Charmée, Iguerande, Leynes, Montcenis, St-André-le-Désert, St-Sernin-du-Bois, St-Sorlin, St-Vérand, Sens, Sevrey.

— -MOUTON, Châtenoy-le-Royal.

Châteauneuf.

CHATEAU-RENARD, Givry.

Châteaurenaud.

CHATEAU-THIERS, Matour.

— -VERT, Nochize, St-Didier-en-Brionnais.

— -VILLARGEOT, Abergement-Ste-Colombe.

CHATEAUX (les), Poisson.

CHATEAUX (les Petits), Saint-Eugène.

CHATEL (le), Flacey-en-Bresse.

Châtel-Moron.

CHATEL VILAIN, Champlecy.

CHATELAIN, St-Loup-de-la-Sal.

CHATELAINE (la), Bergesserin, Montcenis, Mont-St-Vincent.

CHATELAINES (les), Anzy, Mont-St-Vincent.

CHATELARD (le), St-Martin-de-Salencey.

CHATELET (le), Branges, Demigny, Epinac, St-Agnan, St-Laurent-en-Br., Mouthier.

CHATELOT (le), Bourbon, Epinac, Grury, Uxeau.

CHATELOTS (les), Sivignon.

Châtenay.

CHATELVILAIN, Champlecy.

CHATENAY, Etrigny, Gibles, Ste-Croix, Sancé, Simandre, Vergisson.

CHATENOY, Curgy, St-Christophe-en-Bresse.

Châtenoy-en-Bresse.

Châtenoy-le-Royal.

CHATEUX, Vendenesse-lès-Ch.

CHATEZEAU, Oudry.

CHATIER, Martigny-le-Comte.

CHATILLON, Buffieres, Chauffailles, Cormatin, Ste-Croix.

CHATIN, Ormes.

CHATONNARD, Vendenesse-lès-Charolles.

CHAUBLANC, St-Gervais-en-V.

CHAUCHET (le), St-Sorlin.

CHAUCHY, St-Désert.

CHAUDAN, Trivy.

CHAUD-BUISSON, St-Vallier.

CHAUDENARD, Montjay.

Chaudenay.

CHAUDES-FONTS (les), Berzé-le-Châtel.

CHAUDRON, St-Pierre-le-Vieux.

CHAUDROTTES (les), Ste-Hélène.

Chauffailles.

CHAUFFAILLES, Cluny.

CHAUGNE, Vendenesse lès Ch.

CHAUGY, St Didier-en-Brionn.

CHAULEY, Curgy, St-Maurice-en-Rivière.

CHAUMAU ou CHAUME HAUT (le), Marigny.

CHAUME, Pouilloux.

CHAUME (la), Amanzé, Anost, Autun, Auxy, Brion, Chapaize, Cussy, Etang, Igornay, Lournand, Marly-sur-Arroux, Marmagne, Mesvres, Ouroux-s.-le Bois-Ste-Marie, Pouilloux, La Racineuse, Reclesne, Rigny, Rosey, Saint-Berain-sur-Dheune, St Huruge, St-Julien-de-Civry, Savianges, Sommant, Verrière (la Grande-).

CHAUME -A- L'ANE, Bourbon-Lancy.

— -DE-BONNAY, Bonnay.

— -DE-BORD, St-Vincent-lès-Bragny.

CHAUME-DE-LIBOUREAU, Saint-Denis-de-Vaux.
— -DE-SAINT-HIPPOLYTE (la), Bonnay.
— -JOLOT, Sommant.
— -MEUNIÈRE (la), St-Désert.
CHAUMES (les), Chalmoux, Changy, Marizy, Perrigny, Saint-Clément-s.-Guye, St-Eugène, St-Eusèbe, Sanvignes, Vaux-en-Pré.
CHAUMES-PERDRIX (les), Verrière (la Petite-).
CHAUMES-MARTIN (les), Roussillon.
CHAUMELLE (la), Mont.
CHAUMETTE (la), Buffières.
CHAUMIÈRE (la), Bellevesvre.
CHAUMOIS, St-Boil, Verrière (la Grande-).
CHAUMONT, Autun, Jambles, Laizy, Mazille, Oyé, Saint-Bonnet-de-Joux, St-Eusèbe, Ste-Hélène, La Tagnière.
CHAUMOT, Dompierre-s.-Sanv.
CHAUMOTS (les), Marigny.
CHAUMOTTE (la), Ste-Hélène.
CHAUMOTTES (les), Autun, St-Pantaléon.
CHAUMOUX, Chissey.
CHAUNAT, Marly-sous-Issy.
CHAUNÉE (la), Ouroux-s.-Saône.
CHAUNIAT (la), Savigny-en-Rev.
CHAUNIÈRE (la), Bellevesvre.
CHAUSSÉE (la), Perrecy.
CHAUSSIN, Montpont.
CHAUTABOT, Savigny-en-Rev.
CHAUVORT, Allerey, Verdun.
CHAUVOTTE, Verrière (Grande-).
Chaux (la).
CHAUX (la), Baudrières, Ouisery, Martigny, Matour, Messey-sur-Grosne, Saint-Prix, Serrières, Viry.
CHAUX (Grand et Petit), Simard.
CHAUX-D'OR, Bellevesvre.

CHAUX-MASSÉ, Chassy.
CHAVANAISE (la), Montpont.
CHAVANCE, Gilly.
CHAVANCES (les), Romenay.
CHAYANIÈRE, Loché.
CHAVANNE, Génelard, St-Racho, Serley, Volesvres.
CHAVANNES (les), Bosjean, Chalon, Dommartin, Gourdon, Mailly, Marcigny, Le Miroir, Montceau-les-Mines, Montpont, Romenay, St-Berain-sous-Sanvignes, Ste-Foy, St-Marcel, St-Martin-du-Lac, St-Pierre-de-Varennes, St-Vallier, Savigny-en-Revermont, Savigny-sur-Seille, Tramayes.
CHAVANETTES (les), Chapelle-Naude.
CHAVANNOIS (les), Dettey, Uchon.
CHAVANUT, Huilly.
CHAVENNE, Chapelle-St-Sauv.
CHAVENNES (les), Ste-Foy.
CHAVENOTTE, Chapelle-St-Sauv.
CHAYEROTS (les), La Salle.
CHAVET (les), Chenay-le-Châtel.
CHAVONNAISE, Montpont.
CHAVOCHE (la), Chapelle-de-Br.
CHAVOT (les), Chapelle-du-Mont-de-France.
CHAVY (Grand et Petit), Ozenay.
CHAYNEAU (le), Sennecé-lès-Mâcon.
CHAYNOT (le), Abergement-Ste-Colombe.
CHAZ (la), Marmagne.
CHAZEAU (le), St-Denis-de-Vaux, St-Eugène, St-Symphorien-lès-Charolles.
CHAZEAUT, Tournus.
CHAZEAUX (les), Martigny, Ménetreuil, St-Cyr, St-Julien-s.-Dheune, Uxeau, Vendenesse-sur-Arroux.

CHAZÉE (la), Chapelle-s.-Uchon, Etang.

CHAZELLE, Cormatin, Mont-lès-Seurre, Sevrey, Suin.

CHAZELOT, St-Eugène, Uxeau.

CHAZETS (les), Cussy, St-Emiland.

CHAZEU, Chissey-lès-M., Laizy.

CHAZEUIL, Ste-Hélène.

CHAZEY, Gueugnon.

CHAZIAU, St-Eugène.

CHAZILLE, Mont-lès-Seurre.

CHAZOLLES, Pressy.

CHAZOTTE (la), St-Léger-sous-Beuvray.

CHAZOTTES (les), Ozolles.

CHAZOUX, Hurigny.

CHEBOTS (les), St-Symphorien-des-Bois.

CHECHY, Viry.

CHEDDE, Neuvy.

CHÉDIOT, Neuvy.

CHEFS (les), Chassigny.

Cheilly.

CHEINTRES (les), Brion, Saint-Didier-en-Brion., Montret.

CHÉLU, Chauffailles.

CHÉMARDIN, Verrière (Grande-).

CHEMARINS (les), Ozolles.

CHEMENET (le), La Villeneuve.

CHEMENOT, Sassenay.

CHEMIER, Saint-Maurice-lès-Châteauneuf.

CHEMILLY, La Vineuse.

CHEMINAU, Varennes-s.-Dun.

CHEMIN-DE-FER, Champforgeuil, St-Jean-des-Vignes, St-Loup-de-Varennes.

CHEMIN-D'OUDRY, Perrecy.

CHEMIN-FERRÉ (le), Antully.

CHEMINOT, Monthelon.

CHENAILLE (la), Céron.

CHENAL-DINET, Artaix, Céron.

CHENAUDERIE, St-Maurice-lès-Châteauneuf.

Chenay-le-Châtel.

CHÊNE (le), Abergement-de-Cuisery, Davayé, Jugy, Lournand, La Selle, Mervans.

CHÊNE-AU-CHAPON, Montchanin, Torcy.

— -BONNOT, St-Christophe-en-Bresse.

— -BORNU, Serley.

— -CORNU, Montagny-près-L.

— -EN-GOIN, Sologny.

— -GUIDON, St-Laurent-d'Andenay.

— -GUYOT, Savigny-s.-Seille.

— -LARON, Chapelle-Naude.

— -MESSARD, Chassy.

— -MORTIN, St-Eusèbe.

— -PERRAUBIN, Uchon.

— -ROND, Saint-Christophe-en-Bresse.

— -VERRIÈRE (le), Broye.

— -VERT, St-Eusèbe.

CHENEAUX, Marnay, St-Racho.

CHÉNELOTTES (les), Autun.

CHÊNES (les), Bouhans, Matour.

CHÊNES-CORNUS (les), Montagny-près-Louhans.

CHÊNERIE (la), Brânges.

CHENEVELLE, Buxy.

CHENEVIÈRES (les), Chenay, Marcilly-lès-Buxy, Tancon.

CHENIL, Pierreclos.

CHENILLE (la), St-Vallier.

CHENOUX, Baugy.

Chenoves.

CHEPAILLE (la), St-Christophe-en-Brionnais.

CHÉRAC (le), Gilly-sur-Loire.

CHÉRAT, St-Julien-de-Jonzy.

CHERANCHE, St-Didier-en-Br.

CHÉRAND, Joudes.

CHERBILLY, St-Symphorien-de-Marmagne.

CHÈRES (en), Semur.

CHERETTE, Pressy.

CHERMONOT, Sassenay.

CHEROT, St-Julien-de-Jonzy.

Chérizet.

Chérut (le), Varenne-l'Arconce.

Chéry, Iguerande, St-Laurent-en-Brionnais.

Chessy, Sarry.

Chétal, Briant.

Chétifs-Etangs, Etang.

Chétifs-Bois (les), St-Romain-sous-Gourdon, Messey.

Chéurette, Cronat.

Cheuze (la), Ste-Hélène.

Chevadeau, Chauffailles.

Chevagnes (les), Chalmoux, Bourbon-Lancy.

Chévagny, Bourb.-Lancy, Igé, Lournand, St-Julien-de-C., St-Vincent-lès-Bragny.

Chevagny-les-Chevrières.

Chevagny-sur-Guye.

Chevalérotte (la), Château.

Chevaliers (les), La Motte-St-Jean.

Chevalot, Dommartin, Uxeau.

Chevanet, Bragny-en-Charol., Palinges.

Chevannais, Uchon.

Chevannettes (les), Bragny-en-Charollais.

Chevanne, Charbonnat, Cuzy, Mesvres, Monthelon, Montmort, Toulon.

Chevannes (les), Anost, Broye, Châtenay, Curgy, St-Berain-s.-Sanvignes, St-Didier-sur-Arroux, Uxeau, Verosvres, Vendenesse-sur-Arroux.

Chevannière, Charnay-lès-M.

Chevannots, Dettey.

Chevany, Baudrières.

Chevaux, Montcony.

Chevelard, Bragny-en-Char.

Cheveniset, Nochize.

Chevennes, St-Laurent-en-B.

Chevetoux, Dyo.

Chevignes, Davayé, Prissé.

Chevigny, Dracy-Saint-Loup, Thil-sur-Arroux, St-Léger-sous-Beuvray.

Chevolot, Gueugnon.

Chèvre (en), Cussy.

Chèvre (la), Chauffailles, Varennes-St-Sauveur.

Chevreaux (les), Anost, Saint-Firmin, St-Sernin-du-Bois.

Chevrenet (le), Sologny.

Chevretière, Montpont.

Chevrets (les), Rigny-sur-Ar., St-Forgeot.

Chevrex, St-Maurice-en-Riv.

Chevriau, Bonnay, Uxeau.

Chevriaux, Vendenesse-s.-Ar.

Chévrière (la), St-Eugène.

Chevrières, Baudrières.

Chevriers (les), Sanvignes.

Chevrigny, Anzy.

Chevril (le), Perreuil.

Chevroche, St-Sernin-du-Bois.

Chevrot (le), Mary.

Chevrotière, Montpont.

Chevrots (les), Verrière (la Grande-), Mary.

Chezeau, Ciel.

Chèze (la), Chauffailles.

Chezelle, Chauffailles.

Chezet, Roussillon.

Chez-Bardot, Gilly.

— -Baudin, Chalmoux, Sanvignes.

— -Baudran, Bourbon.

— -Bazin, Cressy.

— -Beaupierre, Vitry-s.-L.

— -Beautier, Grury.

— -Bidelat, Lesme.

— -Bliau, Mont.

— -Bobier, Vitry-sur-Loire.

— -Boivin, Saint-Berain-sous-Sanvignes.

— -Bontemps, Vitry-sur-Loire.

— -Bouchet, Senozan.

— -Boudard, Maltat.

— -Bourdon, Cronat.

CHEZ-PINON, Lesme.
— -PINOT, Chalmoux.
— -PROGÉ, Vitry-sur-Loire.
— -PUZENAT, Curdin.
— -RACOT, Grury.
— -RÉTY, Cressy.
— -RICHARD, Grury.
— -ROBET, Vauban.
— -ROBIN, St-Martin-de-Lixy.
— -ROUBOT, Chalmoux.
— -ROUET, Céron.
— -ROSIER, Bourbon.
— -SANCOIN, Vitry-sur-Loire.
— -SIMON, Lesme.
— -TACHON, Bourbon.
— -TOTELIN, Mont.
— -VALLET, Vitry-sur-Loire.
— -VESSOT, Senozan.
— -VILLAIN, Gilly.
— -VIROT, Bourbon.
CHICARDS (les), Gibles.
CHICHEVIÈRES, Bruailles.
CHICOLLE (la), Autun, Mesvres, Chidde.
CHICY, Vitry-lès-Cluny.
CHILLEY, La Villeneuve.
CHIRAC, Gilly.
CHIREY, St-Germain-du-Plain.
Chissey-en-Morvan.
Chissey-lès-Mâcon.
CHIVIÈRE, Serley.
CHIZE (la), Chauffailles, Dampierre-en-Bresse, Milly, Serley.
CHIZE (Grande et Petite), Saint-Vincent-en-Bresse.
CHIZEBŒUF, Vitry-sur-Loire.
CHIZEAUX (les), Matour.
CHIZELLES (les), Chassigny, Chauffailles.
CHIZES (les), St-Usuge.
CHIZEUIL, Chalmoux, Cressy, Digoin, Grury, Neuvy.
CHOISEAU, St-Albain.
CHOLOT, Dampierre-en-Bresse.
CHAMPRON, Chauffailles.

CHANAYES (les), Romenay.
CHONIÈRE ou CHAUNIÈRE, Bellevesvre.
CHOPAILLES, Vareilles.
CHOPINES, Céron.
CHOQUE (la), Chalmoux.
CHORILLOT, Perrecy.
CHORMES, Charmoy.
CHOUGNONS (les), Etang.
CHOULLIÈRE, Mouthier.
CHOVADOS, Chauffailles.
CHOZELIN, Broye.
CHUCHOTTE, Cronat.
CHUIN, St-Julien-de-Jonzy.
CHUSSEAU, Thil-sur-Arroux.
CHUSSÈRE (la), Hautefond.
CHUSSIN, Azé.
CHUZEAU ou SUZEAU, St-Martin-sous-Montaigu.
GIBERT ou SIBERT, Tramayes.
GIBLIÈRE, Dommartin.
Ciel.
CIERGE, Neuvy.
CIERGUE, Donzy-le-National.
CILLÈDE, Baron.
CIME-DU-BOURG, la Clayette.
CIMETIÈRE (le), Montcenis, Chalon.
CINQ-SOUS, Montceau-les-M.
CIRCAUD (les), Oyé.
Ciry-le-Noble.
CITADELLE (la), Chalon, Champforgeuil, Chapelle-Naude, La Charmée, Leynes, Moroges, Nanton, Ste-Croix.
Cirré (la), Creusot.
CIVRY, Génelard, St-Julien-de-Civry.
CLAIES (les), le Fay, Gibles, Savigny-en-Revermont.
CLAIR-MATIN, Ligny, Tancon.
CLAIRON, Germolles.
CLANGY, St-Julien-de-Jonzy.
CLAPET (le), Bourbon.
CLAPPE, Chissey-lès-Mâcon.

CLAPYS (les), Chapelle-du-Mont-de-France.
CLARTÉS (les), Antully.
CLAUDE-HENRI (les), Chaintré.
CLAUDIS (les), St-Julien-de-C.
CLAYES (les), Gibles, Savigny-en-Revermont.
Clayette (la).
CLAYETTE (la), Sanvignes.
CLÉMENCEY, Frangy, Saint-Germain-du-Bois.
CLERGET, St-Etienne.
Clermain.
Clessé.
Clessy.
CLESSY, Perrecy.
CLOCHARD, Marizy.
CLOCHÈRE (la), Romenay.
CLOIX, Broye.
CLOS-DE-LA-BOULE (le), Dyo.
— -DE-LANTE (le), Mâcon.
— -DU-BOIS (le), St-Didier-s.-Ar.
— -JOUBERT, Senozan.
— -L'ÉVÊQUE, Mercurey, Touches.
— -MAILLET, Bourg-le-Comte.
— -VACHET, Mâcon.
CLOUDEAU, Ozolles.
CLOU (le), Baron, Broye, Châteaurenaud, Verzé.
CLOUX (la), La Selle.
CLOUX ou CLOS (les), Ballore, Châlmoux, Fleury.
Cluny.
Clux.
COBE-COPIE, Gibles.
COCAGNE (la), La Chaux.
COCARDIÈRE (la), Vauban.
COCELLE, Paris-l'Hôpital.
COCHE (la), Montceaux-l'Etoile, St-Pierre-le-Vieux.
COCHÈNES (les), Rousset.
COCHES (les), Chenay.
COCHET, Viré.
COCHETS, Berzé-la-Ville.
COCHONS (les), St-Germain-du-P.

COCLOIS, St-Désert.
Coco (le), Artaix.
Cocu (le), Vitry-sur-Loire.
CODAINE, St-Point.
COÈRE, Ciry.
COGNARD, Cronat.
COGNEAU (en), Curtil-s.-Buff.
COGNERIE (la), St-Aubin-en-Ch.
COILLAT, Chapelle-Thècle.
COIN (le), Saint-Martin-du-Lac, Marcigny.
COINDRY (les), Iguerande.
COINS (les), Chambilly, Donzy-le-National.
COLACHOT (en), Chenay.
COLAND, Davayé.
COLAS (les), St-Vérand, Curbigny.
COL-DES-VAUX, Dompierre-les-Ormes, Verosvres.
COLETTE, St-Bonnet-de-V.-Vig.
COLEURE, Champlecy.
COLINS (les), Anzy, Gilly, Matour, St-Symphor.-de-Marm.
COLLANGE, Nochize, St-Racho, Vendenesse-lès-Charolles.
COLLENAND, St-Martin-en-Br.
COLIBERETTES (les), St-Martin-du-Lac, Marcigny.
COLLONGE, Saint-Boil, Chapelle-sous-Brancion, Curgy, La Frette, Granges, Laizy, Lournand, Marly-s.-Arroux, Marmagne, Nochize, Prissé, Reclesne, St-Léger-s.-Beuvray, St-Racho, St-Vallerin.
COLLONGE-D'EN-BAS, D'EN-HAUT, Charbonnat.
Collonge-en-Charollais.
COLLONGE et CORLIN, Montpont.
Collonge-la-Madeleine.
COLLONGE-LA-MACONNAISE, Cruzille.
COLLONGE (la), St-Martin-de-Senozan.

COLLONGETTE, Lugny, St-Martin-du-Tartre.

COLNAND, St-Martin-en-B.

COLOMBEY, Ouroux-sur-Saône.

COLOMBIER (le), Artaix, Bissy-sous-Uxelles, Blanzy, Champagnat, Châteaurenaud, Ciry, Clermain, Cussy, Iguerande, Loché, Mouthier, Paray, Romenay, La Racineuse, St-Firmin, St-Gengoux-le-National, Terrans.

Colombier-en-Brionnais.

COLOMBIÈRE (la), Dommartin, Le Miroir.

COLOMBIER - sous - UXELLES, Champagny.

COLONIE-GARE, Montchanin.

COLONNE (la), Gigny.

COLONS (les), Senozan.

COLOTS (les), Beaurepaire.

COLOZOT, Artaix.

COLPIEDS (aux), Chambilly.

COLTIÈRE (la), Serrigny-en-B.

COMAGNE (la), St-Berain-sous-Sanvignes.

COMAILLE (la), Issy-l'Evêque, Tavernay.

COMBALON, La Clayette, Chapelle-sous-Dun.

COMBARON, Pierreclos.

COMBARDS, Broye.

COMDATS (les), Saint-Micaud.

COMBE (la), Bissey-s.-Cruchaud, Bois-Ste-Marie, Buffières, Creusot, Germolles, Joudes, Mussy, Pressy, Prissé, Sagy, St-Jean-de-Vaux, St-Laurent-en-Brionnais, St-Romain-s.-Gourdon, Suin, Viry.

COMBE-AU-BOIS-CLAIR, Clermain.

COMBE-AU-CIEL, Tramayes.

— -AU-GALANT, Pressy.

— -AU-MURGER, La Tagnière.

— -AUX-FIÈVRES, Charbonnat.

COMBE-BUZON, Champagnat.

— -CHARTON, Villeneuve-en-Montagne.

— -CHEVALIER, Mussy.

— -COPIER, Gibles.

— -D'AIR, Montmelard.

— -DAROUX, La Chapelle-de-Guinchay.

— -DENIS, Le Creusot.

— -D'OCLE, Montceau-les-M.

— -LA-LOSSOY, Montmort.

— -DES-GEAIS, Pressy-s.-D.

— -DES-MINEURS, Le Creusot.

— -DES-NOISETIERS, Dyo.

— -DE-VAUZELLE (la), Montmelard.

— -DU-CHARME, Ozolles.

— -DU-GROS, Montmort.

— -DURAND, St-Léger-s.-la B.

— -DU-REPDAT, Châtenay, St-Racho.

— -LOUIRE (la), Dompierre-les-Ormes.

— -NAGUIN, Berzé-le-Châtel, Cluny.

— -PONCET, Vergisson.

— -RENARD, La Boulaye.

— -RENAUD, Montmelard.

— -SAUVAGE, Clermain.

— -VERS-MONT, Clermain.

— -VINCENT, Cuzy.

COMBES (les), Anglure, Beaubery, Bissey-sous-Cruchaud, Chapelle-sous-Uchon, Curtil-sous-Buffières, Dompierre-les-Ormes, Marmagne, Montcénis, Montmelard, Mussy, Pressy, Romanèche, St-Igny, St-Racho.

COMBES-DE-COUX (les), St-Symphorien-de-Marmagne.

— -GANNAT, Sanvignes.

— -GODARDS (les), St-Berain-sous-Sanvignes.

— -GRONDÉES (les), St-Symphorien-de-Marmagne.

COMBES-JOLEY (les), St-Symphorien-de-Marmagne.

COMBE-RENAUD, Ozolles.

COMBENON, Ozolles.

COMBERCHELIN, St-Didier-s.-A.

COMBERNAUX, Montmelard.

COMBEREAU, Couches.

COMBETTE (la), Beaubery.

COMBLANCHET, Saint-Point.

COMBLETTE, Paray.

COMBLY (en), St-Vérand.

COMELIN, La Racineuse.

COMELLE (la).

COMMAGNE, Bantanges, Saint-Berain-s.-Sanvignes.

COMMAND (Grand et Petit), St-Marcelin.

COMMANDERIE, Chalmoux, Château, Rigny-sur-Arroux.

COMNARETS (les), Simard.

COMME (la), Curgy, Change, Sully.

COMME-AU-LEVAIN, Chissey-en-Morvan.

COMME-DU-CHARME, Monthelon.

COMMEGRAIN, Chissey-en-Mor.

COMMERÇON, Dompierre-les-O., Trambly.

COMMUGNY, Marizy.

COMMUNAL (le), Géanges.

COMMUNAL-DE-TAGEAT (le), Varennes-St-Sauveur.

COMMUNAUTÉ, Bosjean, Bouhans, Serrigny, Frangy, La Chaux.

COMMUNAUTÉ-DE-CULEY (le), Bruailles.

COMMUNAUTÉS (les), Blanzy, La Chaux, Sevrey.

COMMUNAUTÉS-DE-LA-CROIX, Sornay.

— -DE-REDY, Sornay.

COMMUNE (la), Bosjean, Martigny, St-Léger-sous-la-Buss., St-Martin-de-Commune, St-Romain-sous-Versigny.

COMMUNE (Petite et Grande), St-Germain-du-Bois.

COMMUNES (les), Condal, Melay, Le Miroir, Montpont, Ozolles.

COMOULE, St-Julien-de-Jonzy.

COMPANONS (les), Germolles.

CONCHE, Dyo.

CONCHES (les), Gueugnon.

CONCHETS, St-Pierre-de-Var.

CONCISE (la), St-Ambreuil.

Condal.

CONDE, L'Hôpital-le-Mercier, Montceaux-l'Etoile, St-Germain-du-Bois, Sens.

CONDEMÈNE, La Loyère.

CONDEMINAL (les), Romanèche.

CONDEMINE (la), Buzy, Charnay-lès-M., Crêches, Curtil-sous-Buffieres, Loisy, Neuvy, Péronne, Pierreclos, St-Bonnet-de-Joux, St-Julien-de-C., Sivignon, Tournus, Varennes-lès-Mâcon, Vendenesse-s.-Ar.

CONDEMINES (les), Mâcon, Suin.

CONDERY, Chambilly, Iguérande.

CONDITIONS (les), Gibles.

CONFINS (les), Igornay.

CORBELLE (la), Cluny.

CONFLANS, Azé.

CONFORCHON, Chauffailles.

CONFRANÇON, Cortevaix.

CONFRÉRIE (la), Cordesse.

CONGE, St-Vallerin.

CONNETS (les), Vareilles.

CONNEVETS (les), Donzy-le-Nat.

CONNIÈVRE, Sagy.

CONSE, Vitry-sur-Loire.

CONSULS (aux), St-Romain-s.-V.

CONTENTS (les), Mesvres.

CONTÊTES, Gueugnon, Vendenesse-sur-Arroux.

CONTIÈRE (la), Toutenant.

CONTIEUSSE, Curdin.

CONTOLES (les), Brion.

CONTOTS, Le Breuil.

CONTRENETS, Donzy-le-Nation.

CONVALIN, Trivy.

COPETIERS (les), Chapelle-sous-Dun, Dyo.

COPETS (les), Pressy.

COPIN, Branges, Savigny-s.-S.

COQUELOIS, St-Désert.

COQUES (les), Gilly.

CORATON, Fleury-la-M.

CORAN, Saillenard.

CORATE (la), Château.

CORATS (les), Artaix.

CORBARY, Palinges.

CORBELLE (la), Cluny.

CORBERAN, St-Etienne.

CORBET, Fleury, Mailly, Saint-Bonnet-de-Cray.

CORBETTE (la), Cluny.

CORBIERE (la), Martigny.

CORBOT, Simard.

CORCASSEY, Châtenoy-le-R.

CORCELLE, Allerey, Anost, Brion, Chapelle-sous-Uchon, Châtenoy-le-Royal, Gibles, Issy-l'Evêque, Montmort, Verosvres, Volesvres.

CORCELLES, Bourgvilain, Dettey, Ozenay, Palinges, Romenay, St-Clément-sur-G., St-Martin-en-Gâtinois, St-Maurice-lès-Couches, St-Romain-sous-Gourd., St-Symphorien-lès-Charolles, Sigy-le-Châtel, Uchizy.

CORCENIER, Genouilly.

CORCHANU, Chassey.

CORCHAT (le), Mussy, Anglure.

CORCHEVAL ou COURCHEVAL, Beaubery.

CORDAULES (les), St-Point.

CORDELIERS (les), St-Denis-de-Vaux.

CORDERONS (les), Jully-lès-B.

Cordesse.

CORRETTES (les), Gueugnon.

CORGEAT, Chapelle-Naude.

CORGES ou CARROUGE, Saint-Eugène.

CORIELLES, St-Aubin-en-Charollais.

CORJOT, Fleury.

CORLATTE (la), Pierreclos.

CORLAY, Nanton.

CORLIERS (les), Chaintré, Vinzelles.

CORLIN, Montpont.

CORLON, St-Léger-sous-B.

CORMAILLOTS, St-Firmin.

Cormatin.

CORNE (la), Anzy, Thurey.

CORNE-AU-VILAIN, Montchanin.

— -D'ARTUS (Sous-la-), Beaubery.

— -DU-CHARMOY, Couches, St-Martin-de-Commune.

— -DU-BOIS, Creusot.

CORNEBOUT, Versaugues.

CORNEILLE (la), Joncy.

CORNELOUP, Hautefond, Palinges.

CORNELOUP (les), St-Racho.

CORNERY, Tançon.

CORNES (les), St-Vallier.

CORNETS (les), Ste-Croix, Saint-Racho.

CORNIAUX (les), La Selle.

CORNIERE (la), Bourbon-Lancy, Frangy, St-Germain-du-B., Trivy.

CORNILLES (les), St-Martin-d'Auxy.

CORNINS (les), Bussières.

CORNON (le), Cuisery, Romenay.

CORNONS (les), Motte-St-Jean.

CORNUS (les), St-Martin-du-L., Marcigny.

COROLLES (les), Sens.

CORPOT, Thurey.

CORRATION, Fleury.

CORREAU, Saillenard.

CORREAUX (les), Leynes, Dompierre-sous-Sanvignes.

CORSAI (le), Serrières.
CORSENIER, Genouilly.
CORSON, St-Laurent-en-Brion.
CORTAILLOUX, Chapelle-au-M.
Cortambert.
CORTAMBLIN, Malay.
CORTECLOUX, Monthelon.
CORTELIN, St-Remy.
CORTELLES (les), Fontaines.
CORTERAIN, Anost.
Cortevaix.
CORTIAMBLE, Givry.
CORTOT, Perrigny, St-Christophe-en-Bresse.
CORVÉE (la), Ballore, Etang, Mesvres, Monthelon, Saint-Martin-en-B.
COSSE (la), Ciel.
COSSONNIÈRES (les), Chapelle-sous-Dun.
CÔTE (la), Champagnat, Dyo, Lournand, St-Symphorien-de-Marmagne.
CÔTÉ (le), Gibles.
COTEAUX (les), Chambilly.
CÔTE-D'OR (la), St-Laurent-en-Brionnais.
COTTAS (les), Ste-Radegonde.
COTTE, Cortambert.
COTTES (les), St-Didier-en-Br.
COTTIER (au), Sologny.
COTTIÈRE (la), Curdin.
COTTINS (les), Marmagne, Tronchy.
Coublanc.
Couches-les-Mines.
COUCHES (les), Gueugnon.
COUCHETS (les), St-Firmin, St-Pierre-de-Varennes.
COUDE, Sens, St-Germain-du-Bois.
COUDENOTS (les), Palinges.
COUDRAYE, St-Berain-sous-San.
COUDRE (la), Auxy, St-Germain-les-Buxy, Tronchy.
COUDRIER, Chambilly.

COUHARD, Autun.
COUHAUT, St-Léger-sur-Dh.
COUHÉE, Chassey, St-Didier-en-Bresse.
COULERETTE (la), Gigny.
COULEURE, Champlecy.
COULEVRINE, Charmoy.
COULIÈRE-DES-FAGOTS, Berzé-le-Châtel.
COULOISE, La Tagnière.
COULON (les), Marcilly-lès-Buxy.
COULVRÈNE, Cussy.
COUNILLIÈRE (la), Frangy.
COUPE (la), Antully, Cordesse.
COUPE-AUX-CHEVAUX (la), Sanvignes.
COUPEAU-ROUSSEAU, Messey-sur-Grosne.
COUPE-DE-MARLOUX, Mellecey.
COUPE-POTIN, Volesvres.
COUPE-DE-FRANCE (la), Beaurepaire.
COUPÉE (la), Charnay-lès-M.
COUPE-TRAHANT, Génelard.
COUPES-REMOUNUS (les), Anost.
COUPY (le), St-Boil.
COUPEVERT, Gibles.
COUR (la), Chauffailles, Grury, Marmagne, Neuvy, St-Pierre-le-Vieux, Ste-Radegonde.
COUR-AUX-DAMES (la), Mouthier-en-Bresse.
COURBAU, Bray.
COUR-BASSE (la), Mênetreuil, Montpont, Chapelle-Thècle.
COURCELLES, Bruailles.
COUR-DES-RENARDS, Géanges.
COURBES (les), Frontenaud, Le Miroir.
COURCHEVAL ou CORCHEVAL, Beaubery.
COUREAUX (les), St-Prix.
COURMACOUX, St-Berain-s.-S.
COURONNE (la), Pontoux, Le Creusot.
COUROULE, St-Julien-de-Jonzy.

COURREAUX (les), Dompierre-s.-Sanvignes.
COURRIÈRE(la),Bourbon-Lancy.
COURS (les), Auxy, Brandon, Bruailles, Fleury, les Guerreaux, Guerfand, Mailly, Matour, La Racineuse, St-Maurice-lès-Châteauneuf, St-Pantaléon, St-Vallier.
COURS-AUDUGERS (les), Lesme.
COURS-BADETS (les), Marcilly-lès-Buxy.
COURS-BARBIERS (les), Ménetreuil.
— -BARRAS (les), Péronne.
— -BARBAULT (les), Antully.
— -BOUCHETS, Boyer.
— -BOUILLON (le), Essertenne.
— -BOURACHOTS, Lesme.
— -CHICAT, Bray.
— -D'AUXOIS, Vitry-lès-Cluny.
— -D'AZY, Chérizet.
— -DE-BOURGES, Santilly.
— -DE-SOMMANT, Tavernay.
— -DES-BOIS,Bray,Chissey-l-M.
— -DU-GUÉ, Lesme.
— -DU-PONT, Boyer.
— -DU-RIAUX, Jugy.
— -EN-BAS (les), Fragnes.
— -EN-HAUT (les), Fragnes.
— -FOULOT, Ste-Croix.
— -GUENACHE, Jugy.
— -GUILMES (les), Branges.
— -JACOB (les), Bray, Saint-Emiland.
— -JACQUETS, La Salle.
— -JEAN-REY, La Vineuse.
— -JONCHOT (les), Branges.
— -LOMBARD, Santilly.
— -MARCOUX, St-Berain-sous-Sanvignes.
— -MARTINOT, St-Vincent-des-Prés.
— -MAUBON, Auxy.
— -MICHELET, Abergement-de-Cuisery.

COURS-PERRAUT (les), Saint-Vallerin.
— -POILLOT, Barnay.
— -POITREAU, Vitry-s.-Loire.
— -POTETS, Simandre.
— -RICAUD (les), St-Cyr.
— -ROMENAY, Jugy.
— -ROUGEOTS, Flagy.
— -SIMONNET, St-André-le-Désert.
— -TAILLARD-DE-COMBEREAU, Couches.
— -TAILLARD-DES-GOBILLOTS, Couches.
— -THIBAUT (les), St-Agnan, Péronne.
— -VACHOT, St-Marcelin.
COURTAGNE (la), Essertenne.
COURTEAUX, Céron.
COURTIÈRES(les Petites-), Romenay.
COUSSODES, Joncy.
COUTELARDS (les), Ste-Croix.
COUTERTE, Cuisery.
COUTIÈRE (la), Toutenant.
COUTOTS (les), Breuil.
COUTY (le), Charnay-lès-Mâcon.
COUTURE (la), Vaudebarrier.
COUVENT (le), Bonnay.
COUVERTE-FONTAINE, Cuisery.
COUX, Mailly, St-Symphorien-de-Marmagne.
CRAFFES, Ste-Croix.
CRAIES (les), Marcilly-lès-Buxy.
CRARY, Ozolles.
CRAPISSOT (le), Cussy.
CRAS (la), Lournand.
CRAS (les), Cluny, La Vineuse.
CRASSIER (le), Creusot.
CRAVOTTES (les), Rancy.
CRAY, Anzy, Briant, Buxy, Château, Clessé, Genouilly, Ste-Hélène, St-Marcelin.
CRAYE (la), Marcigny, Royer, Semur.

CRAYS (les), Condal, Mâcon, Marcilly-lès-Buxy, Sarry, Varenne-l'Arconce.

CRAYAU, Igé.

CRÉBON, Verzé.

CRÉCAGES (les), St-Agnan.

CRÉCHÈRE (la), Dompierre-les-O.

Crêches.

CRECOU, les Guerreaux, Saint-Agnan.

CRÉCY, St-Forgeot.

CREFEUILLE, La Tagnière.

CRÉMELOT, St-Martin-en-Br.

CERNEY, Sully.

CRENIÈRE, La Frette.

CRÉNILLIER, St-Julien-de-Jonzy.

CRÉOLE (la), Vaux-en-Pré.

Créot.

CRÉPILLES (les), Bouhans.

CRÉPINS (les), Blanzy.

CRÉPISSOT, Cussy.

CRÉPOT, Le Fay.

CRESSY, St-Forgeot.

Cressy-sur-Somme.

CRET ou CRAY, Château, Rosey, Serley.

CRETAINE, Demigny.

CRÉTEAUX (les), Beaubery.

CRÉTEUIL, Chaudenay.

CRETBY, Torpes.

CRÉTIN, Romenay.

CRÉTINE, Clessy.

CRÉTINS (les), Bosjean.

CRÊTS-DE-MONT-GARDON (les), Condal.

CRECILLONS (les), Mouthier.

CREUSE (la), Chalmoux, Couches, Les Guerreaux, Ste-Hélène, Montcenis, Perrecy, Perrigny.

CREUSE-D'AUXY (la), Auxy.

CREUSEFOND, Curgy, Sully.

CREUSE-NOIRE, Leynes.

CREUSETTE (la), St-Aubin-en-Charollais, St-Maurice-lès-Ch.

CREUZES (les), Pruzilly.

CREUSEVAU, Grury, Reclesne.

Creusot (le).

CREUSOT (le), Bissy-la-Mâconnaise, Mesvres, Montret, St-Romain-sous-Versigny.

CREUSOTTE (la), Montret.

CREUX (le), Anost, Charbonnat, Colombier-en-Brion., Cressy, Montceau-les-Mines.

CREUX-AU-LOUP, Beaubery.

— -AUX-CHIENS, Mesvres.

— -DARBON (le), Milly.

— -d'ENFER, Gergy.

— -DE-LA-GARDE, Chauffailles.

— -DE-LA-LIE, St-Maurice-lès-Châteauneuf.

— -DE-LA-SUE, Trambly.

— -DE-LORME, Vers.

— -DE-SABLE (les), Crissey.

— -DE-VAUX, Amanzé.

— -DES CHEVAUX, Saint-Pantaléon.

— -DES-VAUX, Charmoy.

— -DES-VERNES, Paray.

— -TERRIER, Marizy.

CREUZEILLE (le), Mussy.

CREUZILLE, St-Symphorien-de-Marmagne.

CREVANT, Grury.

CREVA (la), Verrière (Grande-).

CRIAT (en), St-Mard-de-Vaux.

CRIÉ (le), Perrecy-les-Forges.

Crissey.

CRISSEY, St-Gervais-s-Couches.

CROCALOGE, La Vineuse.

CROCHÈRE (la), St-Bonnet-en-B.

CROCHETS (les), Huilly, Pouilloux.

CRODIERS (les), Chenay.

CROILLOT, Curgy.

CROISÉE (la), St-Marcelin-de-Cray, St-Martin-la-Patrouille.

CROISETTE (la), Cressy, Grury, Joncy, Prissé, St-Maurice-lès-Châteauneuf, Saint-Prix, Tournus.

CROISETTES (les), Joncy, Solo-gny.

CROIX (la), Brandon, Buffières, Chapelle-au-Mans, Chapelle-Thècle, Ciry, Chatenay, Clessy, Condal, Cordesse, Conblanc, Cressy, Cronat, Diconne, Etang-sur-Arroux, Gibles, Issy-l'Evêque, Jambles, Marizy, Montret, Mornay, Oudry, Ouroux-sous-le-Bois-Ste-Marie, Oyé, Ratte, Rousset, St-Racho, St-Sernin-du-Bois, Sanvignes, La Selle, Semur-en-Brionnais, Serrières, Sornay, Varennes-lès-Mâcon, Verzé.

CROIX (les), Varennes-s.-Dun.

CROIX-AU-BŒUF (la), Marcigny, St-Martin-du-Lac.

— -AU-FYOT, Boyer.

— -AU-MAÎTRE (la), La Guiche.

— -BERNARD (la), Auxy.

— -BLANCHE (la), Berzé-la-Ville, Gergy, Laizy, Plottes, Pruzilly, Saint-Germain-du-Bois, Saint-Jean-de-Trézy, Sologny, Tournus.

— -BLANCHOT (la), Marmagne, St-Symphorien-de-Marm.

— -BOUILLIN (la), Pouilloux.

— -BOUILLOUX, Cuisery.

— -BOUQUET OU BOUTHIER (la), La Clayette, Varennes-s.-D.

— -BOUSSEAU, Mont-St-Vinc.

— -BRENOT (la), Marmagne, St Eusèbe.

— -CARJAT (la), Château.

— -CHARBON, Cussy.

— -CHARNAY (la), Montmelard.

— -CHEMIER (la), Anglure, Mussy, St-Racho.

— -D'AMAUZY, Bourbon-Lancy.

— -D'AVAILLY, Saint-Bonnet-de-Joux.

CROIX-DE-LA-BANQUE (la), St-Agnan.

— -DE-LA-MADELEINE (la), St-Emiland.

— -DE-L'ARBRE (la), Issy-l'Ev.

— -DE-LA-RIVE, Tancon.

— -DE-LA-VAU (la), Saint-Léger-sous-Beuvray.

— -DE-LESSARD (la), Pouilloux.

— -DE-LÉVY (la), Serrières.

— -DE-LONGVERNE, Montmelard.

— -DE-MISSION (la), Digoin, Dompierre-les-Ormés, Reclesne, Trivy.

— -DE-OUZE (la), Charolles.

— -DE-SACCAT, Marcilly-la-G.

— -DE-VAUX (la), St-Léger-s.-Beuvray, Sivignon.

— -DES-CHAMPS, St-Nizier-sous-Charmoy.

— -DES-CHATAIGNIERS, Curgy.

— -DES-CROTS (la), Anost.

— -DES-FLEURS, Curgy, Marizy, Trivy.

— -DES-MAS (la), Blanzy, St-Nizier-sous-Charmoy.

— -DES-MORTS (la), Melay.

— -DES-OISEAUX (la), Montceau-les-Mines, St-Vallier.

— -DES-PLANCHES (la), Neuvy.

— -DES-ROCHETTES, Pierreclos.

— -DES-VERNES, St-Didier-sur-Arroux.

— -DU-CHAR, Abergement-de-Cuisery.

— -DU-JAULT, Grury.

— -DU-LOT (la), Creusot.

— -DU-MOULIN (la), Hurigny.

— -DU-PARC (la), Baudrières.

— -DU-PETIT-LUCY, Montceau-les-Mines.

— -DU-PONT (la), Bourbon-Lancy, Mont.

— -DU-PRON (la), Uxeau.

— -DUTRUGE, Chatenay.

7

CROIX-FUSERY, Beaubery.
— -GAILLARD (la), Tournus.
— -GALLAND, Céron.
— -GRAILLE, Jambles.
— -GUILLAUME (la), La Guiche.
— -GUILLEMARD (la), Bourbon.
— -JEAN-NAUDIN (la), Tavernay
— -JOBIN, St-Romain-s.-Gourdon.
— -JUILLET (la), Tournus.
— -LA-DAME, Saint-Pierre-le-Vieux.
— -LÉONARD (la), Boyer, Tournus, Vers.
— -LEURET, Palleau.
— -MACHOU, Tournus.
— -MADELEINE, Chalmoux, Charnay-lès-Mâcon, Saint-Emiland.
— -MAILLARD, La Salle.
— -MENÉE, Creusot.
— -MESSIRE-JEAN (la), Uchon.
— -MICHAUD, Breuil.
— -MICOT (la), La Vineuse.
— -MILAN (la), Gueugnon.
— -MONNOT, Comelle.
— -MONTMAUR, Igé.
— -NEUVE (la), Semur.
— -PACAUD (la), Ozolles, St-Berain-sous-Sanvignes, St-Eugène.
— -PAUTET (la), Mareilly-lès-Buxy.
— -PELLERIN (la), Ciry.
— -PERCHOT (la), St-Bonnet-de-Joux.
— -PERNETTE, Montchanin-les-Mines.
— -PERTUIS, Gibles, Mussy.
— -PINDON, Vitry-sur-Loire.
— -POMMIER (la), Cronat.
— -PONAY (la), Charnay-lès-Chalon.
— -RACHO, St-Vallier.
— -RÉAL, Varennes-St-Sauv.
— -RÉCY (la), Cronat.

CROIX-RIDELET (la), Tournus.
— -ROLLAND (la), Abergement-Ste-Colombe.
— -ROSIANT, Charbonnat-sur-sur-Arroux.
— -ROSIER (la), Dyo.
— -ROUGE (la), Chambilly, Couches, Poisson, Prissé, Saint-Germain-du-Bois, Trambly.
— -ROUSSEAU, Mont-St-Vinc.
— -SACARD (la), Mâcon.
— -ST-CLAIR (la), Trambly.
— -ST-MARTIAL, Sommant.
— -TREIZIÈRE (la), Matour.
— -VACHER (la), Tournus.
— -VALENTIN, Chambilly.
— -VALLOT (la), Couches.
— -VERTE (la), Gigny, Mâcon.
— -ZELIN, Étang-sur-Arroux.
CROIX (les), Chapelle-s.-Dun, Varennes-sous-Dun.
CROISY, Laizy, Saint-Gervais-sur-Couches.
CROMETEY, Laizy.
CROMBY (Bas et Haut), Saint-Sernin-du-Plain.
Cronat.
CRONAT, Marly-sous-Issy.
CROPET (les), La Salle.
CROPETOU, Charolles.
CROSSES (les), St-Igny-de-R.
CROT (le), Cussy-en-Morvan, Neuvy, Rigny, St-Germain-des-Rives, St-Léger-s.-Beuv.
CROT-AU-CHIEN (le), Mesvres.
— -AU-LOUP, Beaubery, Dompierre-les-Ormes.
— -AU-MEUNIER, Verrière (gr.)
— -BARBIZOT, Chissey-en-M.
— -BLANC, Grury.
— -BOULOT, Bourbon.
— -BRESSON, Toulon.
— -CAILLOT, Bourbon-Lancy.
— -CALLOGE, La Vineuse.
— -CRENET, Vareilles.
— -DE LA-CANNE, Sanvignes.

CROIX-DE-L'ANE, Bourb.-Lancy.
— -DE-LA-VAUX, Donzy-le-N.
— -DE-L'ORME, Vers.
— -DES-VAUX, Charmoy.
— -FOULOT, Jugy.
— -GAULE, Cuisery.
— -MEBLE, Gilly.
— -MONIAL, St-Eugène.
— -MORIN, St-Prix.
— -RATEAU, Chassy.
— -SAILLOT, Blanzy.
CROTE (la), Pourlans, St-Symphorien-de-Marmagne.
CROTENOD, Miroir.
CROTS (les), Curdin, Montret, St-Eugène, St-Julien-de-Jonzy St-Léger-s.-Dheune, Vauban.
CROTS-DE-PERCHE (les), Varenne-l'Arconce.
— -MAILLOT (les), Sully.
— -MARTIN (les), St-Pierre-le-Vieux.
CROTTE (la), Authumes, Loisy.
CROTTES (les), Baudemont.
CROUIS ou CRUIS (les), Chenay.
CROULE (le), Prizy.
CROUTE (la), Thil-sur-Arroux.
CROUX (le), Broye, Dettey, Etang, Gourdon, Matour, St-Léger-s.-Beuv., Sologny, Verzé.
CROUX (les), Ballore.
CROUZE (la), Bergesserin.
CROUZOT (le), Cortevaix, Joncy.
CROZE (la), St-Bonnet-de-Joux, La Salle.
CROZES (les), Frontenaud, St-Igny-de-Roche, Simandre.
CROZET, Matour.
CROZETTES (les), Prissé.
CRU, Blanot.
CRUCHAUD, Bissey.
CRUE (la), Digoin.
CRUS (les), Château-Renaud, Pierreclos, Serrières.
CRUZES (les), Serrières.

CRUZETTE (la), St-Maurice-lès-Châteauneuf.
Cruzille.
CRUZILLES, Châtenoy-le-Royal, Lalheue, Sanvignes, Saint-Symphorien-de-Marmagne.
CRUZILLE (la), Melay, St-Nizier-sous-Charmoy.
CRUZUS, St-Laurent-en-Brion.
CUCHOT (le), Colombier-en-Br.
CUENNES, Serley.
CUGNY, Saint-Usuge.
CUGNOT, St-Martin-en-Bresse.
Cuiseaux.
CUIZELLE, Anglure.
CUILLIÈRES, Frontenard.
Cuisery.
CUISINIERS (les), St-Eusèbe, St-Laurent-d'Andenay.
CUISSE (la), Artaix.
CULAT (le), Milly.
CULAY, Bruailles.
CUL-DE-MOISSONS, Marmagne.
— -DE-SAC, Neuvy.
— -DU-BONHOMME, Oudry.
CULÉE (la), Montagny-sur-Gr.
CULETS (les), St-Martin-du-M.
CULEY, Bruailles, Chissey-lès-Mâcon.
CULIZE, Gourdon.
CULLÉ (le), Marly.
Culles.
CULOTS (les), Chassy.
CUNAU, Vitry-en-Charollais.
CUPIÈRE, Toulon.
CUPRIÉS (les), Terrans.
Curbigny.
CURCIAT, Romenay.
Curdin.
CURE (la), St-Aubin-en-Charol., Château, Cressy, Lessard-le-Royal, St-Léger-lès-Paray, Varenne-Reuillon, Vers.
CURES (les), St-Aubin-en-Ch.
CURETTE (la), Montmort.
Curgy.

CURIAUX, Uchon.
CURIER (le), Epinac.
CURLES, Granges.
CURTAVOCHE, Romenay.
CURTENELLE, St-Bonnet-de-J.
CURTIL (le), Melay.
CURTIL-BADIN, St-Marcelin.
— -BERTHOT, St-Usuge.
— -BOURGNEUF, Abergement-
Ste-Colombe.
— -HAUT, Romenay.
— -GOULU, Varennes-St-S.
Curtil-sous-Buffières.
Curtil-sous-Burnand.
Cussy-en-Morvan.
CUSSY, Melay.
CUTIGNY, Pressy.
CUVIAU, Vitry-en-Charollais.
Cuzy.
CYPIERRE, Volesvres.

D

DAGONAU, Cluny.
DAGONNAUX (les), Bosjean.
DAISSIAT, Romenay.
DALAIN (les), Chenay-le-Châtel.
DALLEMAND, Bantange, Mont-
pont.
DALLERYS (les), Marizy.
DAMAIS (les), Céron.
DAMBRIÈRES (les), Chapelle-s-
Uchon.
DAMBRUÈRES (les), Mesvres.
DAME-HUGUETTE, Savianges.
Damerey.
DAMEYS (les), Bosjean.
DAMON-GRANGE, Romenay.
DAMORET, Chalmoux.
DAMORETTE (la), Chassy.
Dampierre-en-Bresse.
DANAUX (les, Ciry.
DANGIN, Château.
DANONS (les), Saint-Eugène.

DANSE (la), Saint-Symphorien-
de-Marmagne.
DARD, Dyo.
DARDON (Grand et Petit), Uxeau.
DARDY, St-Pierre-le-Vieux.
DARIDAINE, Marly-sous-Issy.
DARON, Oyé.
DAROUX (les), Chapelle-de-G.
DAUBISE, La Vineuse.
DAUMAS (le), Melay.
DAUMAS (les), Chapelle-s.-Uch.
DAUMET (les), Vendenesse-s.-
Arroux.
DAUPHINS (les), St-Agnan.
Davayé.
DAVELLE, Cussy.
DAVENAY, Buxy.
DAVID, (les), Chenay.
DAVILLY, Montagny-s.-Grosne.
DAVOT (les), Lugny-lès-Charol.
DAZÉ, St-Vallerin.
DEBULLOYS, St-Jean-le-Priche.
DEBURNAY (les), Pruzilly.
DÉCHATS (les), Sologhy.
DÉCLOIX (les), Marmagne.
DÉFEND (le), Anost, Lesme.
DÉFENSE (la), Marizy.
DEFFAY, Planois.
DEFFEND (le), Allerey, Brion,
St-Julien-de-Jonzy, Saint-
Sernin-du-Bois, Virey.
DÉFRICHÉ (le), Toulon.
DÉFRICHÉ (le), Chaux, Ser-
messe.
DELA-LES-MONTS, Bourbon.
DELAINES (les), Dyo.
DELOTS (les), Chenay-le-Châtel.
DÉMÉTRY, St-Didier-s.-Arroux.
Demigny.
DEMI-LIEUE (la), Marmagne.
DENIS (les), Antully, Saint-
Eugène.
DENIZET, Montpont.
DENIZEAUX, Maltat.
DENIZOTS (les), Morey, Re-
clesne.

Dennevy.

Dépôt (le), Iguerande Maltat, Mazille, Palinges, Saint-Marcelin, St-Martin-la-Patr.

Derniers (les), St-Pierre-le-V.

Deroches (les), Villeneuve-en-Montagne.

Derrière-le-Bois, Tagnière.

Derrière-l'Haye, St-Bonnet-de-Joux.

Derrières (les), Mazille.

Dervat (le), Sanvignes.

Désarets (les), La Chapelle-Thècle.

Desburnay, Pruzilly.

Deschamps (les), Chapelle-de-Guinchay, Couches, Saint-Eugène.

Deschizeau (à), Savigny-s.-S.

Descloix (les), Marmagne.

Désert (le), Beaurepaire, Bellesvre, Pressy, Moroges, St-Julien-de-Civry, Vitry-s.-Loire.

Dès (le), St-Igny.

Déserte (la), Flacé-lès-Mâcon.

Desfriches (les), Charbonnat.

Desroches (les), Chapelle-de-G.

Destels, St-Aubin-en-Ch.

Dettey.

Devant (le), Bragny-en-Cha., Chapelle-Naude, Giry, Demmartin, Donzy-le-Pertuis, Génelard, Ligny, Paray, Pressy, St-André-le-Désert, Saint-Usuge, Trivy, Saint-Vincent-lès-Bragny.

Devant (les), St-Bonnet-de-Cr.

Devires (les), Dyo, Marcilly-la-Gueurce.

Devin ou Devant (le), Ligny.

Devize (la), Chapelle-Thècle.

Devrouze.

Devu (le), Ménetreuil.

Dey (le), St-Igny-de-R.

Dezard, Lessard-le-Royal.

Dézaret (le), Chapelle-Thècle, St-Ambreuil.

Dezize.

Dézy, Toulon.

Dheune (la), Essertenne.

Diards (les), St-Forgeot.

Diconne.

Diens (les), Chambilly.

Dieu-le-Gare, St-Micaud.

Dieunots (les), Buffières.

Digoin.

Digoine, Palinges, St-Martin-de-Commune.

Dimanche-Martin, Cronat.

Dime (le), Hurigny, Mâcon, St-Vérand.

Dimes (les), Mâcon, Sancé, St-Vérand.

Dimes-Croix-Terrier, Cuisery.

Dinay, Epinac.

Dinéchin, Fleury.

Diombe, Devrouze.

Diots, Montpont.

Disse (la), Epinac.

Dissey, Mouthier.

Divin, Ligny-en-Brionnais.

Dodats (les), Varennes-s.-S.

Dole (en), Châteauneuf.

Dolive (la), Tournus.

Dolivet (le), Plottes.

Domaine-d'Ecubas, St-Loup-de-Varennes.

Domaine-de-Fortuné, Santilly.

— -de-l'Eglise, Santilly.

— -de-Montaigne, Azé.

— -des-Bois, Perrecy, Suin.

— -des-Prés, Chapelle-de-Br.

— -du-Sac, Toulon.

— -Neuf, Marigny, Saint-Aubin-sur-Loire, St-Romain-sous-Versigny.

— -St-Jean, Charmoy.

— -Souillard, Lesme.

Domas, Mesvres.

Dombe (la), Chapelle-St-Sauv., Crissey, Le Fay, Sermesse, Torpes, Villegaudin.

DOMBYNES, La Vineuse.
DOME (le), Crissey.
DOMMANGE, Igé.
Dommartin-lès-Cuiseaux.
DOMPIERRE, Romenay.
Dompierre-les-Ormes.
Dompierre-sous-Sanvignes.
DONAND, Baudrières.
DONAS, Messey-sur-Grosne.
DONDIN, Pressy.
DONJON, Pressy.
DONJONS (les), Digoin.
DONZEAUX (les), Saint-Bonnet-en-Bresse.
DORDE (la) Fontenay.
Donzy-le-National
Donzy-le-Pertuis.
DORIAL (le), Saint-Germain-du-Bois.
DORIER (les), Ste-Cécile.
DORINS (les), Grury.
DORNAND, Saint-Bérain-sous-Sanvignes, Sanvignes.
DORRATS, Ciry.
DOS-D'ANE, Breuil, Lucenay.
DOUAI, Marly-sous-Issy.
DOUARD, Neuvy.
DOUILLETS (les), Vendenesse-s-Arroux.
DOURLANDE (la), Frontenaud.
DOURY (les), Romenay.
DOUVENT (le), Marigny.
DOYE (la), Saint-Marcelin.
DRACÉ-LES-OLLIÈRES, Crèches.
Dracy-le-Fort.
Dracy-les-Couches.
Dracy-Saint-Loup.
DRAVERTS (les), La Guiche.
DRAVONNE, St-Sernin-du-Bois.
DUÉE, Curbigny.
DRÉE (la), Epinac.
DREILLON, Chassigny.
DREMEAU, Antully, Saint-Pantaléon.

DREUILLIEN, Chapelle-s.-Dun, Chassigny, Mussy, Varennes-sous-Dun.
DREVAIN, Saint-Pierre-de-Varennes.
DRILLONS (les), Chapelle-Naude.
DROMVENT, Vesrosvres.
DRONT, Anost.
DROUILLARDS (les), Ozolles.
DROUINS (les), Maltat, La Salle.
DROUSSON, Curgy.
DROUVENT, Verosvres.
DROUX, Lux.
DROZ (les), Château.
DRURES (les), Saint-Agnan, les Guerreaux.
DRUTS (les), Chauffailles, Céron.
DUBOIS (les), Chalmoux.
DUBUC, Viré.
DUC (le), Varennes-St-Sauveur.
DUCS (les), Verosvres.
DUCHAMPS (les), Cuzy.
DUCHAUX, Pierre.
DUCHIE (la), Pierre.
DUIS (les), Verrière (la Grande).
DUFRÈNES (les), Verrière (la Grande).
DULPHEY, Mancey.
DUMANS (les), St-Symphorien-de Marmagne.
DUN-LE-ROI, Saint-Racho.
DUNET (le), Mussy, St-Racho.
DURANDARDS (les), St-Etienne-en-Bresse.
DURANDOTS (les), Saint-Berain-sous-Sanvignes.
DURANDS (les), St-Nizier-sous-Charmoy, Chapelle-au-Mans.
DURANDYS (les), Davayé.
DURETAL, Montpont.
DURLET (le), Monthier.
DUTHY, Vitry.
Dyo.

E

EAUX (les), Grury.
EAUX-MORTES, Paray.
EBAUGY, Reclesne.
EBAULAIS (les), St-Christophe-en-Brionnais.
EBSEIGNE, Palinges.
ECARIE (l'), Saint-Prix.
ECART (l'), Génelard, Saint-Eusèbe.
ECARTÉ (l'), Clessy.
ECHANEAU (l'), Ameugny, Verzé.
ECHARDS (les), Mattat, Cronat.
ECHARLANGE (l'), Condal.
ECHATS (les), Dettey.
ECHAULEY, Dracy-Saint-Loup.
ECHAVANNES (les), St-Marcel.
ECHELETTE (l'), Brancion, Chapelle-sous-Brancion.
ECHELOTTES, Saint-Didier-sur-Arroux.
ECHENAU (l') ou EZ-CHENAUX, Vitry-en-Charollais, St-Yan.
ECHERIOLLE (l'), Martigny.
ECLUSE (l'), Brienne, Charnay-lès-Chalon, Chassey, Fragnes, Génelard, Jouvençon, Saint-Gilles.
— BRULARD, Blanzy.
— (8e), Ecuisses.
— (9e), Ecuisses.
— (26e), St Léger-s.-Dheune.
— D'AZY, Ciry.
— DU-FOUR (l'), Pouilloux.
— MAGE (l'), Palinges.
— OCÉAN (la 1re), St-Eusèbe.
— SAINT-GELAIN, Blanzy.
ECLUSES (les), Chagny, Saint-Berain sous-Sanvignes.
ECLUSES (les sept), Ecuisses.
ECOLETTE, St-Pierre-le-Vieux.
ECORAYS (les), Montceaux-l'Etoile.

ECORCHÉS ou EZ-CORCHERS, St-Maurice-lès-Châteauneuf.
ECOSSAIS, Cronat.
ECOTET (l'), Châteaurenaud.
ECOURT, St-Maurice-lès-Chât.
ECOUSSERIES (les), Sivignon.
ECREUX, Fleury.
ECUELLE, Huilly.
ECUELLES.
ECUISSES.
ECUSSOLLE, St-Pierre-le-Vieux.
ECUYER (l'), Montceaux-lès-M.
ECUYERS (les), Uchizy.
EFFONDRÉ (l'), Saint-Clément-sur-Guye.
EGLISE (l'), St-Sordin, Fragnes, St-Micaud.
EGREFFES (les), Sainte-Croix.
EGREVAUT, Roussillon.
EGUILLY, Couches.
ELUS (les), Toulon.
EMBOUCHE (l'), Poisson.
EN-CHATEAU, Donzy-le-Pertuis.
EN-CHÈRES, Semur.
EN-CHÈVRE, Cussy.
EN-COGNEAU, Curtil-s-Buffères.
EN-CRUE, Blanot.
EN-FER, Le Rousset.
ENFER (l'), Bourbon-Lancy, St-Julien-de-Jonzy.
EN-FORÊT, Lournand.
EN-FOULAY, Brandon.
EN-GENESSY, Brienne.
EN GROUX, Chapelle-sous-Dun.
EN-HAUT, Dampierre-en-Bresse.
EN-L'HAUT, Curtil-s-Buffères.
EN-PALLIÈRE, Brienne.
EN-PLEIN-MONT, Couches.
EN-REVERNAY, Digoin.
EN-VALLON, Curtil-s-Buffères.
EN-VERTAMBAUD, Châtenoy-en-Bresse.
EN-VILLEROT, Curtil-s-Buf.
ENCLOS (l'), St-Berain-s-Sanv.
ENRADE, Mazille.
ENCREDEY, Clessy.

ENOST, Sommant.

ENRAGEOIS (les), Le Fay.

ENSEINS (les) ou ENCEINTS, Bourgvilain, Pierreclos.

ENTONNOIR (l'), Aluze.

ENTRAGE (l'), Cressy.

ENTRÉES (les), Trambly.

ENTRE-VAUX, St-Symphorien-de-Marmagne.

ENVASSOT (l'), St-Symphorien-de-Marmagne.

ENVERS (les), Sanvignes.

EPAGNE, Le Breuil.

EPALIERS (les), Coublanc.

EPANNEAU (l') ou LES EPANNEAUX Tavernay.

EPATIGNY, Le Breuil.

EPÉNÉES, Anglure.

EPERNAY, Créot.

Epertully.

Epervans.

EPERVIER (l'), St-Loup-de-la-S.

EPERVIÈRE (l'), Gigny.

Epinac.

EPINASSES (les), Pierreclos.

EPINASSY, Changy.

EPINAT (les), Sanvignes, Dompierre-sous-Sanvignes.

EPINAY (l'), Donzy-le-National.

EPIXE (l'), Boyer.

EPINET (l'), Dyo, St-Bonnet-de-Joux, Donzy-le-National, Mornay.

EPINETS (les), Mussy.

EPINGLES (les), Dompierre-les-Ormes.

EPINGLIER, Brion, Devrouze, Uchon.

EPIRY, St-Emiland.

EPOIGNY, Couches.

EROUTOT (les), Montcenis.

ERMITAGE (l'), Chauffailles, Mâcon, St-Bonnet-de-Vieille-Vigne, Senncecey-le-Grand, Uxeau.

ERMITES (les), Oulles.

ESCALIER (l'), Abergement-de-Cuisery.

ESCLES, St-Remy.

ESCOLE, Verzé.

ESMYARD, Brandon.

ESSAIS (les), St-Symphorien-des-B.

ESSANLEY, Gueugnon, Perrecy.

ESSARD (l'), Chapelle-du-Mont-de-France, Clermain, Curtil-sous-Buffières, Frontenaud, Mary, Perrecy, Pouilloux, Rousset.

ESSARD-DE-LA-COLLONGE, Hautefond.

ESSARD-MICHAUD, Donzy-le-P.

ESSARDS (les), Bergesserin, Chevagny-les-Chevrières, Curtil-sous-Buffières, Issy-l'Evêque, Jalogny, Marigny, Meulin, Montbellet, le Rousset, Sanvignes, Vitry-en-Charollais.

ESSARDGONNE, Sailly.

ESSAULÉ ou EZ-SAULES, Saint-Romain-sous-Versigny.

ESSERTEAUX, Bussières.

Essertenne.

ESSERTOT (l'), St-Vallier, Sanvignes.

ESSES-DE-VAUX, Saint-Vincent-des-Prés.

ESSES (les), Jully-lès-Buxy.

ESSIAT, Sarry.

ESSIVAUX (les), Montceau-les-Mines.

ETALET, Sens.

ETANCHOT (les), Lans.

Etang-sur-Arroux.

ETANG, Anost, Bonnay, Champlecy, Cortambert, Curgy, Dracy-lès-Couches, Dyo, Massilly, Montceaux-l'Etoile, Montmort, Ozolles, Perrecy, Poisson, Rancy, St-Ambreuil Saint-Gengoux-le-National

Saint-Sernin-du-Bois, Saint-Romain-sous-Vers., Tancon, Tavernay.

ÉTANG-AU-BIEF, Frontenaud.

ÉTANG (à l'), St-Forgeot.

ÉTANG-AUX-PROST, St-Berain-sous Sanvignes.

— -BAUDOT, Génelard.

— -BENOÎT, Romenay.

— -BOREY, Sornay.

— -BOURDON, Cronat.

— -BOURGUIGNON, Céron.

— -BUREAU, Montcenis.

— -CANARD, Oudry.

— -CARRÉ, Volesvres.

— -CHAILLIER, Bourbon-Lancy.

— -CHARBOUILLOT, St-Léger-sur-Dheune.

— -CHAROLLAIS, Sanvignes.

— -CHARREAU, Antully.

— -CHASSIN, Bourg-le-Comte.

— -CHAUD, Abergement -de-Cuisery, St-Bonnet-de-Joux.

— -COULEUVRES, Juif.

— -CURÉ, St-Yan.

— -DAMAIS, Artaix.

— -D'ATRIZET, Varennes-Saint-Sauveur.

— DE LA-BISE, Uchon.

— -DE-LA-CLOCHE, St-Yan.

— -DE-LA-DAME, Gilly.

— -DE-LA-NOUE, Antully.

— -DE-LA-PLANCHE, Amanzé.

— -DE-LA-VAU, Dettey, La Tagnière.

— -DE-LA-VELLE, St-Sernin-du-Bois.

— -DE-LA-VILLETTE, Issy-l'Ev.

— -DE-L'ÉCHENEAU, Varenne-Reuillon.

— -DE MARTENET, St-Romain-sous-Versigny.

— -DE-PORLEUX, Antully.

— -DES-BIEFS, Sainte-Croix, Varennes-St-Sauveur.

ÉTANG-DES-CLOUS, Vitry-en-Charollais.

— -DES-DAMES, Varennes-St-Sauveur.

— -DES-DEUX-QUEUES, Dyo.

— -DE-TEY, St-Yan.

— -D'OCLE, Blanzy.

— -DIOCHE, Serrigny en Br.

— -DU-BIEF, Frontenaud.

— -DU-CHAT, Gueugnon.

— DU-CROT, St-Martin-en-Br.

— -DU-FLAT, Varennes-St-S.

— -DU-FRESNE, Toulon.

— DU-PROST, Saint-Berain-s.-Sanvignes.

— -DURAND, St-Romain-sous-Versigny.

— -DU-VERNE, Oudry.

— -ÉTHEVAUX, Rigny.

— -FUSEAU, les Guerreaux.

— -GARNIAUX, Pouilloux.

— -GILET, Tronchy.

— -GILOT, Perrecy.

— -GIRARD, Dicbnne.

— -GOUSSEAU, Massilly.

— -GRUYER, Terrans.

— -GUILME, Branges.

— -GUYON, Montret.

— -HUGUENOT, Oudry.

— -JACOTIN, Varennes-St-S.

— -MAGNY, St-Yan.

— -MARNANT, Issy-l'Evêque.

— -MARTEAU, St-Martin-en-Bresse.

— -NEUF, Cressy, Huilly, Issy-l'Evêque, Mont, St-Vallier.

— -NIAT, Dommartin, Miroir, Varennes-St-Sauveur.

— -NOIR, Clessy, Cressy.

— -PARNEAUD, Trambly.

— -PONTHUS, St-Bonnet-de-J.

— -PONTOT, Poisson.

— -PROTHEY, Lesme.

— -QUINAT, Oudry.

— -RACHET, Varennes-Saint-Sauveur.

Farges-lès-Chalon.
Farges-lès-Mâcon.
FARGETS (les), Romanèche.
FARGETTE (la), Pruzilly.
FARGETTES (les), Mazille.
FARGINAY, Tancon.
FARNAY, Baugy.
FARQUETS (les), Prissé.
FATHYS (les), Chapelle-Thècle.
FAUBOURG (le), Authumes.
FAUCHES (les), Breuil, Torcy.
FAUGEOT (le), Uchon.
FAUGIN, St Prix.
FAUGOURET (le), Saint-Remy.
FAULE, Rigny.
FAULIN, Grury.
FAUSSE-PURCHER, Saint-Symphorien-des-Bois.
FAUSSIGNY, Abergement-Ste-Colombe.
FAUTRENNE, Génelard.
FAUTRIÈRES, Palinges.
FAUX (la), Varennes-s.-Dun.
FAVÉE, Saint-Eusèbe.
FAVERIE (la), Coublanc.
FAVIER, St-Marcelin.
FAVRY, Mouthier, Palinges, St-Bonnet-de-Joux.
Fay (le).
FAY (le), Baudemont, Boyer.
FAY ou FAYE (la), Bourbon, Buffières, Cussy, Châteaurenaud, Dompierre-les-Ormes, Frontenard, Grury, Loisy, Marly-s.-Arroux, Perrigny, St-Agnan, St-Germain-du-B., Ste-Radegonde, Sanvignes, Semur, Viry.
FAYARDE (la), Chapelle-de-G.
FAYETTE (la), Chalmoux, Sologny.
FAYOLLE, Laizé, Saint-Léger-lès-Paray, Vareilles.
FAYOLLES (aux), Suin.
FAYS (les), Montagny près Louhans, St-Christophe-en-Brionnais.

FAZ (le), Cortambert.
FÉCULERIE (la), Palinges, St-Léger-sous-la-Bussière.
FÉE, Bourbon, Sully.
FÉNARD, St-Martin-en-Br.
FÉNAUD (le), Trivy.
FÉNAY, Toutenant.
FER (en), Genouilly, Rousset, St-Julien-de-Jonzy.
FERDELIÈRE, Amanzé.
FERDIÈRE, Brandon.
FERME-DE-BROCARD, Lournand.
— -DE-GALIBARD, Mesvres.
— -DE-L'HÔPITAL, Mazille.
— -DE-ST-ANDRÉ, Bragny-s.-S.
— -DES MOUTONS, La Chaux.
— -DU-MOULIN, Curtil-sous-Buffières.
— -GALOPIN, St-Jean-de-Pr.
FERMINET, Bourbon-Lancy.
FERNOUX (les), Serley.
FERREUIL, Paray.
FERRIÈRE, Anost, Blanzy, Montceau-les-Mines, Montagny-près-Louhans, Saint-Usuge, Vareilles.
FERRIÈRES (les), Poisson, Chapelle-sous-Dun.
FERRONS, Laizy.
FERTÉ (la), Beaurepaire, Saint-Ambreuil.
FEUILLARDE, Prissé.
FEUILLE, Cressy.
FEUILLES (les), Charbonnières, St-Pantaléon, Sennecey-le-Grand.
FEUILLÉRATE, Curtil-s-Buffières.
FEUILLOUSE, Mary, Perrigny, St-Marcelin.
FEURDINS, Roussillon.
FEURLE, Couches.
FEUSSOTS (les), Romenay.
FÈVRE (le), Giry.
FEZ ou FAY, Châteaurenaud.
FICHAUD (le), Volesvres.
FICHOT (le), Chassy.

FILATURE (la), Salornay-sur-Guye.

FILIATRES, Ciry.

FILLETIÈRES (les), Chenôves.

FILLOUSE, Autun.

FIN (la), Martigny, Meulin, Palinges, Saint-Léger-lès-Paray.

FIOLE (la), Brion, Chissey-en-Morvan, Versaugues.

FIOLLE, Blanzy.

FIOTTE ou FIOTE (la), Marigny, St-Eusèbe, St-Micaud.

FISSEY, Moroges.

FISSY (Haut et Bas), Lugny.

FITRÈCHE, St-Bonnet-de-V.-V.

Flacé-lès-Mâcon.

FLACÉ, St-Martin de-Lixy.

Flacey-en-Bresse.

Flagy.

FLANAT, Maltat.

FLANDINES (les), Mâcon.

ELATTOTS (les), St Germain-du-Bois.

FLÉRIAT, Miroir.

FLESSES (les), Chauffailles.

FLEURETTE, Blanzy.

FLEURIATS (les), Iguerande.

FLEURVILLE, Montbellet, Vérizet.

FLEURY, Autun, Bourbon, Sarry.

FLEURY (le Petit), Bourbon-Lancy.

Fleury-la-Montagne.

Fley.

FLEY, Broye, La Racineuse.

FLEYS ou FLAIS (les Grands et Petits), St-Bonnet-en-Bresse.

FLORIATS (les), Iguerande.

FLY ou PHLY, Chalmoux.

FOICHOT, Abergement-Sainte-Colombe.

FOI-FRANCHE, Charolles.

FOI-ROLLAND, Ligny-en-Brion.

FOILLETS (les), Fay.

FOING (le), St-Léger-s.-Beuv.

FOIN-NARD, Varennes-St-Sauv.

FOISONS (les), Couches.

FOITEY, Chapelle-Naude.

FOLATIÈRE, Flacey-en-Bresse.

FOLIE (la), Autun, Buxy, Chagny, Charrecey, Chaux, Couches, Etrigny, Huilly, Perrecy, Romenay, St-Eugène, Salornay, Vitry-sur-Loire.

FOLIE-TRÉSILLON, Paray.

FOLLERAT, Montmort.

FOLLET (le), Romenay.

FOLLETIÈRE ou FOLTIÈRE (la), Charbonnat, Saint-Didier-s-Arroux.

FOLLIÉE (la), Sennecey-le-Gr.

FOINARD, Terrans.

FOMBIOT, Maltat.

FOMBREUIL, Gibles.

FOMMERAND, Hautefond.

FONCY, Bourbon, Mont.

FOND (le), Curdin.

FONT-DU-CHAMP (le), Changy.

FOND-LOUET, Châtenay, Gibles.

— PÉROUSE, St-Maurice-lès-Charolles.

— PILLON, St-Martin-de-Lixy.

FONDRAUX (les), Bourg-le-C.

FONDRY (les), Montceaux.

FONDS (les), Chauffailles.

FONDY (les), Vitry-sur-Loire.

FONGE (la), Charmoy.

FONLIN, Brandon.

FONT (la), Chauffailles, Saint-Agnan, Saint-Racho.

FONTABON, Genouilly.

FONTAINE (la), Auxy, Chassy, Flacé, Hurigny, Lesme, Lugny-lès-Charolles, Sancé, Saint-Albain, Varennes-le-Grand.

— ALLÉE (la), St-Privé.

— AU-BOURDON, St-Laurent-d'Andenay.

— AUX-RAVES, St-Didier-sur-Arroux.

FONTAINE-BERTHILIER, Saint-Martin-de-Senozan.
— -BONE, Givry.
— -BRENOT, Bourbon.
— -CHAUDE, Marizy, Le Rousset
— -COLLET, Ciry.
— -DU-FOU, Antully, St-Emiland.
— -ESSOT, Sagy.
— -COUVERTE, Cuisery, Givry.
— -FONTENOTTES, Givry.
— -FROIDE, Sainte-Cécile.
— -GARD, Charnay-lès-Mâcon.
— -LA-MER, Laizy.
— -MATOUX, Charnay-lès-M.
— -MOLAINE, Autun.
— -MOREAU, Sennecé.
— -ST-JEAN, Roussillon.
— -ST-MARTIN, Cordesse, Paray, Roussillon.
— -SERPÉPINE, Givry.
Fontaines.
FONTAINES (les), Chissey-en-Morvan, Fontaines, Gueugnon, Mussy, Saint-Symphorien-de-Marmagne.
FONTAINESSOT, Sagy.
FONTARCHET, Germolles.
FONTASSON, Bangy.
FONT-AULARD, Gilly.
— -BIOT, Maltat.
— -BLANCHE, Céron.
— -BUISSON (la), Iguerande, Marcigny.
— -DORMANT (la), Marcigny.
FONTEMPS (les), Saint-Léger-du-Bois.
FONTENAILLES, Chassy, Mâcon, Martigny, Rully, St-Julien-de-Joncy.
FONTENAU, Viry.
Fontenay.
FONTENAY, La Chaux, Lugny-lès-Charolles, St-Vérand.
FONTENELLE (la), Cuisery.
FONTENELLES (les), Charrecey.

FONTENELLES (Grandes et Petites), La Chaux.
FONTENETTE (la), Bragny en Ch., St-Vincent-lès-Bragny.
FONTENETTES (les), Rigny.
FONTENETTON, Dompierre-sous-Sauvignes.
FONTENOTTES (les), Broye, St-Firmin.
FONTENYS, Sanvignes.
FONTÈTE, Gilly.
FONTGAIN, Sainte-Foy.
FONTGRAIN, Fleury, St-Bonnet-de-Cray.
FONTIGON, Marigny.
FONTION, Saint-Vallier.
FONT-PAROUGE, Saint-Maurice-lès-Châteauneuf.
FONT-PÉLY, Trambly.
FONT-PILLON, St-Martin-de-L.
FONT-RAINAUD (la), Iguerande.
FONTS (les), Saint-Laurent-en-Brionnais.
FONT-SAUGEON, Briant, Sarry.
FORESTIERS (les), Mussy.
FORESTILLE (la), Curdin.
FORÊT (la), Authumes, Beaubery, Champlecy, Charolles, Chatenay, Chauffailles, Chenay, Cortambert, Dezize, Diconne, Flacey, Fleury, La Guiche, Igé, Iguerande, Jully-lès-Buxy, Lessard-en-Br., Melay, Montagny-sur-Grosne, Montret, Dompierre-les-Ormes, Oyé, Palleau, Paray, Pouilloux, Sagy, Serrières, Saint-Didier-s-Arroux, St-Emiland, St-Eugène, St-Germain-du-Plain, St-Loup-de-la-Salle, St-Marcelin-de-Cray, St-Mard-de-Vaux, St-Vallier, Saisy, Trambly, Varennes-Saint-Sauveur, Villars Villegaudin, Virey.
FORÊT (Grande et Petite) Ligny.

FORÊT-DE-CHAPAIZE, Chapaize.
— -DE-DISSEY, Mouthier-en-Br.
— -DE-GOUSSEAU, Bray.
— -DE-LA-BALME (la), Serley.
— -DE-LA-VAUX, Marmagne.
— -DE-MALLEROIE, Saint-Loup-de-la-Salle.
— -D'EN-BAS, Cuiseaux.
— -DE-PRÉAU, Broye.
— -DU-BUISSON, Mornay.
— -DU-ROUSSET (la), Rousset.
— -MARNAND, Maltat.
— -RONDE, Blanzy.
FORÊTS (les), Autun, Maltat, Rigny, Sainte-Cécile, Serley, Vinzelles.
FORÊTS-DES-COMBARDS (les), Broye.
FORETELLES (les), Digoin.
FORÊTILLE (la), Artaix, Romenay.
FORGE (la), Cressy, Cussy, Epinac, Essertenne, Marizy, Marly, Morey, Perrecy, Perreuil, St-Aubin-en-Ch., St-Loup-de-la-Salle, Saint-Yan, Sully.
FORGE-DU-PONT-DE-VAUX (la), Marly-sous-Issy.
FORGES (les), Bourbon, Briant, Gueugnon, Marcigny, Oyé, St-Martin-d'Auxy, Varenne-l'Arconce.
FORGE-DU-VERDRAT (les), Martigny.
FORGEATS (les), Ozolles.
FORIER (le), Bergesserin.
FORON, Coublanc.
FORTE-FONT, Tramayes.
FORT (les), Saint-Bonnet-de-Vieille-Vigne, Varennes-St-Sauveur.
FORTUNET, Santilly.
FOSSE (la), Saint-Germain-du-Bois, St-Jean-de-Trézy, St-Mard-de-Vaux.

FOSSE - PURCHER, Saint-Symphorien-des-Bois.
FOSSÉS (les), la Clayette, Charbonnat-sur-Arroux.
FOSSES (les), Frontenaud, Simandre.
FOU (le), Broye, Pierreclos.
FOUCHENIÈRES (les), Pierreclos.
FOUCHERONS, Pierreclos.
FOUGE (la), Charmoy.
FOUGEARDS (les), St-Nizier-s-Charmoy.
FOUGÈRE, Dracy-lès-Couches, St-Bonnet-de-Vieille-Vigne, St-Christophe-en-Brionnais.
FOUGÈRES (les), Dracy-lès-Couches, Mont, Ozolles, Serrières.
FOUGETS (les), Saint-Romain-sous-Gourdon.
FOUGERETTE (la), Etang, Mesvres, St-Berain-s-Sanvignes.
FOUGERIOLLES (les), Mary.
FOUGNIÈRES, Blanot.
FOUILLES (les, Beauvernois.
FOUILLIS (les), St-André-en-Br.
FOUILLOUX, Romenay, St-Racho.
FOULAY, Brandon.
FOULON (le), Epinac, St-Pierre-de-Varennes, St-Sernin-du-Bois, La Tagnière.
FOULONS (les), Chauffailles, Saint-Pantaléon.
FOULOT, Mont, St-Gengoux-le-National.
FOUMOUX, Saint-Christophe-en-Brionnais, Vauban.
FOUR (le), Ciry.
FOUR-A-CHAUX (le), Chagny, Clessy, Laives, Lugny, St-Micaud, Navilly, Sancé.
FOUR-BASSOT (le), St-Mard-de-Vaux.
FOURS-A-CHAUX (les), Mâcon, Mouthier-en-Bresse.
FOURCHE (la), Vendenesse-lès-Charolles.

FOURCHETTES, Tronchy.

FOUR-EN-CHAUX, Mouthier.

FOURGEAU, Azé.

FOURMÈRE (la), St-Berain-s.-Sanvignes.

FOURMI (la), Neuvy.

FOURNAISE (la), Frontenaud.

FOURNAY (le), Montagny-sur-Grosne, Mussy, Vauban.

FOURNEAU (le), Anost, Bourbon, Buffières, Chagny, Curbigny, Fontaines, Lournand, Palinges, Saint-Léger-sous-la-Bussière, Sanvignes, Trambly, Vindecy.

FOURNEAU-D'EPIRY, St-Emiland

FOURNEAUX (les), Abergement-de-Cuisery, Brion, Ciry, Colombier-en-Brionnais, Vérissey.

FOURNET (le), Péronne.

FOURNET (Grand et Petit), Vauban.

FOURNIÈRES (les), Chalmoux.

FOURNIERS (les), Melay, Matour.

FOURRETS (les), St-Cyr.

FOURRIER (la), Gueugnon, Rigny.

FOURRIERS (les), Sanvignes.

FOUSSOT (en), Ouroux-s.-Saône.

FOUSSOTE (la), Dracy-le-Fort.

FOUZIAUX (les), Sanvignes, St-Micaud.

FOUS, Broye.

FOUY, St-Martin-en-Bresse.

FOY-ROLLAND, Ligny, Saint-Maurice-lès-Châteauneuf.

FRAGNE, Colombier-en-Brion., Cruzille, Oyé.

Fragnes.

FRAGNEY, Blanzy.

FRAGNY, Autun.

FRAICHOTS (les), Beaurepaire.

FRAISE, Vitry-sur-Loire.

FRANCE, Chapelle-du-Mont-de-France, Vergisson.

FRANCIE, Uchon.

FRANCHE, Montmort.

FRANCHISE (la), St-Didier-en-Brionnais.

FRANCHOT, Remigny.

FRANCILLIÈRE, Menetreuil.

FRANC-LIEU, Charnay-lès-M., Hurigny.

FRANDAISE (la), Ballore.

FRANET, Saint-Prix.

FRANGE-DES-CHAMPS (la), le Breuil.

Frangy.

FRANGY (la), Uchon.

FRATY (en), Bourgvilain.

FRAVELLE, Chissey-en-Morvan.

FRÉDELIÈRE ou FERDELIÈRE (la), Amanzé, Céron, Semur.

FREDINS (les), Gueugnon, le Roussillon.

FREMINET, Bourbon.

FRENAILLET, Mary.

FRÊNE ou FRESNE, Abergement-de-C., Gueugnon, Sanvignes.

FRENOZETS (les), Romenay.

FRÉRIE, Mâcon.

FRESSARD, St-Bonnet-de-V.-V.

FRESSE, St-Eugène, Uxeau.

FRESSY, Oyé.

FRETAILLON, Oyé.

FRETIÈRES, Romenay.

FRÉTILLE, Blanzy.

FRETINS (les), Mont-St-V.

FRETOY, Collonge-la-Madeleine, Cussy, Sommant.

FRÉTOYE (la), Morlet.

FRÉTY, Toulon.

Frette (la).

FRETTE, Sainte-Croix.

FRETTECHISE, Chapelle-Thècle.

Fretterans.

FRIQUE (la), Coublanc.

FRISEAU, Vitry-lès-Cl.

FRODIÈRE (la), Abergement-de-Cuisery.

FROIDE-FONT, Tramayes.

FROIDELIÈRE, St-Maurice-les-Ch.

FROIDERIE, Genouilly.

FROMAGERIE (la), Chapelle-de-Bragny.

FROMENTAL, Ligny, St-Martin-de-Lixy.

FROMENTAL-CRAYOT (le), Sémur.

FROMENTEAU (le), Vitry-s.-L.

FROMENTAUX (les), Oyé, Semur-en-Brionnais.

FROMENTIÈRES (les), Miroir.

FRONTENELLES (les), Ouiseaux.

FRONTENONS, Abergement-Ste-Colombe, Thurey.

Frontenard.

Frontenaud.

FRONTIGNY, Briant.

FROUGES, Dompierre-les-Or.

FUCHARD ou FUCHAT, Bussières.

FUCHE (la), Trivy.

FUCHENIÈRE, Pierreclos.

FUGOTS, St-Martin-du-Lac.

Fuissé.

FUISSES (les), Sainte-Croix.

FUMÉROT, Donzy-le-National.

FUNARDE (la), Bruailles.

FURONS (les), St-Vallier.

FURTINS (les), Berzé-la-Ville.

FUSSEY, Serrigny.

FUSSY (Grand et Petit), Rousset.

FUTIAU (le), St-Micaud.

FUTIGNY ou LA MOTTE, Saint-Germain-du-Bois.

G.

GABETONS, Chapelle-s.-Uchon.

GABION (le), Villegaudin.

GABRIAUX (les), La Guiche.

GABRIELLE (la), St-Huruge.

GABROT, St-Martin-en-Bresse.

GACHET (le), Baron, Curbigny.

GACHETS (les), Varennes-s.-Dun.

GACHOT (le), Gilly.

GACIÈRE (la), St-Sorlin.

GAFFRANT, Perrecy-les-Forges.

GAFFYS (les), La Tagnière.

GAGEOT-FROID, Martigny.

GAGEOTS (les), Issy-l'Evêque.

GAGÈRE (la), Buffières, Morey, St-Amour, St-Etienne.

GAGNEAUX (les), Uxeau.

GAGNE-PAIN, St-Martin-en-Br.

GAIGNAT, Sologny.

GAILLARDS (les), Charbonnières, Pressy, Saint-Laurent-en-Brionnais.

GAILLETONNES (les), St-Julien-de-Jonzy.

GAILLETS (les), Genouilly.

GAILLOTS (les), Bergesserin, Varennes-l'Arconce.

GAINARD ou GUÉNARD, Saint-Maurice-les-Châteauneuf.

GAIRY (la), Mussy.

GAITÉ (la), La Clayette, Saint-Nizier-sous-Charmoy.

GAIZES (les), Mâcon.

GALLANDIÈRE (Céron).

GALBRY, Cronat.

GALIBARD, Mesvres.

GALICHON, Tancon.

GALLAND (les), Céron, Melay, Sagy.

GALLET (le), Simard, Ratte.

GALLOPIÈRES (les), Chaintré, Vinzelles.

GALUCHOTS (les), Vaux-en-Pré.

GALUZOT, St-Vallier.

GAMBARDS (les), Le Miroir.

GANEYS, St-Sernin-du-Bois.

GANAY, Préty.

GANDVAU, Montmort.

GANAN, Préty.

GANDARD (les), St-Nizier-sous-Charmoy.

GANDELINS (les), Chapelle-de-Guinchay, Hurigny.

GANDON, Cronat.

GANDRÉE (la), St-Micaud.
GARAN, Neuvy, Poisson.
GARANDEAUX (les), Joncy.
GARANJOUX (le), St-Léger-lès-Paray.
GARAUDAINE, Charolles.
GARAUDS (les), Poisson, Saint-Eugène.
GARBAU, Cronat.
GARCHERY (les), St-Nizier-sous-Charmoy.
GARCHÈRE (la), Brion.
GARDE (la), Chalmoux, Clermain, Marcigny, St-Berain-sous-Sanvignes, St-Laurent-d'And., St-Léger-sous-la-Bussière, St-Martin-du-Lac, Tramayes, Trivy.
GARDE (le), La Comélle.
GARDES (les), Chapelle-s.-Dun, St-Marcelin, Uxeau.
GARDIER (le), Chalmoux.
GARDIÈRES (les), Ste-Croix.
GARE (la), Broye, Chapelle-de-Guinchay, Cheilly, Igornay, Marmagne, Montchanin-les-Mines, Ouroux-sur-Saône, Palinges, Pierre, Ratte, Romanèche, St-Julien-s-Dheune, Senozan, Uchizy, Varennes-le-Grand, Verdun.
GARE-DES-TERREAUX, Verosvres.
GARENNE (la), Antully, Bonnay, Cheyagny-s.-Guye, Chissey-en-Morvan, Cormatin, Dompierre-les-Ormes, Epinac, Etang, Lugny, Matour, Palinges, Romenay, Saint-Bonnet-de-Joux, Saint-Bonnet-de-Vieille-V., St-Vallier, St-Léger-s-Beuv., Sanvignes, Tournus, La Vineuse.
GARLUCHOTTE (la), Montret.
GARNAY, Marly-sur-Arroux.
GARNE (la), St-Marcelin.
GARNEROT, Mercurey,

GARNIER (les), Autun, Prizy, Romanèche.
GARNOT, Maltat.
GAROCHET (le), Digoin.
GARONS (les), Céron.
GARONNIÈRE (la), Céron.
GAROUX (les), Céron, St-André-le-Désert.
GARREAUX (les), Charmoy, St-Berain-sous-Sanvignes.
GARRUCHES (aux), Chassey.
GATEPAIN, Lacrost.
GATOUILLE, Azé.
GATZ (le), St-Bonnet-de-Joux, St-Eugène.
GATS (les), Thil-sur-Arroux.
GATTIER ou GRATTIER, Martigny.
GAUBARDS (les), Savigny-en-R.
GAUBERGE ou GOBERGE (la), Branges, Montret.
GAUBOURJON, St-Romain-s.-G.
GAUCHARD (le), Farges-lès-Chal., Fontaines.
GAUCHES (les), Chalmoux.
GAUCHET, Varennes-sous-Dun.
GAUDENEY, Montret.
GAUDET (les), St-Vincent-lès-B.
GAUDIAUX ou GAUDIOTS (les), Marmagne, Chapelle-sous-Uchon, Toulon.
GAUDOIRS (les), Autun, Mesvres.
GAUDREUIL, Brion.
GAUDRIOLES (les), Sancé.
GAUDRY (les), Anost.
GAUZE (la), Chapelle-au-Mans, Charolles, Uxeau.
GAUSSONNE (en), Ste-Hélène.
GAUTHÈRE, Etang-sur-Arroux.
GAUTHERON (les), Le Creusot, Ste-Radegonde.
GAUTHEY (les), Broye, Burzy, Diconne, St-Didier-s.-Arroux, Villeneuve-en-Montagne.
GAUTHIER (les), Beaubery, St-Racho, Trivy.
GAUVRIOTS (les), Montcenis.

8

GAUX (les), Ozolles, Champagnat
GAVARDIN, Rigny.
GAY (la), St-Didier-s.-Arroux.
GAY (les), Chapelle-de-Guinchay, Cressy.
GAZ (le), St-Bonnet-de-Joux.
Géanges.
GELEY (la), St-Micaud.
GELIN (les), Varennes-s.-Dun.
GÉLIOUYRE, St-Romain-s.-G.
GEMAUGUES, Chapaize.
GENACY, Martigny.
GENDRONS (les), Tramayes.
GENAUDIÈRE, Dommartin.
GÊNE, Fay.
Génelard.
GENERIS, Pierreclos.
Genête (la).
GENÊTE (la), Anost.
GENÊTES (les), Romenay.
GENÈS, Le Fay.
GENETIÈRES (les), Jouvençon.
GENETS (les), Auxy.
GENETS-A-LA-CAILLE, St-Symphorien-des-Bois.
GENETIÈRE, Simandre.
GENETOUZE, St-Prix.
GENÈVES (les), St-Pantaléon.
GENÉVOIS (les), Mesvres.
GENÈVRES, Chapelle-Thècle, Igornay.
GENEVRIÈRES (les), Champlecy.
GENEVRIÈRE, Étang-s.-Arroux.
GENEVRY, Charbonnat.
GENIÈVRE, Barnay, St-Ythaire.
GENILLON, Coublanc.
GENNETOYE (la), Autun.
GENOT (les), Bouhans, Fax.
Genouilly.
GENTENAT, Bourbon.
GENTILS (les), Monthélon.
GENTS-VALETS, Dyo.
GEOFFROY (les), Neuvy.
GEORGE OTTE, St-Julien-sur-D.
GEORGES (les), St-Martin-de-Salencey.

GEORGETS (les), Artaix, Sanvignes.
GERANS, Sens.
GERARDES (les), Charnay-lès M.
GERAY, Oyé.
GERBEAUX (les), Céron, Solutré, Vérissey.
GERBOULE (la), Roussillon.
Gergy.
Germagny.
GERMANGES, Céron.
GERMENEYS (les), St-Sernin-du-Bois.
Germolles.
GERMOLLES, Clessé, Mellecey.
GEROTS, Montpont.
GERVAIS (les), Bray.
GÉRY, Tancon.
Gibles.
GIGNEUX (les), Branges.
Gigny.
GIGONS (les), Mussy.
GIJONGE ou GIZONGE, Bantange.
GILET (les), Anost, Sennecé.
GILLES (les), St-Symphorien-de-Marmagne.
GILLETTE, Gibles.
GILLOT-BAUMES (les), Antully.
Gilly-sur-Loire.
GINARETS (les), Chapelle-de-Guinchay, Romanèche.
GIMONT, Beaurepaire.
GINAT, Maltat.
GINEY, Grury.
GINIEUX, Branges.
GIRARDS (les), Anost.
GIRARDES (les), Charnay-lès-M.
GIROFLÉE (la), Torpes.
GIROUX (les), Charnay-lès-M.
GISSY, St-Didier-sur-Arroux.
GIVALAIS, Bourbon-Lancy.
GIVERDEY, Toulon.
GIVERDIER, St-Symphorien-des-Bois.
Givry.
GIVRY, Beaubery, Laizé.

GIZOUZE, Montpont.

GLACIÈRE (la), Perrecy.

GLAIRANS, Mervans.

GLANDONS (les), Viry.

GLAPIER (le), Lessard-en-Br.

GLAPOTS (les), Blanzy.

GLENNE, Verrière (la Grande).

GLORIENNE, St-Eugène.

GLUX, Lucenay.

GOBARDS (les), Savigny en-Revermont.

GOBERGE ou GAUBERGE (la), Branges, Montret.

GOBETTE, St-André-le-Désert.

GOBILLOTS (les), Couches.

GOBYS (les), Essertenne.

GODILLON, Vitry-sur-Loire.

GODINS (les), Chidde, St-Eugène.

GODIOTS (les), St-Martin-de-Salencey.

GOGUIGNONS, Varenne-Reuillon.

GOLAINE, Saint-Léger-sous-la-Bussière, Tramayes.

GOLIARD (les), St-Eugène.

GOLLARD (les), Varennes-Saint-Sauveur.

GOLORIAUD, Paray.

GOMMERANS, Le Tartre.

GONACHOT, Antully.

GONDARDS (les), St-Nizier-sous-Charmoy.

GONIN (les), Leynes, St Julien-de-Civry.

GONIS (les), La Selle.

GONNIÈRE (la), Thurey.

GONNOT ou GONNAUD (les), Briant, Chenay, Giry, Nouvy, St-Berain-sous-Sanvignes, Ste-Foy, Saint-Laurent-en-Brionnais, St-Vincent-lès-Bragny, Semur.

GONTHIER, St-Bonnet-en-Bresse.

GORAT (le), Marly-s.-Arroux.

GORDET (le), Buffières.

GORGE (la), Martigny.

GORGE-AU-LOUP, Vergisson.

GORGES (les), Chapelle-s.-Dun.

GORLIÈRE, Château.

GORZE, Germolles, St-Point.

GOTALE (la), Trambly.

GOTHARD, Baudemont, Chapelle-sous-Dun.

GOTTIALES (les), Berzè-le-Ch.

GOUACHOTS (les), Antully.

GOUAS, Gigny.

GOUBAUDS (les), St-Berain-s.-Sanvignes.

GOUGE, Mervans.

GOUILLES, Saillenard, Simandre.

GOUJATS (les), Verosvres.

GOUJONS (les), Creusot, Meulin, St-André-le-Désert, Saint-Firmin, St-Vallier.

GOULAINE ou GOULÈNE (la), Etang, Motte-St-Jean, St-Germain-des-Rives, Varenne-Reuillon.

GOULETTE, Azé.

GOULIARDS, St-Eugène.

GOULOT (les), Chissey-en-Mor.

GOULOTTE (la), St-Prix.

GOULOTTES (les), Torcy, Montchanin-les-Mines.

GOUMETS (les), Ciry-le-Noble.

GOUREAUX (les), St-Vincent-lès-Bragny.

GOURDON.

GOURLAINE, St-Maurice-de-Satonnay.

GOUBLOISE (la), St-Symphorien-de-Marmagne.

GOURMANDON, Toulon.

GOUSSAND, Ciel.

GOUTEREAUX (les), St-Agnan.

GOUTTAT (le), Clermain.

GOUTTE (la), Briant, Céron, Giry, Colombier-en-Brionn., Cronat, Fleury, Laives, Mailly, Mussy, Roussillon, St-Aubin-en-Charollais, St-Eusèbe, St-Yan.

GOUTTE-A-PROST, Clessy.

GOUTTE-AUX-CHEVAUX, Motte-St-Jean.

— -AUX-FÈVES, Grury.

— -AUX-MERLES, Gilly.

— -BERTHAUD (les), St-Maurice-lès-Châteauneuf.

— -BONNET (la), Artaix.

— -DE-BRAN, Motte-St-Jean.

— -D'OZON (la), Rigny.

— -DU-GEAI, Chenay.

— -JANDIN, Maltat.

— NEUF-LOUPS, Mont.

— -RONDE, Issy-l'Évêque.

GOUTTES (les), Bragny-en-Charollais, Chissey-en-Morvan, Ourdin, Gueugnon, St-Symphorien-des-Bois, St Bonnet-de-Joux.

GOUTTES-SAINT-PIERRE (les), Chalmoux.

GOUTTÉE, Broye.

GOUTTET (le), Chenay.

GOUTTIÈRES (les), St-Loup-de-la-Salle.

GOUTTINS, St-Symphorien-de-Marmagne.

GOUVEAUX, Chevagny-les-Ch.

GOY (les), Champagnat, Plottes, Roussillon.

GOYER (les), Curbigny, St-Symphorien-des-Bois.

GOZ ou GAUX, Champagnat.

GRAILLOTE-DESSOUS (les), Anost

— -DESSUS (les), Anost.

GRANCIÈRE, Ouroux.

GRAND-ARCY, Savigny-sur-Seille.

GRAND-BANTANGE, Bantange, Montpont.

— -BAUGIS, Issy-l'Évêque.

— -BEAUMARTIN, Romenay.

— -BÊCHE, Bosjean.

— -BIOLET, Romenay.

— -BOIS (le ou les), Curbigny, Laizy, Lugny, Poisson, St-Christophe-en-Brionnais, St Martin-en-Bresse, St-Vallier, Sanvignes, Vitry-sur-Loire.

GRAND-BOIS-DE-MONTREUIL, St-Berain-sur-Dheune.

— -BOIS-SAINT-PIERRE, Saint-Maurice-en-Rivière.

— -BORDIAUX (le), Montret.

— -BOST (le), Grury, Ciry-le-Noble.

— -BOULAY, La Boulaye.

— -BOUSSAL, Thil-s.-Arroux.

— -BUISSON (le), Joncy, Saint-Vincent-lès-Bragny.

— -BUSSIÈRES, Bussières.

— -CERISIER, Simard.

— -CHAMP, Broye, Buxy, Chapelle-Thècle, Clessy, Ourtil-sous-Buffières, Demigny, les Guerreaux, Leynes, Mesvres, Neuvy, Oudey, Rigny, St-Bonnet-de-Vieille-Vigne.

— -CHAMPMARD, Broye.

— -CHARDONNET, Saint-Romain-sous-Versigny.

— -CHARÉCONDUIT, Châtenoy-le-National.

— -CHARMONT, Branges.

— -CHEMIN, Buffières, La Clayette, Dompierre-les-Ormes, Dyo, Serrières, Saint-André-le-Désert, St-Julien-de-Civry, St-Vincent-des-Prés, Tramayes, Varennes-sous-Dun.

— -CHIZE, St-Vincent-en-B.

— -COMMAND, St Marcelin.

— -CORTOT, St-Christophe-en-Bresse.

— -DARDON, Uxeau.

— -DEVROUZE, Devrouze.

— -FLEURY, Bourbon.

— -FOUR, Flacé.

— -FOURNEAU, Colombier-en-Brionnais.

— -FOURNET, Vauban.

GRAND-FRÉTY, Chalmoux.
— -FUSSY, Rousset.
— -GARREAU, St-Berain-sous Sauvignes.
— -GOUAS, Gigny.
— -JEAN, Chenay, Montcony.
— -LAUME, La Comelle.
— -LIMONT (le), St-Germain-du-Plain.
— -LOURDON, St-Berain-s.-Dh.
— -MAISON, Tancon.
— -MARCILLAT, Chapelle-Th.
— -MARDIAUGUE, Vigny.
— -MAUVERNAY, Montmort.
— -MIZIEU, Roussillon, La Selle.
— -MOLARD, Montpont, Vérizet.
— -MOLEMBIÉE, Fay.
— -MOLOY, Saint-Léger-du-Bois.
— -MONT, Pierre, St-Berain-s-Sanvignes.
— -MONTJEU, Broye.
— -MOULIN, Brandon, Chauffailles, Matour, Martigny, Pressy, St-Aubin-en-Char, St-Christophe-en-Brionnais
— -MUNOT, Curtil-s-Burnand.
— -OR, Bellevesvre.
— -OSNARD, St-Martin-en-B.
— -PASQUIER, Auxy, Chassy, Ecuisses, Saint-Germain-des-Bois, Sanvignes.
— -PERTUIS, Cressy.
— -PLAIN, Saint-Igny.
— -POISEUL, Saint-Racho.
— -POMMIER, Dyo.
— -PONT, Sainte-Croix.
— -PONT-DE-VAUX, Marly-s-Issy.
— -PRÉ, Barizey, Blanzy, Cordesse, Motte-St-Jean, Oslon.
— -REUIL, Verrière (Grande).
— -SAINT-GERMAIN, Saint-Germain-du-Plain.

GRAND-SELORRE, Saint-Yan.
— -SERVIGNY, St-Cristophe-en-Bresse.
— -SIMON, St-Germain-du-Pl.
— -SOLIN, Pressy.
— -TAPEREY, Saint-Bonnet-en-Bresse.
— -THÉLY, La Boulaye.
— -TREMBLE, Pouilloux.
— -VAUX, Epinac, St-Léger-s-Dheune.
— -VEILLY, La Genête.
— -VERNE, Verrière (Grande).
— -VERNET, Epinac, Verrière (Grande).
— -VIREY (le), Virey.
GRANDE-BAISSE, Chap.-Thècle.
— -BONDE, Breuil, Mesvres.
— -BORNE, Suin, Vitry-s-Loire, Pressy-sous-Dondin.
— -BROSSE, Blanzy, Montchanin-les-Mines.
— -BRUYÈRE (la), Chasselas, Thil-sur-Arroux.
— -BUCLIÈRE, Bantange, Montpont.
— -BUSSIÈRE, St-Marcelin-de-Cray.
— -CARNE (la), Chidde.
— -CHANÉE, St-Germain-du-Bois.
— -CHARMOTTE, Serley.
— -CHARRIÈRE, St-Amour.
— -CHAUX, Saint-Prix, Simandre, Simard.
— -CHIZE, St-Vincent-en-B.
— -COMBE, Bourgvilain, Montmelard, Ozolles, Trambly, Vérosvres.
— -COMMUNE, Saint-Germain-du-Bois.
— -CROIX, Auxy, St-Firmin.
— -FAYE, Marly-sur-Arroux, St-Germain-du-Bois.
— -FONTAINE, Marcilly-la-G.

GRANDE-FORÊT, Ligny.

— -GARENNE (la), Chevagny-sur-Guye.

— -GRANGE, Ligny, Varennes-Saint Sauveur.

— -HOULLE, Motte-Saint-Jean.

— -MARGOT, St-Germain-du-Bois.

— -MEURETTE, Bourbon.

— -MONTAGNE, Bourgvilain.

— -MONTÉE, Curgy.

— -NOUILLE (la), Gourdon.

— -OUCHE, Uchon.

— -PATURE, Broye.

— -PIÈCE (la), St-Firmin, Ste-Radegonde, Sanvignes, Montceau-les-Mines.

— -PIERRE, Auxy, Pruzilly.

— -PLANCHE, Uxeau.

— -RAIE, Bourbon-Lancy.

— -RIPPE, Jouvençon.

— -RIVIÈRE, Buffières.

— -RUE, La Clayette, Saint-Bonnet-en-Bresse, Saint-Martin-en-Bresse, Saint-Vincent-en-Bresse, Saint-Vincent-lès-Bragny.

— -SAUGEOT, Givry.

— -SERRÉE, Ormes.

— -TERRE, Blanot, Chambilly, Curtil-s-Buffières, Meulin, Pouilloux, Ste-Cécile, Saint-Martin-de-Salencey.

— -VALLE, Ménetreuil.

— -VENDUÉ, Guerfand.

— -VERNOUSE (la), Baudrières.

— -VILLEDIEU (la), St-Nizier-s-Charmoy.

— -VILLENEUVE (là), Diconne.

GRANDES-AVAISES (les), Saint-Maurice-lès-Chateauneuf.

— -BROSSES (les), St-Aubin-en-Charollais.

— -BRUYÈRES, Charbonnat, Génelard, Montcenis, Rigny, Sologny, Saint-Berain-sous-

Sanvignes, Saint-Eugène, St-Laurent-d'Andenay, Thil, Torcy, Villeneuve-en-Mont.

GRANDES-CHAUMETTES, Chambilly.

— -COMBES, Châtenay, Montmelard, St-Racho.

— -FONTENELLES, La Chaux.

— -FOUGÈRES, Chalmoux.

— -MAISONS, Tancon.

— -MOILLIÈRES, Chatenay, Sanvignes.

— -RAIES, Torcy.

— -TAILLES, Comelle, Miroir.

— -TEPPES, Gergy.

— -TERRES, Ménetreuil, Motte-St-Jean, St Christophe-en-Bresse, St-Maurice-de-Sat., Sénozan, St-Racho.

— -VARENNES, Iguerande, Mâcon.

— -VERCHÈRES, Prizy, Saint-Aubin-en-Charollais, Saint-Bonnet-de-Vieille-Vigne.

GRANDS-BOIS (les), Gibles, St-Agnan, St Martin-en-Bresse, La Vineuse, St-Berain-sur-Dheune., Sanvignes.

— -BOIS-DE-LA-VOINE (les), St-Nizier-sous-Charmoy.

— -BOULAYS (les), Chassy, Oudry.

— -BUIS, Pierreclos.

— -BUISSONS, Baudemont, Oudry, St-Agnan, St-Aubin-en-Charollais, Vigny, St-Vincent-lès-Bragny.

— -CHAMPS, Blanzy, Brandon, Buxy, Chapelle-sous-Uchon, Dettey, Marmagne, Mesvres, Perrecy, Pierre, Pierreclos, Serrières.

— CHAUMES, Céron.

— -FLAIS, Saint-Bonnet-en-Bresse.

— -FOURNIERS, Chenay.

GRANDS-GENÊTS, Mazille, Saint-Romain-s-Gourdon.
— -GOUILLATS, Bourgvilain.
— -JOURS (les), Lucenay.
— -MARIONS, Saint-Agnan, Les Guerreaux.
— -MOLLANS, Grury.
— -MOULINS, Gibles, Uxeau.
— -PASQUIERS, Oyé, Prizy, St-Vallier.
— -PRÉS, Authumes.
— -ROMPEY, Ozolles.
— -SALINS (les), Chidde.
— -TAILLIS (les), Bruailles.
— -TREMBLES (les), Pouilloux.
— -VERNAYS, Montmelard.
— -VERNES, Verrière (la grande)
— -VERZIAUX, Bourbon.
Grandvaux.
GRANGE (la), Anglure, Cressy, Gibles, Marcilly-lès-Buxy, Montceau-les-Mines, Mouthier-en-Bresse, Romenay, Saint-Eugène, Saint-Firmin, Serrières, Tournus, Varenne-Reuillon, Dampierre-en-Br.
— -ANTOINE, Toulon.
— -AUBEL, Sancé.
— -BAGÉ, St-Maurice-de-Sat.
— -BEREAU, Mouthier.
— -BERNARD, Montjay.
— -BERTHE, Miroir.
— -BONNEAU, Bouhans.
— -CORLIN, Uchizy.
— -DE-LA-RUE, Champagnat.
— -D'EN-HAUT, Charmoy, Sancé.
— -DES-BOIS, Digoin, La Frette, Les Guerreaux, Pierre, St-Agnan, Serrigny, Varennes-Saint-Sauveur, Versaugues.
— -DES-CHAMPS, Breuil, Saint-Eugène, Torcy.
— -DES-FÈLES, Sornay.
— -DES-FOLIES, Charbonnières.
— -DES-PRÉS, Oyé.
— -DES-PRÊTRES, Condal.

GRANGE-DU-BOIS, Bantange, Charbonnières, Miroir, Montpont, Pierre, Solutré.
— -DU-DIME (la), Château, St-Sorlin.
— -DU-PARC, Charbonnières.
— -DU-PIN, Varennes-St-Sauv.
— -DU-VAL, Tournus.
— -FINOT, Bray.
— -FORESTIER, Chalon.
— -GALOPIN, St-Jean-le-Pr.
— -GAULE, Loisy.
— -GORGE, Varenne-Reuillon.
— -MAIGRE, Dommartin.
— -MAIGRE-D'ARMONT, Dommartin.
— -MERLE, Varennes-St-Sauveur.
— -MEUNIER, Ménetreil.
— -MORAMBEAU, Toulon.
— -MURGET, Solutré.
— -NEUVE, Bantange, Cluny, Montpont, St-Léger-sous-la-Bussière, Simard, Varenne-Reuillon, Serrigny-en-Bresse.
— -NOLY, Romenay.
— -PLASSARD, Amanzé.
— -RENARD, Chapelle-Thècle.
— -ROLLET, Cuiséaux.
— -ROYER, Varennes-Saint-Sauveur.
— -SAINT-PIERRE, Charnay-lès-Mâcon, Rosey.
— -SARRAZINE, Condal.
— -SERCY, Ameugny.
— -TAVEL, Charbonnières.
GRANGERIE (la), Chaudenay, Dyo.
— -DES-HÉRISSONS, Chaudenay.
GRANGERIES (les), Bois-Ste-Marie.
Granges.
GRANGES (les), Chapelle-sous-Dun, Chapelle-sous-Uchon, Château, Le Creusot, Dam-

pierre-en-Bresse, Etang, Grury, Monthelon, Mussy, Saint-Berain-sous-Sanvignes, St-Bonnet-de-Joux, Saint-Usuges.

GRANGES-DE-GOTHARD (les), Baudemont.

— -POMMÉES, Montcenis.

— -ROUGES, Santilly.

GRANGY, Dracy-lès-Couches, St-Gervais-sur-Couches.

GRANNOD, Sornay.

GRAPINIÈRE, Serley.

GRAPPINS (les), Bouhans.

GRAS (les), St-Loup-de-Varennes, Versaugues.

GRATAY, Ozenay.

GRATOUX (le), Blanzy, Saint-Eusèbe.

GRATTARD, Palinges.

GRATTE-CHÈVRE, Chenay.

GRATTE-LOUP, Champagnat, Pressy.

GRATTIER ou GÂTIER, Martigny.

GRAVALN, Mancey.

GRAVELLE, Brion, Grury, St-Eugène, St-Symphorien-de-Marmagne.

GRAVETIÈRE, Breye, Chapelle-s.-Uchon, St-Firmin, Uchon.

GRAVICHOT, St-Remy.

GRAVIER-DE-L'ÎLE (le), Lesme.

GRAVIÈRE (la), Chambilly, Frontenaud, Gibles, Saint-Désert, Varennes-St-Sauveur, Saint-Germain-du-Bois, Pourlans, Villars.

GRAVIÈRES (des), Sully.

GRAVOCHE, Chambilly.

GRAVOINE (la), St-Aubin-en-Ch.

GRAVOINE (la gare), Volesvres.

GRAZY, Ligny-les-Charolles.

GREFFIÈRE (la), Saint-Sorlin.

GRÉGAINE, Bragny-en-Char., Sarry.

RÉLAUDOTS (les), Anost.

GRELAY (le), La Frette.

GRELÉE (la) ou LAGRELÉE, Loisy.

GRELINS (les), Sanvignes.

GRELONS (les), Artaix.

GREMOULE (la), Cluny.

GRENAILLIER (le), St-Germain-du-Bois.

GRENECÈRE, St-Laurent-en-Br.

GRENETIÈRES (les), Paray.

GRENOT, Rigny, Uchizy.

GRENOUILLAT, Mont-Saint-Vincent.

GRENOUILLE (la), St-Berain-s.-Sanvignes.

GRENOUILLET (le), Sanvignes.

GRENOUILLÈRE (la), Bragny-en-Charollais, Saint-Léger-sous-la-Bussière, Toulon.

GRÉPILLONS (les), Beaumont.

GRÈS (les), Chapelle-s.-Uchon.

GRESSOT (le), Dettey.

GRÈVE, Cronat, Gueugnon, Perrigny.

Grevilly.

GRIE, Melay.

GRIFFONXIÈRE (la), Chateaurenaud, Mervans.

GRILLE (la), Joudes.

GRILLET, Paray-le-M.

GRILLETS (les), Anost, Ozolles.

GRILLOTS (les), Châteaurenaud, St-Pantaléon, St-Symphorien-de-Marmagne.

GRIMOLLE, Savigny-sur-Seille.

GRIMORY, Plottes.

GRIS (les), Gourdon.

GRISELY, Perrecy.

GRISIÈRE (la), Flacé, Hurigny, St-Martin-de-Senozan, Sancé.

GRISY, St-Pierre-de-Varennes.

GRIVALOTTE (la), Thurey.

GRIVAUD (le), Curtil-s.-Burnand.

GRIVEAUX (les), Buffières, Gourdon, Laizy, Viry.

GRIVERY, La Guiche.

Grivure, St-Berain-sous-Sanv.

Grizy, St-Pierre-de-Varennes, St-Symphorien-de-Marm.

Groisons (les), Montcenis.

Grollière, Berzé-la-Ville, Pruzilly, Sologny.

Groliers, St-Didier-s.-Arroux.

Gros (les), Chapelle-s.-Uchon, Ratte.

Gros-Bois (le), Changy, Dyo, Flagy, St-Julien-de-Civry, St-Sernin-du-Bois, St-Sorlin, St-Symphorien - de - Marm., Dommartin, Varennes-sous-Dun.

Gros-Buisson (le), Fleury.

Gros-Carbizots (les), Chissey-en-Morvan.

Gros-Chaillot, Creusot.

Gros-Chêne (le), Pierreclos, St-Eusèbe.

Gros-Chigy, St-André-le-Dés.

Gros-Cornet, Vareille.

Gros-Fort (le), Gueugnon.

Gros-Foun (le), Buffières.

Gros-Jean (le), Sologny.

Grosliers (les), Antully, St-Didier-sur-Arroux.

Gros-Mólard (le), Chapelle-du-Mont-de-Fr., Montpont.

Gros-Mont (le), Chevagny-les-Chevrières, St-Sorlin.

Gros-Montoy, Etang-s.-Arr.

Grosne (en), Beaumont, Saint-Cyr.

Gros-Vernes(les),Bourgvilain.

Grosse-Auberge, St-Martin-d'Auxy.

Grosse-Combe (la), Beaubery.

Grosse-Grange, Berzé-le-Ch., Juif.

Grosse-Maison, St-Jean-de-V.

Grosse-Pierre (la), Etang, Romanèche, Perrecy-les-Forges.

Grosses-Têtes (les), Roussillon.

Groseille (la), Montceau-les-Mines, Tramayes.

Grousseau, Champagny-sous-Uxelles.

Groux (en), Chapelle-s.-Dun.

Gruay, Louhans.

Grubes ou Greubes (les), Abergement-Ste-Colombe.

Grue (la), St-Eusèbe.

Gruère (la), St-Léger-sur-Dheune.

Grués (les), Fay.

Gruerie, St-Martin-en-Bresse.

Grury.

Gruyères(les),Châteaurenaud, Sornay, Dennevy.

Gruzeau, Chambilly.

Gruzeaux (les), Ouzy.

Gué (le), Blanzy, Cressy, Ouroux-sous-le-Bois-Ste-Marie, St-Léger-sous-Beuvray.

— -de-Champy, Epinac.

— -de-Niffette (le),Fontaines.

— -Gallet, Sigy.

— -Marion, Cluny.

— -Moucault, Lesme.

— -Poissenot, Etang.

Guéboire, Fontaines.

Guédit, Sully.

Guelfy, Broye.

Guélins (les), Artaix.

Guénard, St-Maurice-lès-Châteauneuf.

Guénarde (la), Cussy.

Guenins (les), Cersot.

Guenizots (les), Dettey.

Guérets, Hurigny.

Guerfand.

Guerne (la), Montceaux-l'Et., St-Agnan.

Guernes (les), Mont, Saint-Laurent-en-Brionnais.

Guerreaux (les).

Guéry, Mussy, Anglure.

Guérins (les), Cordesse, Saint-Laurent-en-Brionnais, Serrières, Villegaudin.

Guès (les), Montchanin-les-M.
Guette (la), Charbonnat, Mont-
mort, Perreuil, Uxeau.
Gueugnon.
Gueunand, Brion.
Gueurce, Chevagny-sur-Guye,
Curbigny.
Guiblanches (les), Romenay.
Guichard (les), Briant, Haute-
fond, Paray, Thurey.
Guiche (la).
Guiche (la), Champlieu, Jully-
lès-Buxy, Nanton.
Guiche-des-Bois, Champlieu.
Guicheret, Passy, Sigy, Sailly.
Guide (le), Montcenis, St-Ré-
my, Creusot, la Vineuse,
Dettey, St-Bonnet-de-Vieille-
Vigne, Chalmoux, Chapelle-
sous-Dun.
Guidon (le), Brienne, Cha-
pelle-s.-Dun, Châteaurenaud,
Chissey-en-Morvan, Cler-
main, Louhans, St-Bonnet-
de-Vieille-Vigne, St-Julien-
de-Civry, Vendenesse-lès-
Charolles, St-Eugène, la Vil-
leneuve.
Guidons (les), Chalon.
Guidots (les), Sivignon.
Guierre, Beaubery.
Guignalots, St-Christophe-en-
Brionnais.
Guignebert (le), Chalmoux.
Guillanches (les), Romenay.
Guillard ou Guyard (les),
Reclesne.
Guillates (les), Romanèche.
Guillaumin (les), Neuvy.
Guillaume (les), Roussillon.
Guillemette (la), Sanvignes.
Guillemin-Bernard (les), St-
Usuge.
Guillemot (les), Etang, Rome-
nay.
Guilleranche, Hurigny.

Guillet (les), Grevilly, Sa-
vianges.
Guillodières (les), Racineuse.
Guillon (le) ou Guyon, Bourg-
le-Comte, Lessard-en-Bresse,
Montret, St-Amour, Thurey,
Tronchy, Vérissey.
Guillot (les), Céron, Savian-
ges, Tancon, Vinzelles.
Guignette (la), Reclesne.
Guinard (les, Chaux.
Guinchère (la), Hôpital-le-
Mercier.
Guinet (les), Varennes-s.-Dun.
Guinettes (les), Charbonnat.
Guiniaule, Neuvy.
Guinguette (la), Autun, Digoin,
Dompierre-les-O., Reclesne.
Guisenot ou Guissenot, Broye.
Guisim, Suin.
Guitenière (la), Vincelles.
Guize, Sanvignes.
Gunont, Beaurepaire.
Gupilles (les), Bouhans.
Gursin, Suin.
Guyard (les), Chissey-en-Mor-
van, Reclesne, St-Forgeot,
Tavernay.
Guyatais, Rousset.
Guyon (les), Bourg-le-Comte,
Buxy, Montret.
Guyot (les), Bantange.

H

Haies (les), Montmelard.
Halles (les), St-Laurent-en-
Brionnais.
Hallies (les), Volesvres.
Hameau-Gonthier (le), Saint-
Bonnet-en-Bresse.
Hameau (le), Montcony.
— -Mutin (le), Mancey.

HANTES (les), Saint-Didier-en-Brionnais.
HAUT(en), Dampierre-en-Bresse.
HAUT-D'AISY (le), La Tagnière.
— -D'AUTHUMES, Authumes.
— -DE-BRANGES, Branges.
— -DE-COILLAT, Chapelle-Thècle.
— -DE-CRAY, Saint-Marcelin.
— -DE-DRAGÉE, Cussy.
— -DE-LA-GUETTE, Trivy.
— -DE-JOUGE, Romenay.
— -DE-LAYER, Jouvençon.
— -DE-L'ÉPERVIÈRE, Gigny.
— -DE-MEULIN, Dompierre-les-Ormes.
— -DE-MONTJAY, Montjay.
— -DE-RANCY, Rancy.
— -DES-ARTS, Varennes-lès-Mâcon.
— -DE-SIENNE, La Charmée.
— -DE St-COSME, Chalon.
— -DE-SERLEY, Serley.
— -DE-SAVY, Chaintré.
— -DE-SPAY, Montmelard.
— -DES-CHAMPS, Igornay, Rousset.
— -DES-FORÊTS, Verosvres.
— -DES-FORGES, Issy-l'Evêque.
— -DES-MONTS, St-Laurent-en-Brionnais.
— -DES-PINS, Tancon.
— -DES-PLATS, St-Berain-s.-Sanvignes.
— -DU-BOIS-DE-LA-GRANGE, St-Maurice-les-Chateauneuf.
— -DU-CHATELET, Uchon.
— -DU-CROT, Grury.
— -DU-FAITE, La Boulaye.
— -DU-FAY, Fay.
— -D'URGER ou AUDURGER, Lesmes.
— -DU-VILLAGE, St-Albain.
— -DU-VERNE, Varenne-sous-Dun.
— -PLANOIS, le Planois.

HAUT ET BAS PRÉCY, Anzy-le-Duc.
HAUTE-BOURSE, Perrigny-s.-L.
HAUTE-COUR, Sigy, Verosvres.
Hautefond.
HAUTE-FOY, Ménetreuil.
— -LOUE, Cressy.
— -MARE, Savigny-en-Rev.
— -RIVE, Bruailles, St Gervais-en-Vallière, St-Symphorien-de-Marmagne.
HAUTERIVE (la), Chavroche, Chapelle-de-Bragny.
— -RIVE-LE-BAS, Chapelle-de-Bragny.
— -RIVE-LE-HAUT, Chapelle-de-Bragny.
HAUTE-VAL, Sainte-Foy, Saint-Julien-de-Jonzy.
HAUTE-VAULT, St-Pantaléon.
HAUTE-VELLE, Suin.
HAUTS (les), St-Bonnet-de-J.
— -DE MEULIN, Meulin.
HAUTS-ET-BAS (les), Authumes.
HAUTS-BOUTS (les), Cussy.
HAUTS-MONTS, Mary.
HAYARDS (les), St-Jean-de-T.
HAYES (les), Montmelard, Varenne-l'Arconce, la Racineuse.
HENRI (les), Devrouze, Prossy.
HÉRONS (les), Artaix.
HERSE, Vauban.
HÉTIVAUX, Matour.
HEUBARDE, Bouhans.
HEURETIÈRE (l'), St-Vincent-lès-Bragny.
HEURGUES, Sainte-Foy.
HIÈGE, Mouthier.
HOMME-MORT (l'), Oyé, Saint-Germain-des-Bois.
Hôpital-Lemercier (l').
HÔPITAL (l'), Chenay, Demigny, Genouilly, Hôpital-le-Mercier, Rully.
HÔTELETS (les), Romenay.

HOUILLÈRE (la), Neuvy.
HOYARD, Matour.
HUGOTS (les), Chevagny-s.-G.
HUCHETTE (la), Iguerande.
HUILERIE (l'), St-Eugene.
Huilly.
Hurigny.
HUTCHARDS (les), Bruailles.
HUBLY, Issy-l'Evêque.
HURUGE, Ballore.
HUTTE (la), Granges.

I

IBESSE, Chauffailles.
IGAUX (les), Semur.
Igé.
IGNESSE (les), Dompierre-les-O.
Igornay.
Iguerande.
ILE (l'), Bouhans, Lesme, Montjay, St-Gilles.
ILE-CHAUMETTE (l'), Epervans.
ILE-DE-LA-MOTTE-VELLIAU, Lesmes.
ILE D'ELBE, Anost.
ILE-FONDÉE, Lays.
ILET, Longepierre.
ICIATON, Fretterans.
IMBERTS (les), Montmelard.
INDRE, Gibles.
ISSANGHI, St-Agnan.
IRLEY, La Charmée.
Issy-l'Evêque.

J

JACOB (les), Cordesse, Uxeau.
JACOT (les), St-Germain-du-Pl.
JACQUARD (le), Diconne.
JACQUELIN (les), Saint-Firmin, Saint-Racho.

JACQUES (les), Romanèche.
JACQUETS (les), Gilly-s.-Loire, La Salle.
JACQUINOT (les), Sanvignes.
JAFFONNAY, Varennes-s.-Sauv.
JAILLETTE (la), Mont.
JALLEREYS (les), Grury.
Jalogny.
JAMAÏQUE (la), Chagny.
Jambles.
JAMPROYE, Mercurey.
JANCROT, Guerfand, St-Martin-en-Bresse.
JANDOT ou JANDEAU (les), Cronat, Curtil-s.-Buffières, Les Guerreaux, Mornay, Sailly.
JANDIAUX, Cronat, Vitry-s.-L.
JANGERETS (les), Pouilloux.
JANIAUX ou JANIOTS (les), Dyo, La Guiche, St-Martin-de-Salencey.
JANIN, Château.
JANRETS (les), Mornay.
JANNOT ou JANNEAUX (les), Laizy, Montmelard, Verosvres.
JANTINAT, Bourbon-Lancy.
JANVIER, Anglure, Tancon.
JANVIÈRE (la), Grury.
JARANDON, Saint-Point.
JARAUDE (la), Juif.
JARD (au), St-Julien-s.-Dh.
JARDIN-JOLIVET, Cronat.
JARDS (les), Melay.
JARNAILLES (les), Péronne.
JARBAS, La Guiche.
JARBAUDS (les), Essertenne, Marmagne.
JARREY, Cuiseaux.
JARSAILLON (le), Chalmoux.
JASOUPE, Demigny.
JASSURES (les), Romenay.
JEANNIS (les), Le Creusot, Le Rousset, St-Martin-de-Salencey.

JEAN-CHÊNE, Terrans. ♦

— -DENIS, St-Julien-de-Civry.

— -DE-SAÔNE, Montbellet.

— -DEVANT, Mont.

— -DUBLÉ, St-Laurent-d'And.

— -GERET, Pouilloux.

— -GONIN, Cronat.

— -GUYARD, (les), Chapelle-du-Mont-de-France.

— -HUGUES, Crêches.

— -LAFOY, Marmagne.

— -LARGE, Viré.

— -LORON (les), Chapelle-de-Guinchay.

— -MARTIN (les), Montagny-sur-Grosne, Trivy.

— -MEUNIER (les), Crêches.

— -PETIT, Cronat.

— -PIERRE (les), Couches.

— -PROTS (les), St-André-le-Désert.

— -REY, Mornay.

— -VALET (les), Dyo.

JEMAUGNE, Chapaize.

JENETOUSE, St-Prix.

JENNETOYE (la), Autun.

JEU (le), Bourbon, Comelle-s.-Beuvray.

JEUNESSE (la), Vendenesse-s.-A.

JEUTISE (la), Uxeau.

JEUZOT, Roussillon.

JOBIN (les), Ignerande.

JOBY (les), Martigny, Sully.

JODIN, Lesmes.

JOINDOTS (les), Perreuil, St-Jean-de-Trézy.

JOLINET, Chalmoux.

JOLLVET (les), Chauffailles.

JOLY (les), Sigy.

JONCHÈRE (la), Grury, Jambles, Maltat, Oudry, Tronchy.

JONCHET (le), Boyer.

JONCIÈRE, Maltat, Oudry.

JONCS (les), Tournus, St-Agnan.

JONCS-DESSUS, St-Léger-du-B.

JONCS-FAGOTS (les), Grury.

Joncy.

JONZY, St-Julien-de-Jonzy.

JOPY (les), St-Symphorien de Marmagne.

JOQUETS (les), Gilly.

JORSE, Issy-l'Evêque.

JOSSERAND (les), Uchon.

Joudes.

JOUET-BELY, Trambly.

JOUGE, La Genête, Romenay.

JOUGNET, Varennes-s.-Sauveur.

JOULEAUX (les), St-Didier-s.-A.

JOURAUX (les), Laizy.

JOURNET (les), Chapelle-de-G.

JOURNETTE (la), Abergement-de-Cuisery.

JOURS (les), Cussy, St-Léger-s-B.

JOURS (Grands et Petits), Lucenay.

JOUSSEAU, Sagy.

Jouvençon.

JOUVRAIN, Verrière (la Grande).

JOUX, Anost, Palinges, Perrecy, St-Laurent-en-Br., St-Point.

JOUX (en), Sagy.

JOYARDS (les), Rigny.

JUCHAUX, Viry.

JUGNE, Ouroux-sous-le-Bois-Sainte-Marie.

JUGNON (la), Vauban.

JUGNY, St-Aubin-en-Charollais.

Jugy.

Juif.

JUIFS (les), Chaudenay.

JULIANA (la), Vitry-sur-Loire.

JULIEN (les), La Selle, Saint-Agnan.

JULIENNE, Tournus.

JULLIERS, Chalmoux.

Jully-lès-Buxy.

JUMATIS, Céron.

JUSTICE (la), Ciel, Perrecy.

JUSTICES (les), Blanzy, Boyer, Chassigny, Collonge-en-Ch., Couches, St-Julien-de-Civry, Tournus, Vindecy.

K

Kas (les), Cluny.

L

LABORIER (les), Pierreclos, Tam-
bly.
LABOURY, Perrecy.
LABRENON, Sagy.
LAC (le), Anzy, Chambilly,
Crissey, Fleury.
LACHARME, Bourgvilain, Burgy.
LACHÉE, Chapelle-Thècle.
LACHENALLE, Céron.
Lacrost.
LAFARGE, St-Pierre-le-Vieux,
Sennecey-le-Grand.
LAFAY, Perrigny.
LAFOND, Chauffailles.
LAGAZE, Sennecey-le-Grand.
LAGER, Tronchy.
LAGRON, Oslon.
LAGROST, Ozolles.
LAIT ou LEY (le), La Comelle-
sous-Beuvray, l'Hôpital-le-
Mercier.
Laives.
Laizé.
Laizy.
Lalheue.
LALLY, Charnay-lès-Mâcon,
St-Léger-du-Bois, Senozan.
LALUOLEouLUOLE(la),Moroges.
LAMAIN (les), St-Pierre-le-V.
LAMARTINE, Maltat.
LAMBERT (les), Sommant.
LAMETTE, Tournus.
LAMONT, Chauffailles, Simandre
LAMOREY ou MORÉE (la), Chal-
moux.
LAMOUR (les), St-Sernin-du-B.

LAMPAGNY, Gigny.
LAMURE ou MURE (la), Clermain,
St-Igny-de-R., St-Laurent-
en-Brionnais.
LANCELOT, Bourbon.
LANCHARRE, Champagny-sous-
Uxelles, Chapaize.
LANDE (la), Chidde, Curbigny,
Montceau-l.-Mines, Vauban.
LANDES (les), Ligny, Saint-
Martin-de-Salencey, Vonde-
nesse-lès-Charolles.
LANDON ou LONDON, Savigny-
sur-Seille.
LANGARDE, Bourbon.
LANGEMALE, Châteaurenaud.
LANGIES, Antully.
LANNOY, Ste-Foy.
LANQUE, Péronne.
Lans.
LANZY, Marcilly-lès-Buxy, St-
Privé.
LAPALU ou PALUD (la), Saint-
Gervais-sur-Couches, Verzé.
LAPARTINE, Ozolles.
LAPIERRE, Romanèche.
LAPILLONNE, Melay.
LAPLACHE, St-Sernin-du-Bois.
LARDRICHE, Cronat.
LARDS (les), Chauffailles, St-
Igny.
LARGILLET, Sens.
LAROCHELLE, Châtenay.
LARREY (le), Chissey-en-Morv.
LART, L'Hôpital-Lemercier.
LARTAUX (les), Marmagne.
LARY, Allerey.
LAS (le ou les), Marly-s.-Issy,
St-Symphorien-de-Marm.
— LES-MONTS, Bourbon-L.
LASSEROTS (les), Digoin.
LATRASSE, Issy-l'Evêque.
LATTA (le), Clermain.
LAUBŒUF, Ouroux-sous-le-Bois-
Sainte-Marie.

LAUCHÈRE ou LOCHÈRE (la), Bonnay, Ouroux-sur-Saône, St-Gervais-en-Vallière.

LAUCHÈRES ou LOCHÈRES (les), St-Berain-sur-Dheune.

LAUGÈRE (la), Génelard, Ste-Foy.

LAUGERETTE, Sanvignes.

LAUME, Comelle-s.-Beuvray.

LAUNAY, Briant, Digoin, Ste-Foy.

LAUPRETIN, Châteaurenaud.

LAURAINE ou LORAINE, Martigny-le-Comte.

LAUREAUX (les), Ratte.

LAURENCE (les), Torpes.

LAURENDON, Sivignon.

LAURENT (les), Charmoy.

LAUVERNIAT ou AUVERNIAT (l'), Gibles.

LAUVERNE (les), Thil-s.-Arroux.

LAUVERNÉE, St-Gervais-s.-C.

LAVAL (les), Anzy-le-Duc, Charnay-lès-Mâcon, Chauffailles, Iguerande.

LAVALLO, Sagy.

LAVAU ou LAVEAU, Châtenay, Collonge-en-Charollais, Cressy, Guzy, Dyo, Gibles, Mesvres, Montmort, Neuvy, Perrecy, St-Sernin-du-Plain, St-Symphorien-de-Marmagne, La Tagnière, Verosvres, Verrière (Petite-).

LAVAUX (les), Le Breuil, Saint-Léger-sous-Beuvray.

LAVIAT, Igé.

LAVELLE, Châtenay.

LAVERNELLE, Changy.

LAVOIR (le), St-Jean-de-Trézy.

LAVRIOTS (les), Le Breuil.

LAVY ou VIE (la), Ste-Croix.

LAYE, Chauffailles, St-Pierre-le-Vieux, Varennes-Reuillon.

LAYER, Jouvençon, St-Germain-du-Bois, Tronchy.

LAYER (Grand et Petit), Saint-Germain-du-Bois.

Lays-sur-le-Doubs.

LEBEAU, Chapelle-Thècle.

LECHENAUD ou LESCHENAUD, Vendenesse-lès-Charolles.

LECHENAULT ou LACHANEAU, Verzé.

LECON (les), Royer.

LÉCOTET, Châteaurenaud.

LÉE (en), Monthelon.

LEFFREIN, Neuvy.

LEGAIN (les), Montceau-les-M.

LÉGÈRES (les), Péronne.

LENOUX, Laives.

LENTINE (la), Remigny.

LEPERVIÈRE, Gigny.

LÉPINET, Dyo, Mornay.

Lesme.

LESNES (les), St-André-en-Br.

LESPANNEAUX Tavernay.

LESPINASSE, Palinges.

Lessard-en-Bresse.

Lessard-le-Royal.

LESSART, Mary, Pouilloux.

LESSE-DE-VEAU, St-Vincent-des-Prés.

LESSOT, Montpont.

LESSU, Gergy.

LFTREY, Simandre.

LEURRE (la), Poisson.

LEURRES (les), Colombier-en-B.

LEVAT, Sancé.

LEVÉES (les), St-Léger-lès-P.

LEVIGNY, Charnay-lès-Mâcon.

LEVRATIÈRES (les), Joudes.

LEVRATS (les), Ormes, Simandre.

LEVRIAUX (les), Ciry.

LEVRIERS (les), St-Léger-sous-la-Bussière.

LEVRY (le), Cortevaix.

Leynes.

LEYS (les), Abergement-Sainte-Colombe.

LEYSSIAT, Romenay.

LHOMOND, Montpont.
LIAMBE (la), Dommartin.
LIARETS, Pierreclos.
LIATS (les), La Vineuse.
LIBEAUX (les), Lessard-en-Br. Thurey.
LIBOUREAU, St-Jean-de-Vaux, St-Martin-sous-Montaigu.
LIE (la), Charnay-lès-Mâcon, Montmort, St-Romain, Seno-zan.
LIENE (la), Buffières.
LIENNERIES (les), Rigny.
LIETS (les), Branges.
LIÈVRES (les), St-Symphorien-de-Marmagne.
LIGEROTS (les), Ciry.
LIGNE (la), Dompierre-les-Orm.
— -DU-CANAL, St-Julien-s.-Dh.
LIGNEUX, Cronat.
Ligny-en-Brionnais.
LIMAND, Ciry.
LIMANDET (le), Ciry.
LIMASSE (la), Pouilloux.
LIMAY, Montpont, Neuvy.
LIMONE, Boyer.
LIMONT (Grand et Petit), Saint-Germain-du-Plain.
LINDE, Saint-Sorlin.
LIOCHE (la), La Truchère.
LIOCHES (les), Brienne.
LIONGE, Dracy-St-Loup, Mon-thelon.
LISLE, Bouhans.
LISSARDS (les), Oyé.
LISSIAT, Romenay.
LISSOT, Montpont.
LITAUD (les), Sainte-Cécile.
LIVERNES (les), Montmort.
LIVET (les), Essertenne.
LOCATERIE (la), Charbonnat.
LOCATERIE-DE-TILLARD, Tou-lon-sur-Arroux.
LOCATERIE-DES-BROSSES, Saint-Berain-sous-Sanvignes.

LOCATERIE-MARIN, Chapelle-s.-Uchon.
LOCATERIES-DE-LA-MONTAGNE (les), Mont.
Loché.
LOCHE (la), St-Eugène.
LOCHERAT (le), St-Bonnet-de-Vieille-Vigne.
LOCHÈRE ou LAUCHÈRE (la), Bonnay, Ouroux-sur-Saône, St-Gervais-en-Vallière.
LOCHÈRES ou LAUCHÈRES (la), St-Berain-sur-Dheune.
LOCHIN, Cronat.
LOÈRE ou LOUÈRE (la), Aberge-ment-de-Cuisery, La Boulaye, La Tagnière, Uchon.
LOGE (la), Blanzy, Bourbon, Cronat, Flacey-en-Br., Gergy, Jalogny, Palinges, St-Berain-sous-Sanvignes, St-Germain-lès-Buxy, St-Yan, Versau-gues.
— -CERRIGNY (la), St-Remain-sous-Gourdon.
— -MARGUERON (la), Charbon-nat.
— -NOIRE (la), St-Berain-s-S.
— -PONSARD (la), St-Romain-sous-Versigny.
LOGES (les), Antully, Buffières, Chalmoux, Charbonnat, Don-zy-le-National, Dyo, Gourdon, Maltat, Martigny, Mont, Monthelon, Oudry, Poisson, Rigny, Roussillon, St-Berain-sur-Dheune, St-Bonnet-de-Joux, St-Eugène, St-Germain-des-Bois, St-Laurent-d'Ande-nay, St-Léger-sous-Beuvray, St-Pantaléon, Saisy, Sanvi-gnes, Tintry, Uxeau, Ver-rière (la Grande), Vitry-en-Charollais.
LOGES-D'AVAILLY, St-Bonnet-de-Joux.

Loges-de-Bussières (les), La Tagnière.

— -de-Chaumont (les), La Tagnière.

— -de-Chizeuil(les),Chalmoux.

— -de-Coère (les), Ciry.

— -de-la-Motte (les), Saint-Berain-sous-Sanvignes.

— -de-Montperroux, Grury.

— -de-Serreix, Gourdon.

— -Vagez, Uxeau.

Logis (le),Roussillon, St-Christophe-en-Brionnais.

Logneret (le), St-Pierre-le-V.

Lognière (la), St-Ambreuil.

Loire, Abergement-de-Cuisery, Maltat.

Loirègue (le), Roussillon.

Loisette, Romenay.

Loisy.

Loisy, Varennes-le-Grand.

Loize, Chapelle-de-Guinchay.

Lolliers, Charmoy.

Lollion ou Ollion (l'),Péronne.

Lollite (la), Vaux-en-Pré.

Lombarde (le), Dyo.

Lombards (les), Hurigny.

Lomond, Montpont.

London ou Landon, Savigny-sur-Seille.

Long-Bois, Charette, St-Forgeot.

Longchamp, Curdin.

Long-Crêt, Massilly.

Longe, Marigny, Romenay.

Longeayes (les), Vinzelles.

Longe-le-Bief, St-Usuge.

Longemalle, Châteaurenaud.

Longepierre.

Longes (les), Laizy.

Longevigne, Bourbon.

Longine (la), Brion.

Long-le-Bief, St-Usuge.

Longpendu, Ecuisses.

Long-Perrier, Grandvaux.

Longue-Bise, Montmelard.

Longs-Vas (les), Issy-l'Evêque.

Longvée, Grury.

Longverne, Montmelard, Thil-sur-Arroux.

Loraine, Martigny-le-Comte.

Loranges (les), Torpes.

Lordon (les), St-Germain-du-Plain.

Lorins (les), Sens.

Lorny, Laizy.

Loron (en), St-Marcelin.

Lortelots (les), Charbonnat.

Lory (les), Diconne.

Losne (la), St-Maurice-en-R.

Lossey, Montmort.

Lots (les), Mailly.

Loubière (la), Chenay.

Louère(la), La Boulaye,Uchon.

Louères (les), La Tagnière.

Louet (le), Marizy.

Louhans.

Louis (les), St-Sernin-du-Bois.

Louites (les), St-Igny.

Lourdon, Lournand.

Lourdon (Grand et Petit), St-Berain-sur-Dheune.

Lourdots (les), St-Nizier-sous-Charmoy.

Lourfauliat, Ste-Croix.

Lournand.

Lourots (les), Ratte.

Lourry, Saint-Christophe-en-Brionnais.

Loutière (la), Martigny.

Louvarel, Champagnat.

Louve, Prissé.

Louvetière (la), Broye.

Lovernay, Tavernay.

Loyasse, Paray.

Loyère (la).

Loyère ou Louère (la), Cuisery.

Lucenay, Lugny-lès-Charolles.

Lucenay-l'Evêque.

Lucenier, Chapelle-au-Mans.

LUCHEY, St-Pierre-de-Varennes.
LUCY (le Port), Montceau-les-Mines.
LUCY (le Puits), Montceau-les-Mines.
Lugny.
Lugny-lès-Charolles.
LUMINAIRE (le), Milly, Ormes, Sennecé-lès-Mâcon.
LUNEAU, Vigny.
LUOLE (la), Moroges.
LUSIGNY, Sornay, Tintry.
Lux.
LYAMBE (la), Dommartin.
LYONGE, Dracy-Saint-Loup, Monthelon.
Lys, Chissey, Sassangy.

M

MACHERIAS, Morlet.
MACHERON, Lugny.
MACHIN, Joudes, St-Maurice-lès-Châteauneuf.
MACHURONS (les), St-Nizier-s.-Charmoy.
Mâcon.
MACONNAIS (le, Chenay, Cersot, Messey-sur-Grosne, St-Laurent-en-Brionnais.
MACONNIÈRE (la), Châteaurenaud.
MACOTTIN (les), St-Firmin.
MADELEINE (la), Brienne, Chatenay, St-Emiland, St-Martin-en-Bresse, Semur.
MAGASIN-HARMET, St-Léger-sur-Dheune.
MAGNIANCE ou MAGNENCE (la), Montret.
MAGNIEN ou MAGNIN (les), Anglure, Céron, Mussy, Savigny-en-Revermont.
MAGNON (les), Leynes.

MAGNY (le), Montceau-les-M., Sanvignes, Sarry.
MAGNY (les), La Selle.
MAICHAUDS (les) ou MEIX-CHAUX Comelle.
MAICROTS (les), Saint-Germain-du-Plain.
MAIGNE (la), Dommartin.
MAIGRE, Varennes-St-Sauveur.
MAILLARD (le), Gourdon.
MAILLENAT, Cronat.
Mailly.
MAINE, Cordesse, Reclesne.
MAINENCOUR, Saint-Pantaléon.
MAISIÈRE ou MAISIÈRES et MÉZIÈRE, Chapelle-sous-Uchon, Laizy, St-Loup-de-la-Salle, Sommant.
MAISON-BILLARD, Couches.
— -BLANCHE, Chatenoy-le-Royal, Lessard-le-Royal, Romanèche, Verdun, Essertenne.
— -BLONDEAU, St-Loup-de-V.
— -BOBIN, Torcy.
— -BOURGOUX, Oussy.
— -BRULÉE (la), Autun, Laizy.
— -CLÉMENT, Varennes-le-Gr.
— -COLIN, Thil-sur-Arroux.
— -BOURGOGNE, La Comelle.
— -DE-DIJON (la), Moroges.
— -DE-LA-FEUILLÉE, Curgy.
— -DE-LA-GRÈVE, Chagny.
— -DE-TERRE, Charnay-lès-M., Jalogny, Mâcon, Villegaudin.
— -DES-ALOUETTES, Curgy.
— -DES-BOIS, Sennecey.
— -DES-DION, Laizy.
— -DES-GENÊTS, La Charmée.
— -DES-VACHES, Curgy.
— -DIEU, Givry, Sennecey.
— -DRU, Saint-Symphorien-de-Marmagne.
— -DU-BOIS, Charnay-lès-M.
— -DU-BOIS-DE-SAVIGNY, Curgy.
— -DUCHAMP, Remigny.

MAISON-DU-CHEMIN-DE-FER, St-Loup-de-Var, Bragny-sur-S.
— -FORESTIÈRE, Chapaize, Château, Ecuelles, Givry, Mazille, Mellecey, Oslon, Pourlans, Roussillon, Sully.
— -GÉNIEUX, St-Loup-de-V.
— -LAFAY, Vitry-sur-Loire.
— -LOYE, Marmagne.
— -MASSON, Morlet.
— -MORIN, Saint-Vallier.
— -NEUVE, Brion, Charmoy, Ciry, Etang, Hurigny, Mâcon, Montcenis, Pierre, Prissé, Saillenard, Saint-Bonnet-de-Vieille-Vigne.
— -NE-S'Y-FIE-PAS, Issy-l'Ev.
— -ROILET, Cuiseaux.
— -ROUGE (la), Antully, Broye, Champlecy, Charbonnat, Charnay-lès-Mâcon, Charrecey, Comelle, Cronat, Cuiseaux, Curdin, Essertenne, Gourdon, Granges, Issy-l'Evêque, Meulin, Neuvy, Prissé, St-Jean-de-Trézy, Saint-Martin-de-Com-munes, Sanvignes, Toulon, Trivy.
— -SUCHET (la), Vendenesse-sur-Arroux.
— -THIRY (là), Torcy.
MAISONNETTE (la), La Frette, Mazille, St-Symphorien-de-Marmagne.
— DU CHEMIN-DE-FER, Champforgeuil.
MAISONS-BONNARD, Demhevy.
— -BRULÉES, Granges, Saint-Albain.
— -DE-SABLE (les), Navilly.
— -DU-BOIS, Burzy.
— -ISOLÉES, Sercy.
— -NEUVES (les), Berzé-la-Ville, Chauffailles, Laizé, Montret, Pierreclos, Prissé, Saint-Usuges.

MAISONS-NEUVES-DE-LA-TOUR (les), Romanèche.
— -ROUGES (les), Epervans, Sainte-Hélène.
— -SEULES, Verrière (la Grde).
— -VADROT (les), Maltat.
MAISTRES-CAMPS, Fay.
MAIZERAY, St-Martin-du-T.
MAIZEROLLES, Sassangy.
MAIZIÈRE (la), Chapelle-sous-Uchon, Laizy, St-Loup-de-la-Salle, Sommant.
MAJARD, Bourgvilain.
MALABUTE, Sainte-Croix.
MALADIÈRE (la), Autun, Chapelle-sous-Dun, Farges, Gergy, Germagny, Marcigny, St-Eugène, St-Martin-du-Lac, St-Vincent-lès-Bragny.
MALAIRE, Céron.
MALAISE (la), Bray, Ecuelles.
MALATIÈRE (la), Chap.-St-S.
MALATRAY, Pruzilly.
MALAY.
MALBAZINS, Lessard-en-Bres.
MALBROSSE, Vauban.
MAL-CROCHET, Rousset.
MALCUS, Charnay-lès-Mâcon.
MALESSARD, Changy.
MALÉZARD, St-Martin-du-Lac.
MALFARAT, St-Bonnet-de-Cray.
MALFONDERIE (la), Anglure.
MALFONDIÈRE, Nlussy.
MALFONTAINE, Burzy.
MALGOTTE, St-Igny-de-Roche.
MALICHY, Varennes-St-Sauv.
MALJARD, Marcigny.
MALLEROIE, St-Loup-de-la-S.
MALUCHOT (les), Melay.
MALMAISON (la), Dommartin.
MALMONTÉE (la), Bouhans.
MALO, Champlieu.
MALOT (la), Chapelle-s-Uchon.
MALPLAQUET, Toutenant.
MALPERTUIS (les), Vinzelles.
MALPORTE, St-Germain-du-Pl.

Maltat.

MALTÈRE, Puley.

MALVELLE (la), Grury, Vendenesse-s-Arroux, Vitry-s-L.

MAMÈCHE, Anglure.

MAMECHOT, Saint-Vallier.

MANAN, Tournus.

MANCÉES ou MANCEY (les), La Boulaye.

Mancey.

MANCHE (la), Mary, Poisson, St-Vallier, La Charmée.

MANCHES (les), Cortambert.

MANCOURAUT, Bourbon-Lancy.

MANET, Rigny.

MANGES (les), Boyer.

MANGETTE (la), Blanot.

MANIVEAU, Mesvres.

MANLIAUX (les), Marizy.

MANNETIERS (les), Dompierre-les-Ormes.

MANS, Dyo.

MARAGES (les), Sornay.

MARAIS, Saint-Sernin-du-Bois.

MARANDINS (les), Bruailles, Charbonnat-s-Arroux, Sagy.

MARAUDE (la), Ménetreuil.

MARBÉ, Mâcon.

MARBOUX, Charnay-lès-Mâcon.

MARBRE (la), Tavernay.

MARCELIZON, Champlecy.

MARCELLE, Saint-Germain-des-Rives, Varennes-sous-Dun.

MARCELLYS (les), Grury.

MARCERIN, St-Maurice-de-Sat.

MARCHAT, St-Martin-en-Bresse.

MARCHE (la), Cressy, Villegaudin.

MARCHEF, St-Maurice-lès-C.

MARCHÉZEUIL ou MARCHIZEUIL, Change.

MARCHIZEUIL, Change, Pressy, Saint-André-le-Désert.

MARCIAT, Joudes.

MARCIAUX (les), Sanvignes.

MARCIE ou MARCY, Cronat, Maltat.

MARCIÈRE, Chatenoy-en-Bresse.

Marcigny.

MARCILLAT, Chapelle-Thècle.

Marcilly-la-Gueurce.

Marcilly-lès-Buxy.

MARCILLY, Bruailles, Grury.

MARCON, Dompierre-les-Ormes.

MARCONNAISE, Juif.

MARCOTINS (les), St-Firmin.

MARCOUSE (la), Pierre.

MARCOUX, Tavernay.

MARCY, Cronat.

MARDIAUGUE (Grand et Petit), Vigny.

MARDOR, Couches, Verrière (la Grande).

MARDOUS (les), Marmagne.

MARE (la), Abergement-de-Cuisery, Bantange, Champagnat, Cuiseaux, Montpont, St-Gilles.

— AU-PRÊTRE (la), Sornay.

— BALAY (la), Cuisery.

— DONDON (la), Chapelle-Thècle.

— DU JOUBE, Loisy.

MARÉCHAL, Saint-Vincent-lès-Bragny.

MARÉCHAUX (les), Le Breuil, Neuvy.

MARÉCHINES (les), Pierreclos.

MARE-MAGNIN (la), Saillenard.

MARENVIRE, Simard.

MARE-NOIRE, Simard.

MARES (les) Mouthier, Sancé.

MARES-BAZINS (les), Lessard-en-Bresse, Thurey.

MARES-JOLIES, Simandre.

MARETS (les), La Tagnière.

MAREY, Cussy-en-Morvan.

MARFONTAINE, Montbellet.

MARGENNE, Autun, Monthelon.

MARGERIS (les), Sanvignes, Varennes-Reuillon.

MARGOSSON, Uxeau.

MARGOT (la), St-Germain-du-B.

MARGOTS (les), Pierreclos.

MARGUERONS (les), Rosey.

MARIE-JOLIES (les), Simandre.

MARIELLE, Varennes-s.-Dun.

Marigny.

MARGUILLERIE, Perrecy-les-F.

MARIGNY, Verzé.

MARINGES, Bourbon.

MARINGUE, Changy, St-Julien-de-Civry.

MARISOT, Chassey.

MARION (les), Chiddc, Marmagne, Neuvy.

MARITAN, Tournus.

Marizy.

MARJOLAINE (la), Iguerande, St-Martin-de-Salencey.

MARLASSES, Varennes-St-Sauv.

MARLIÈRE(la),St-Vincent-en-B.

MARLINS (les), St-Martin-en-B.

MARLOTS (les), St-Martin-en-B., St-Nizier-sous-Charmoy.

MARLOUX, Mellecey.

Marly-sous-Issy.

Marly-sur-Arroux.

Marmagne.

MARMETS (les), Chapelle de-G.

MARMINIOT, Tintry.

MARMORAT, Gourdon.

MARMOT (le), St-Eusébe.

MARNANT, Briant, Joncy.

MARNAUD, Huilly.

Marnay.

MARNAY, Buxy, Gueugnon.

MARNAY-LE-CHATEAU, St-Symphorien-de-Marmagne.

MARNAY-LE-VILLAGE, St-Symphorien-de-Marmagne.

MARNÈCHE, Mussy.

MARNISOT, Buxy.

MAROLLE (la), Creusot, Montmelard.

MAROLLES, St-Didier-sur-Arroux, Sté-Radegonde.

MARONDINS (les), Sagy.

MARONNIÈRE (la), Châteauvenaud.

MAROSSE,St-Germain-du-Plain.

MAROT (le), Palinges, Suin.

MARQUE (la), Semur.

MARQUISAT (le), Dettey, Martigny, St-Bonnet-de-Joux.

MARQUISE (la), Torcy, Montchanin-les-Mines.

MARSAIRE (la), Vincelles.

MARTAILLY, Brancion.

MARTANT, Chânes.

MARTELET (le), Vergisson.

MARTENET, Dompierre-sous-Sanvignes, St-Romain-s.-V.

MARTEVAUX, Savigny-en-Rev.

MARTIENS (les), Charmoy.

MARTIÈRE (la), Ouroux-s.-le-Bois-Ste-Marie, Ozolles.

MARTIGNY, Gibles, Poisson, St-Symphorien-de-Marmagne.

Martigny-le-Comte.

MARTIN (les), Brion, Chânes, Châtenay, Péronne,St-Racho, Verzé.

MARTIN-BON-SIRE, St-Usuge.

MARTIN-DU-BAS (les),St-Usuge.

MARTINE (la), Maltat, Sennecé-les-Mâcon.

MARTINET (le), Broye.

MARTORET, Igé, Péronne.

MARTRAT (le), Marcilly-lès-Buxy, Le Rousset, Sivignon, St-Berain-s.-Sanvignes, St-Romain-sous-Gourdon.

MARTRAY (le), Baugy, La Vineuse.

MARTRET (le), Mervans, Pouilloux.

MARVELAY, Sully.

Mary.

MARY, Berzé-la-Ville, Champagnat, Cuiseaux.

MARZE (la), Bourgvilain.

MAS, Dettey.

MASSAN, Dompierre-les-Ormes.
MASSE (la), Chapelle-St-Sauv.
Massilly.
MASSONNAY, Chapelle-de-Guin.
MASSONNE (la), Charnay-lès-Mâcon, Prissé.
MASSONETS (les), St-Bonnet-de-Joux.
Massy.
MATHEY (les), Broye, Chenay.
MATHIOUX (les), Bois-Ste-Mar.
MATHORAN, Chapelle-Thècle.
MATHOUX (les), Colombier-en-Brionnais, Bois-Ste-Marie.
MATHYS (les), Mussy, Romenay, St-Laurent-en-Brionnais, St-Rache.
Matour.
MATRAT (le), Marly-sur-Arroux, Rousset, St-Berain-sous-Sanvignes, St-Romain-s.-Gourd.
MATRONE (la), Sancé.
MATROUILLE, St-Maurice-lès-Châteauneuf.
MAU (la), Montcony.
MAUBADOY, Joncy.
MAUBLANC (les), Bruailles, Chalmoux.
MAUCART (les), Sully.
MAUCROTS (les), St-Germain-du-Plain.
MAUCRU, Cressy.
MAUDERNAU ou MONT-D'ARNAX, Broye.
MAUDEUX (les), Chassigny.
MAUDRUITS (les), Varenne-l'Arconce.
MAUGRAND (le), Montceau-les-Mines.
MAUGRE, Château.
MAUGUENINS (les), St-Berain-s.-Sanvignes.
MAUGUIN (le), Igornay.
MAUGUIN (les), St-Eusèbe.
MAULEVRIER, Melay.
MAULEYS (les), Antully.

MAULLONS (les), Mesvres.
MAULNY, St-Marcelin.
MAUMONT, Chalmoux, Mont-St-Vincent.
MAUNY (le), Rosey.
MAUPAS (le), Châtenoy-le-Royal, La Comelle, Mervans.
MAUPERRINS (les), Frangy.
MAUPOIX, St-Symphorien-de-Marmagne.
MAUPRÉ (le), Charolles, Clessé, St-Symphorien-lès-Charolles.
MAUPRIS, St-Emiland.
MAUSUITS, La Salle.
MAUVAIS (le), St-Léger-sous-la-Bussière.
MAUVAIS-PAS, Uxeau, Vendenesse-sur-Arroux.
MAUVERNAY, Montmort.
MAUVETYS (les), Davayé.
MAUX (les), Bruailles.
MAYET (le), Maltat.
MAZARME-DU-REUIL, Ciry.
MAZENAY, St-Sernin-du-Plain.
MAZIER, Varennes-St-Sauveur.
Mazille.
MAZILLE (la), Dompierre-sous-Sanvignes.
MAZILLE, Lournand.
MAZILLES (les), Marly-sur-Arr., Pressy, St-Vallier.
MAZILLY, St-André-le-Désert.
MAZOIRES, Igé.
MAZONCLE, Chauffailles, Hautefond, Marly-sur-Arroux.
MAZOYER (les), Crêches, Mornay.
MÉCHAUX (les), La Comelle.
MÉCHET, Laizy, Verrière (la Grande).
MÉCHIN, Mont-lès-Seurre.
MÉCHENNE, Gueugnon.
MÉGINE (la), Suin.
MEIGE, Charnay-lès-Mâcon.
MEIGNAUD, Vendenesse-s.-Ar.
MEILLERAND, Chambilly.

MEIX (le), Racineuse.
MEIX ou MOIS (le), Chalmoux.
MEIX (les), Jully-lès-Buxy.
MEIX-ACCROIT-TOUT, Serley.
— -AJOUX, Dettey.
— -AU-GRAND (le), Torcy.
— -BLOND, Montpont.
— -BOUROUX, Varennes-le-Gr.
— -CHANTEREAU, Simard.
— -CHAUX (la), Cortelle.
— -CHAZEL, Varennes-le-Gr.
— -COLIN, Devrouze.
— -FLATTOT, Serley.
— -FOULOT, Touches.
— -GAGNARD, Mervans.
— -GOUJON, Laizé.
— -GUILLOT, Oiel, Toutenant.
— -JUVIN, Dommartin.
— -MARIN, Varennes-le-Gr.
— -PERNOT, Simard.
— -SAVIANGE, Miroir.
— -TUZON, Sainte-Croix.
— -VALLANT, Simard.
MÉJAZEUX, Dettey.
MÉLANGE, Montmort.
Melay.
MELAY, Baron.
Mellecey.
MELLET, St-Léger-s.-Beuvray.
MELOISES (les), Cussy.
MÉLY, Chauffailles.
MÉNACHOTS (les), St-Agnan.
MÉNAIS (les), Charmoy.
MENARD (les), Artaix.
MENAS (la), Thil-sur-Arroux.
MENAULT (les), Change, Thil-
  sur-Arroux.
MENEAU ou MENOT, Bourbon,
  Martigny, St-Bonnet-de-
  Joux, Vendenesse-sur-Ar.
MENEAULT, Charmoy.
MÉNESSARD, Saint-Cyr.
MÉNETRAUX (les), Charbonnat.
Ménetreuil.
MÉNEUVRE (la), Châteaurenaud.
MÉNEZ (les), Oiry.

MÉNIÈRE, Mornay.
MÉNOGE (la), Dompierre-sous-
  Sanvignes.
MÉNOUE (la), Joncy.
MÉNOUILLES, St-Léger-s.-Beuv.
MENU, Ciry-le-Noble.
MENYAS (le), Rousset.
MÉPAVIANGE, Le Miroir.
MÉPILLEY, Sevrey.
MÉPLIER (le), Blanzy.
MÉPLIERS (les), Saint-Eusèbe.
MÉRAC, Charnay-lès-Mâcon.
MÉRANDIN (les), Charbonnat.
MÉRANGE, Baudemont.
MÉRAT (sur), Mary.
MÉRAUX (les), Le Roussillon.
MERCENNE, Châteaurenaud.
MERCEY, Cheilly, Montbellet.
MERCIER, Bourbon.
MERCULLY, Gueugnon.
Mercurey.
MERDASSON, Beaumont.
MÉRÉ, Marizy.
MÈRE-AU-PROST, St-Pierre-le-
  Vieux.
MÈRE-BOITIER (la), Tramayes.
MÉRIAUX (les), La Selle.
MÉRILLON, Serley.
MÉRIOLE, Rigny.
MERLANTEY (le), St-Martin-en-
  Bresse.
MERLAUX (les), Mornay.
MERLES (les), Les Guerreaux,
  Motte-St-Jean, St-Aubin-sur-
  Loire.
MERLEY, Ciel.
MERLIN (les), Montjay.
MERLOUX, Baudemont, St-Point,
MERNY (le), Sarry.
MREUGE, Buxy, Bissey-sous-
  Cruchaud.
Mervans.
MERVINS, Frontenard, Gergy.
MERZÉ, Cortambert.
MÉZARMES (les), St-Eusèbe.
MESSAU, St-Gengoux-le-Nat.

MESSEUGNE, Savigny-s.-Grosne.

Messey-sur-Grosne.

MESSEY, Ozenay.

MESSEY-LE-BOIS, Messey-sur-Grosne.

Mesvres.

MESVRIN (le), Le Creusot, St-Sernin-du-Bois.

MÉTAIRIE (la), Ste-Hélène.

— -DE-PRODHUN, St-Firmin.

— -DES-BOIS, Antully.

MÉTAIRIE-NEUVE (la), Cronat.

MÉTHISERATS OU MEIX-THISE-RATS (le), Grury.

MÉTHUZON, Ste-Croix.

MÉTUGE, Mornay.

MEUGNAT (le), St-Germain-du-Plain.

MEULENOT, Saint-Léger-sous-Beuvray.

Meulin.

MEULIN, Beaubery.

MEUNIÈRE (la), Chassey.

MEUNIERS (les), Dompierre-les-O.

MEUNOT, Bragny-en-Charollais.

MEURE (la), Saint-Gervais-sur-Couches.

MEURETTE (la), Bourbon.

MEURGERS (les), St-Léger-du-Bois.

MEURIENNE, Châteaurenaud.

MEURIER-MOULIN, Cruzille.

MEURIERS (les), Bourgvilain, Crêches.

MEURIOUX, Cronat.

MEUROT, Baudrières, Montret.

MEUROTS (les), St-Vincent-en-Bresse.

MEURSAULT, St-Vincent-des-Prés.

MEUZOI, Charmoy.

MEYGNIAUD, Vendenesse-s.-Ar.

MEYNARD (les), Chambilly.

MÉJAZOUT, Dettey.

MÉZEROLLES, Sassangy.

MÉZIAT (les), Vinzelles.

MÉZIÈRE, Sommant.

MIALOUP, Azé.

MICAULIN ou MEIX-COLIN, Devrouze.

MICHAUDE (la), Azé.

MICHAUDS (les), Charbonnières, Germolles, Péronne.

MICHAUDIÈRE, Savigny-s.-Seille.

MICHAUDON, Tancon.

MICHEL (le), St-Symphorien de-Marmagne.

MICHELET (les), Cressy, Nochize, Poisson.

MICHELIN (les), Bosjean.

MICHET, Laizé.

MICHOYERS (les), Artaix.

MICONNIÈRE, Serley.

MIDELLES (les), Buffières.

MIDRILLE, Sivignon.

MIGNOT (les), St-Aubin-s.-Loire.

MILLERANDS (les), Roussillon.

MILLERAU (le), St-Symphorien-des-Bois.

MILLERINS (les), Châtenay.

MILLEROCHE, Azé.

MILLERY, Autun, Auxy, Dennevy, Rousset, St-Forgeot, Saint-Sorlin.

MILLEUR, Frontenaud.

MILLIAUDIN (les), Chapelle-au-Mans.

MILHAUDS (les), Curgy.

MILIADE, Montmelard.

MILLIADES (les), Donzy-le-Nat.

MILLIEN (les), Marmagne.

MILLIÈRE, Bourbon.

MILLIERS (les), Rigny.

MILLIONS (les), Marmagne.

MILLORE, La Selle.

Milly.

MIMANDE, Chaudenay.

MIMONT, La Vineuse.

MINE (la), Autun, Chapelle-s.-Dun, Neuvy, St-Berain-s.-Dheune.

MINEAUX (les), Blanzy.
MINE-DE-CHEVIGNY, Dracy-St-Loup.
MINE-DE-ROVELON, Dracy-St-Loup.
MINES (les), St-Eugène.
MINETS (les), Charbonnières.
MINIMES (les), La Clayette.
MINOTS, Montcenis.
MINY (éz), Vauban.
MIOLAND, Hurigny.
MIORDES, Loisy.
MIOHOT (les), Brienne.
MIQUETS (les), Paray.
MIRANDE, Monthellet, Varennes-le-Grand.
MIRANDEAUX (les), Chalmoux.
MIRAUX (les), Blanzy.
MIRBELLE, Saint-Bonnet-en-Bresse, La Chaux.
Miroir (le).
MISE (la), St-Bonnet-de-Joux.
MISÈRE, St-Etienne.
MISERY, Oyé.
MIST-EN-FLUTE (la), Mouthier.
MITAUX (les), St-Sernin-du-B.
MIZIEU, Roussillon, Verrière (la Grande).
MOCARDE, Varennes-Saint-Sauveur.
MOCHÈRE, St-Julien-de-Civry.
MOCQUAT (le), Sully.
MOGNERET (lès), Cuzy.
MOGNY, Branges.
MOGUES (les), Verzé.
MOINES (les), Fleury, Rousset.
MOINS (en), Sologny.
MOIRETTE (la), St-Germain-des-Rives, Varénne-Reuillon.
MOIRES (lès), Bellevesvre.
MOIROT, Saint-Symphorien-de-Marmagne.
MOIROTS (les), Mouthier.
MOIROUX, Loisy, Uchizy.
MOIS (le), Chalmoux, Cressy, Saint-Sernin-du-Bois.

MOISY, Cuiscaux, Dommartin, St-Symphorien-de-Marmag.
MOISSONNIER (les), Chapelle-Naude, Miroir.
MOISSONS (les), St-Etienne.
MOIZIAT, Romenay.
MOLAISE, Charolles, Ecuelles, Huilly, Joudes, Martigny, St-Symphorien-lès-Charolles.
MOLAISES (les), Bantanges, Mary.
MOLARD (le), Brancion, Bray, Chardonnay, Chapelle-Thécle, Colombier-en-Brionnais, Gondal, Davayé, Frontenaud, Ozenay, Simandre, Romenay, Tramayes, Trivy.
MOLARD-CHANUT(le),Ste-Cécile.
MOLARD (Grand et Petit), Vérizet.
MOLARD (le Gros), Montpont.
MOLARDS (les), Branges, Montmelard, St-Sorlin, Varennes-Saint-Sauveur.
MÔLE (le), Germolles, Laizy, Lays sur-le-Doubs.
MOLEMBIER (le Grand et le Petit), Fay.
MOLERET (le), St-Pierre-le-V.
MOLESSARD, Pressy, Changy.
MOLETTE (la),Change, Creusot.
MOLEY (le), Autun, Brienne, Huilly, Rancy.
MODEYS (les), Rancy.
MOLLEFRONT, Perrecy.
MOLLERAY (la), Anost, Saint-Pierre-le-Vieux.
MOLLÈRES, Laizy, St-Laurent-en-Brionnais, Muzy, Prizy, St-Racho, Sanvignes, Saint-Martin-de-Lixy.
MOLLERIE (la), St-Bonnet-de-Cray.
MOLLE-RIPPE, Chapelle-Naude.
MOLLERON, Bissy-la-Mâcon, Chassigny, Vaudebarrier.

MOLLETÊTE, Tournus.

MOLLIÈRE (la), Anzy, Céron, Charmoy, St-Berain-sur-Dh.

MOLLIÈRES (les), Anglure, Beaumont, Donzy-le-Nat., Ligny, St-Bonnet-de-Cray, St-Julien-de-Jonzy, St-Laurent-en-Brionnais, St Martin-de-Lixy, Suin.

MOLNAY, St-Léger-sous-Beuvray.

MOLOY (le Grand et le Petit), St-Léger-du-Bois.

MONAY, Saint-Eusèbe.

MONCEAU (le), Broye, Mary, Morôges, Roussillon.

MONCHALON, Ozolles.

MONDELIN, St-Maurice-lès-Châteauneuf.

MONDEMOT, Uxeau, Vendenesse.

MONDEUX (les), Chassigny.

MONDEVELLES (les), Thil-sur-Arroux.

MONDORNON, Saint-Privé.

MONETOT, Ecuisses.

MONÉTY, Perrecy.

MONGINS (les), Tavernay.

MONNERIES (les), St Laurent-en-Brionnais.

MONINE (la), St-Vincent-en-Br.

MONNAY, Chauffailles, Dompierre-les-Ormes.

MONNET (les), Leynes, Pierreclos.

MONNOT (les), Torpes, Saint-Berain-sous-Sanvignes, St-Cyr.

Mont.

MONT (le), Anost, Anzy, Chapelle-du-Mont-de-France, Clessé, Cortevaix, Hurigny, Montmort, Mussy, Ouroux-sur-Saône, Saint-Christophe-en-Brionnais, Saint-Point, La Selle, Serley, Serrières, Suin, Tramayes, Varennes-sous-Dun, Verjux, Vitry-en-Charollais.

MONTABIOT, Mellecey, Sully.

MONTAGAY ou MONTAGUET, St-Martin-de-Lixy.

MONTAGNE (la), Brandon, Briant, Charbonnat-sur-Arroux, Charbonnières, Charmoy, Curtil-s.-Buf., Dettey, Issy-l'Evêque, Maltat, Mont, Montagny-sur-Grosne, Reclesne, St-Martin-de-Senoz, Ste-Foy, St-Prix, Tronchy.

MONTAGNE-AUX-MAS (la), Ozenay.

MONTAGNE-D'ARGAUD, Saint-Léger-sous-la-Bussière.

MONTAGNE-DE-CHAUX, Saint-Léger-sous-la-Bussière.

MONTAGNE-D'ECUSSOLE, Saint-Pierre-le-Vieux.

MONTAGNE-DES-FOISONS (la), Couches.

MONTAGNES (les), Broye.

MONTAGNES-DU-MONT (les), St-Martin-du-Mont.

MONTAGNONE, Ozenay.

MONTAGNY, Allériot, Brion, Chevagny-lès-Ch., Ménetreuil, Prissé, Sailly, Saint-Ythaire.

Montagny-lès-Buxy.

Montagny près-Louhans.

Montagny-sur-Grosne.

MONTAGUET, St-Martin-de-L.

MONTAGUILLON, Condal.

MONTAGUILLON-DE-ST-SULPICE, Condal.

MONTAIGU, Chauffailles, Saint-Marcelin, St-Martin-la-Pat., Touches.

MONTAIGUILLON, Genelard.

MONTAILLOUX, St-Laurent-en-Brionnais.

MONTAIZÉ, Château.

MONT-ALLÈGRE, Château.

MONTALON, Saint-Symphorien-des-Bois.
MONTAVENT, Trambly.
MONTANDÉ, St-Léger-s.-Beuv.
MONTANGELIN, St-André-en-B.
MONTANGERAND, Bourgvilain.
MONTANGON, Cronat.
MONTANLOUP, Blanzy.
MONTARBEAU, Diconne.
MONTARD, St-Nizier-s.-Arroux.
MONT-ARDIER, Chenay.
MONTARGÉ, Condal.
MONTARNO, Chauffailles.
MONT-ASSIN, Motte-St-Jean.
MONTAUBAN, Gilly.
MONT-AUBRY, Breuil.
MONTAUDON ou MONT-ODDON, Cluny.
MONT-AU-DROU ou au DRU, Bourbon.
MONTAUGÉ, St-Léger-s.-Beuv., Verrière (la Grande).
MONT-AU-LOUP, Blanzy.
MONTAUMÉ ou MONT-AU-MEIX, Blanzy.
MONT-AUX-VIES ou MONTOVIE, Montpont.
MONT-AVEILLY, Chenay.
MONT-BARIGNAY, St-Jean de-Vaux.
Montbellet.
MONT-BENOIT, Motte-St-Jean.
MONT-BERNIER, Coublanc.
MONT-BERTHIÈRE, Fay.
MONTBOGRE, St-Désert.
MONTBŒUF (le Bois de), Mesvres.
MONT-BOIN, Marizy.
MONTBON, Gibles.
MONT-BOUTON, Ciry.
MONT-BRENOT, Etang.
MONT-BRETANGE, Gourdon.
MONTBRILLANT, Chapel.-Naude.
MONT-BUGY, Sanvignes.
MONT-BUFFAUT, Etang.
MONT-CARRON, Chassigny.

Montceau-les-Mines.
MONTCEAU (le), Chassy, Fay, Gilly, Jully, Jugy, Mary, Mesvres, Moroges, Oudry, Oyé, Paray, Prissé, Prizy, St-Aubin-en-Charollais, St-Marcelin, St-Romain-sous-Gourdon, St-Usuge.
Montceaux.
Montceaux-l'Etoile.
MONTCELI, Ligny-en-B.
MONTCELIN, Sommant.
MONTCŒNEAU ou MONTCHENEAU, Chassigny-sous-Dun.
Montcenis.
MONTCHANIN, Azé, Bergesserin, Fleury, Génelard, Gergy, Issy-l'Evêque, Saint-Eusèbe, Vaudebarrier, Viry.
Montchanin-les-Mines.
MONTCHARMONT, St-Prix.
MONT-CHARVEY, Mervans.
MONT-CHATEL, Marly-s.-Arr.
MONTCHAUVOT, St-Léger-s.-Dh.
MONT-CHEF (le), Chassigny.
MONT-CHÉRI, Chauffailles.
MONTCHERIN, Romenay.
MONTCHEVREUIL, Verzé.
MONT-CHEVRIER, Blanzy, Marigny.
MONTCHIEN, St-Eugène.
MONTCIMET, Anost, Cussy.
MONT-COCU, Vitry-sur-Loire.
Montcony.
MONT-CORNOZ, Serley.
Montcoy.
MONTCOX, Breuil.
MONTCRAIN, Bray.
MONTCUCHOT, Gourdon, Martigny-le-Comte, St-Vincent-en-Bresse.
MONT-D'ARNAUX ou MAUDER-NAUX, Broye.
MONT-DE-GRANGE, Dampierre-en-Bresse.
MONT-DELIN, Saint-Maurice-lès-Châteauneuf.

MONT-DE-MARS, St-Bonnet-de-Joux.
MONT-DE-VERJUX, Verjux.
MONT-DIDIER, St-Léger-sous-la-Bussière.
MONTDORNON, St-Privé.
MONT-DRACY, Dracy-lès-Couch.
MONT-DU-CHAT, Chapelle-Thècle.
MONTE, St-Julien-de-Civry.
MONTEAU (le), Chassy.
MONTEAUFIN, St-Eusèbe.
MONTÉCHEMARD, Romenay.
MONTECÔTE, Sornay.
MONTÉE (la), Cronat, Loché, St-Désert.
MONTÉE-NOIRE, Breuil.
MONTÉES (les), Cronat.
MONTÉGA, Chassigny.
MONTENIÈRES, Charbonnat-sur-Arroux.
MONTENLAND, Blanzy.
MONT-ÉPINET, Donzy-le-Pertuis.
MONTEPLAN, Gourdon.
MONTERIN, Bray.
MONTERNA, Chauffailles.
MONTERRAINS (les), Serrières.
MONTESSUS, Changy, Gibles.
MONTET (le), Châteauneuf, Cussy, Palinges, St-Igny, St-Maurice-lès-Châteauneuf, Vareilles, Verzé.
MONTEULAND, Blanzy.
MONTÉVRIER, Issy-l'Evêque.
MONTFAUCON, Charmoy, Toulon.
MONTFAUCON (les), St-Julien-s.-Dheune.
MONT-FENAUD, Broye.
MONTFERRAND, Broye.
MONT-FEURTON, La Tagnière.
MONTFLEURI, Simard.
MONTFLIN, Devrouze.
MONTFORT, Chaudenay.
MONTFRAU, Marizy.
MONTFROID, Mussy.
MONTFROUX, Gourdon, Marigny.

MONT-GARDON, Condal.
MONT-GAUCHON, Etang.
MONT-GÉLY, St-Symphorien-des-Bois.
MONT-GEREAUD, Varenne-Reuillon.
MONTGESSON, Varennes-s.-Dun.
MONT-GILLARD, Issy-l'Evêque.
MONT-GIRARD, Ste-Radegonde, Vareilles.
MONT-GOUBOT, St-Gengoux-le-National.
MONT-GRAILLOUX, Chambilly.
MONT-GRENAUD ou GARNAUD, St-Bonnet-de-Joux.
MONT-GUICHOT, Etang.
MONT-GUILLARD, Iguerande.
MONTGUNOT, Matour.
Monthelon.
MONTHÉRIS, Grury.
MONTHIONS (les), St-Martin-en-Bresse.
MONTIGNIÈRE (la), Charbonnat.
MONTIGNY, Uxeau, Vitry-s-L.
MONTIGOT, La Selle.
MONTILLET, Cluny, Tramayes, Varennes-sous-Dun.
MONTILLON, Chalmoux.
MONTIOTS (les), La Tagnière.
MONTIRAT, Sanvignes.
MONT-JALMAIN, Charbonnat.
Montjay.
MONTJAY, Ménetreuil.
MONTJEU, Broye, Issy-l'Evêque.
MONTJEUNOT, Broye.
MONTJOSARD, Chassy.
MONT-JOUVENT, Varennes-St-Sauveur.
MONT-JULIEN, Uchon.
MONT-LA-VILLE, Charbonnières, Chardonnay, Laizé, Ozenay.
Mont-lès-Seurre.
MONTLIÈVRE, Romenay.
MONT-LOIRON, Cussy.
MONTLOIS, Neuvy.
MONT-LOUP, Chauffailles.

MONT-LYABOZ, St-Martin-du-L.

MONT-MAILLOT, Sanvignes.

MONTMAIN ou MONTMIN, Autun, Serrières.

MONT-MAISON, Broye.

MONT-MARTIN, Gourdon, Marcilly-lès-Buxy.

MONTMARY, Marigny.

MONTMARVAUX, Issy-l'Evêque.

MONTMEGIN, Semur.

Montmelard.

MONT-MENÈME, Dettey.

MONT-MERY, Marigny.

Montmort.

MONTMORET, St-Léger-s.-Beuv.

MONTORGE, Couches, Montagny-lès-Buxy.

MONTORTU, Issy-l'Evêque.

MONTOT (le), Bissey-sous-Cruchaud, Issy-l'Evêque, Maltat, Oudry, Rigny, Vaudebarrier, Verosvres.

MONTOTS (les), Navilly, Saint-Martin-en-Bresse.

MONTOVIE, Montpont.

MONTOY, Etang, Laizy.

MONT-PALAIS, Grury, Rully.

MONTPATEY, Couches.

MONTPERROUX, La-Comelle, Grury, Laizy, Perrigny, St-Léger-sous-Beuvray.

MONT-PETIT, Cressy.

MONT-PLAISIR, Bourbon, Chenay, Grury, Tournus.

MONTPLEIN, Oudry.

Montpont.

MONT-PREVET, Curbigny.

MONTRACHET ou MONT-RACHET, La Salle, Savigny-s-Grosne.

MONTRAFOND, Saint-Didier-en-Brionnais.

MONTRANGE, Chauffailles.

MONTRANGLE, Cressy.

MONTRAVANT ou MONT-RAVANT, Brandon, Trambly.

Montret.

MONTRIETTE (la), Anzy.

MONTREVAL, Coublanc.

MONTREVOST, Cuisery.

MONTREZY, Dracy-Saint-Loup.

MONT-RICHARD, Sancé.

MONTROARD, Vitry-s.-Loire.

MONT-ROCHER, Dyo.

MONT-ROI, Rosey.

MONTROMBLE, Autun, Marmagne.

MONTROND, Chassigny.

MONTROSSIN, Saint-Racho, Varennes-sous-Dun.

MONTROUAN, Gibles.

MONTROYE, Rosey, St-Désert.

MONT-ROUARD ou MONT-ROIRE, Vitry-sur-Loire.

MONTROUGE, Chevagny-les-Chevrières, Hurigny, Pruzilly.

MONT-ROUX, Montret.

MONTS (les), St-Laurent-en-Br.

MONTSAC, Saint-Christophe-en-Brionnais.

MONT-SAINT-PIERRE, Jalogny.

Mont-Saint-Vincent.

MONTSARIN, St-Laurent-d'And.

MONTSAVIN, Vincelles.

MONTSERVRAY, Varennes-s.-D.

MONTS-MARVAUX (les), Issy-l'Evêque.

MONT-TIRAT, Sanvignes.

MONTVAILLANT, Clermain.

MONTVAL, Bourgvilain.

MONTVALLET, Saint-Didier-en-Brionnais, St-Gengoux-le-N.

MONT-VALTIN, Breuil.

MONTVELLE, Marmagne.

MONT-VERNAY, Montmort.

MONVOISIN, Collonge-en-Char.

MOQUETS (les), Chapelle-sous-Dun, Poisson.

MORACHOT (le), Allerey.

MORANCHIN, Sennecé-l.-Mâcon.

MORANDE, Breuil.

MORANDINS (les), Etang.

MORANDS (les), Montchanin-les-Mines.

MORAT (les), Davayé, Tramayes, Varennes.
MORBIER (le), Beaumont-sur-Grosne.
MORCOUX, Tavernay.
MORDEAUX, Broye.
MOREAU, Cressy, Verosvres.
MOREAUX (les), Autun, Bourg-le-Comte, Brion, La Chaux, Curgy, Sivignon.
MORÉE (la), ou LAMOREY, Chalmoux.
MORENTRU, Uxeau.
MORETIN (les), Artaix, Chenay.
MORETS (les), Beaurepaire, Issy-l'Evêque.
Morey.
MOREY, Lucenay.
MORGELLE, Sully.
MORIER (les), Crèches.
MORIGNY, Palinges.
MORILLON, Motte-Saint-Jean, les Guerreaux.
MORIMBEAU, Charbonnat.
MORIN (les), Breuil, St-Julien-de-Civry, St-Micaud, Saint-Nizier-s.-Charmoy, Serrigny, Sully.
MORIZE (les), Céron.
MORLAY, Bonnay, St-Ythaire.
Morlet.
MORLIN, Torcy.
MORLOT (les), St-Sernin-du-B.
MORLUX (le), St-Martin-en-Br.
MORNATS (les), Mont.
Mornay.
MORNAY, Blanot, St-Maurice-de-Satonnay.
MORNIÈRE (à la), Vauban.
Moroges.
MORONDE, le Breuil.
MORPHÉE, Suin.
MORSANGE, Saint-Bonnet-de-Vieille-Vigne.
MORTAIN, Chissé,-lès-Mâcon.
MORTAISE, Lucenay.

MORTIER, Bellevesvre, Condal, Péronne, St-Martin-de-Senozan, Torpes.
MORTIÈRE, Moroges, Givry.
MORTRU, Briant.
MOTTE (la), Beaurepaire, Bellevesvre, Chapelle-St-Sauv., Charmée, Chauffailles, Chissey-lès-M., Cuisery, Diconne, Fretterans, Loché, Mary, Mont, Perreuil, La Racineuse, Simard, Saillenard, Saint-Berain-s.-Dheune, St-Bonnet-de-Cray, Sainte-Croix, Saint Eusèbe, St-Germain-du-Bois, Saint-Martin-du-Lac, Saint-Romain-s.-Gourdon, Tancon, Varenne-Reuillon.
MOTTE (la Petite), Dennevy, St-Léger-sur-Dheune.
MOTTE-AUX-MERLES, Artaix.
— -BOUCHOT, Ecuisses.
— -DE-THÉLY, Boulaye.
— -DES-VAUX, Lesme.
— -DU-BAS, Racineuse.
— -DU-HAUT, Racineuse.
— -LOISY, St-Berain-s.-Sanv.
— -NEUZILLET, Sassenay.
— -RENARD, Dampierre-en-Bresse.
— -REUILLON, Varenne-Reuil.
— -VEILLAUD ou VELLIAU, Vitry-sur-Loire.
— -VILLE, Ecuisses.
Motte-St-Jean (la).
MOTTES (les), Lessard-en-Br.
MOTTIÈRES, St-Christophe-en-Brionnais.
MOUCAULT, Bourbon-Lancy.
MOUCHE (la) Chissey-en-Morv., St-Bonnet-de-Joux.
MOUCHE (Grande et Petite), Sancé.
MOUCHY, Cressy.
MOUGE, La Salle.
MOUGES (les), Boyer.

MOUHY, Prissé.

MOUILLARGUES, Paray.

MOUILLE (la), Anglure, Joncy, Matour, Mussy, La Tagnière, Toulon, Villars.

MOUILLE-A-LA-DAME (la), Gourdon.

— -ANET (la), la Grande-Verrière.

— -AU-JARD, Ste-Radegonde.

— -AU-LOUP, St-Symphorien-de-Marmagne.

— -DES-VOSGES (la), Trambly.

— -DU-BRAS, Bourgvilain.

— -JEAN-PRIN, Creusot.

— -LONGUE, Torcy.

— -MAZARY, Montcenis.

— -RENAUD, la Grande-Verrière.

— -RONDE, Le Breuil, Char-Charbonnat.

MOUILLENAT, Cronat.

MOUILLES (les), Cronat, Mazille, Montjay, Palinges, Sainte-Foy, St-Micaud, St-Prix, Varennes-le-Grand.

MOUILLETTE (la), Toulon.

MOUILLETS (les), Sagy.

MOUILLEVANT ou MOULEVANT, Brienne.

MOUILLONS (les), Brion, Mesvres.

MOUILLOTTES (les), Sigy.

MOULAND-BROUILLARD, Cuzy.

MOULES (les), Marcilly-la-G.

MOULENTS-AU-LOUP, Uxeau.

MOULEVANT (en), Brienne.

MOULIN (le), Allériot, Bois-Ste-Marie, Burnand, Chauffailles, Collonge-la-Mad., Le Creusot, Cuzy, Dettey, Fuissé, Géange, Gourdon, Grange, Longepierre, La Loyère,

Cussy, Curtil-s.-Buffières, Massilly, Loisy, Lugny-lès-Charolles, Marmagne, Miroir, Montcoy, Navilly, Oslon, Passy, Perrecy, Pierre, Pierreclos, Pressy, Rousset, St-Agnan, St-Désert, Saint-Didier-en-Bresse, St-Vérand, St-Maurice-lès-Châteauneuf, Sassenay, Sercy, Serrières, Sommant, La Truchère, Vergisson, Verrière (la Petite), Versaugues, Vigny, Villegaudin.

MOULIN-AMY, (le), Vérissey.

— -ANDRÉ, Couches.

— -ARBILLON, Bourgvilain.

— -AUX-GRAS, St-Germain-du-Bois.

— -AUX-GRUES, Chissey-lès-Mâc.

— -AUX-MOINES, St-Germain-du-Plain.

— -A-VAPEUR (le), Grandvaux.

— -A-VENT, Bourbon, Breuil, Chalmoux, Fleury, Iguerande, Mailly, Montcenis, Ouroux-sur-Saône, Romanèche, St-Eusèbe, St-Laurent-d'Andenay, Saint-Loup-de-la-Salle, St-Martin-du-Tartre, St-Maurice-en-Rivière. St-Vallier, Sassenay, Villars.

— -A-VENT-DE-BOST, Gourdon.

— -A-VENT-DE-LA-CROIX-PAUTET, Marcilly-lès-Buxy.

— -BACHELET, St-Eugène.

— -BAILLY, Bourbon, Chenay, Damerey.

— -BALAS, Sassangy.

— -BATTU, Sassangy.

— -BAUDIER, Bussières.

— -BAUDRAN, Bourbon.

— -BAUDY, St-Jean-de-V.

— -BENE, St-Loup-de-la-Salle.

— -BERGER, Saint-Amour.

— -BERNARD, Ormes.

MOULIN-BERTHAUD, Bissey-s.-Cruchaud, Sassangy.
— -BERTHOT, St-Vincent-en-Bresse.
— -BETTEVOUX, Préty.
— -BEUZOT, Ormes.
— -BIEF, Oudry.
— -BIEN-FAIT, Cheilly.
— -BLAIZOT, Blanzy.
— -BOUCAUD, Chatenay.
— -BOZOT, Issy-l'Evêque.
— -BRETÉ, Couches.
— -BRIGOT, La Frette.
— -BROCHAT, St-Jean-de-Vaux.
— -BURDEAU, Lugny.
— -BURDET, Ozolles.
— -BUTHY, Berzé-la-Ville, Milly.
— -CABOT, Bussières.
— -CACHOT, Saint-Julien-de-Civry.
— -CANARD, Romenay.
— -CARLIN, Saint-Prix.
— -CASSÉ, La Tagnière, Uchizy.
— -CHAMONARD, Milly.
— -CHANTEMERLE, Cuisery.
— -CHARLES, Montagny-lès-Buxy.
— -CHARTIER, Moroges.
— -CHARVET, Cuisery.
— -CHAUMEAU, Marigny.
— -CHENAL, Oyé.
— -CHEVREAU, Péronne.
— -CHIPOT, Saint-Aubin-en-Charollais.
— -CLIPAS, Mellecey.
— -COLAS, Chapelle-sous-Brancion.
— -CONDAMNÉ, Thil-sur-Arr.
— -CORNU, St-Vallier.
— -CRAMPIN, Couches.
— -CRETIN, Prissé.
— -CROUZOT, Cortevaix.
— -D'ABOST, Cordesse.
— -D'AIGREVEAU, le Roussillon.

MOULIN-D'AIZY, La Tagnière.
— -D'ALLARME, Flacey.
— -D'ANZY, Anzy.
— -D'ARDEAU, Couches.
— -D'ARLEBEAU, Remigny.
— -D'ARTUS, Beaubery.
— -D'AUPONT, Gilly.
— -DAVID, La Frette.
— -D'AVOINE, Vers.
— -DE-BALME, Charnay-lès-Mâcon.
— -DE-BATTEU-BORDEAU, Marizy.
MOULIN-DE-BAUGIS, Comelle.
— -DE-BAYARD, Baudemont.
— -DE-BEAUBERY, Beaubery.
— -DE-BESORNAY, Vitry-lès-Cl.
— -DE-BETTEVOUX, Uchizy.
— -DE-BIÈRE, Vendenesse-lès-Charolles.
— -DE-BLAIN-LE-VIEIL, Roussillon.
— -DE-BOTTORET, Tancon.
— -DE-BOULAY, Baudrières.
— -DE-BOUSSON, St-Didier-sur-Arroux.
— -DE-BRANDON, St-Pierre-de-Varennes.
— -DE-BOUTREY, Laives.
— -DE-BREUIL, Demigny.
— -DE-BROU, Azé.
— -DE-BRURE, Cronat.
— -DE-BURCHY, St-Bonnet-de-Cray.
— -DE-BURGY, St-Maurice-de-Sathonay.
— -DE-CELLERY, Mâcon.
— -DE-CHAMBON, Varennes-s.-Dun.
— -DE-CHAMISSIAT, Romenay.
— -DE CHAMP-PORNON, Varennes-sous-Dun.
— -DE-CHAMP-ROND, Nochize.
— -DE-CHAMPSIGNY, St-Léger-du-Bois.
— -DE-CHARBONNEAU, Ciel.

MOULIN-DE-CHARDONNET, Saint-Romain-sous-Versigny.
— -DE-CHATENAY, Culles, Fley.
— -DE-CHAVANNES, Saint-Didier-sur-Arroux.
— -DE-CHAVENNES, Chapelle-St-Sauveur.
— -DE-CHAZELLES, Cormatin.
— -DE-CHEVANNE, St-Racho.
— -DE-CHIZY, Vitry-lès-Cluny.
— -DE-CLAPPE, Chissey-lès-M.
— -DE-CLÉMENCEY, Frangy.
— -DE-CLYPOT, Mellecey.
— -DE-COLLONGE, St-Boil.
— -DE-CONDE, l'Hôpital-Lem.
— -DE-COPTIER, Dyo.
— -DE-CORCHANU, Chassey.
— -DE-CORNOT, Sermesse.
— -DE-CORPEAU, Chagny.
— -DE-CORTAMBLIN, Malay.
— -DE-CREZIN, Chapelle-Thècle.
— -DE-CREUZILLE, Saint-Symphorien-de-Marmagne.
— -DE-CROUZOT, Cortevaix.
— -DE-CRUZILLE, Lalheue.
— -DE-CULET, Chissey.
— -DE-CUZY, Cuzy.
— -DE-DAME-HUGUETTE, Savianges.
— -DE-DROUX, St-Remy.
— -D'EN-BAS, Baudrières, Marcigny, Tournus.
— -D'EN-HAUT, Baudrières, Igé.
— -D'EPIRY, St-Emiland.
— -DE-FAGOT, Rully.
— -DE-FOUDRAS, Brion.
— -DE-FOULOT, St-Gengoux-le-National.
— -DE-FRISEAU, Vitry-lès-Cluny.
— -DE-GAFROT, St-Martin-en-Bresse.
— -DE-GALUZOT, St-Vallier.
— -DE-GATE-PAIN, Abergement-de-Cuisery.

MOULIN-DE-GAUCHE, Saint-Laurent-en-Brionnais.
— -DE-GENACY, Martigny.
— -DE-GROSNE, Beaumont.
— -DE-HAUTERIVE, Chapelle-de-Bragny.
— -DE-HIÈGE, Mouthier.
— -DE-JONCS, Montbellet.
— -DE-JOUX, Saint-Nizier-s.-Charmoy.
— -D'IRLÉ, La Charmée.
— -DE-JANCROT, St-Martin-en-Bresse.
— -DE-JARRAS, La Guiche.
— -DE-JOUGE, La Genête.
— -DE-L'ABBAYE, St-Christophe-en-Brionnais.
— -DE-LA-BÉLOUSE, St-Léger-sous-la-Bussière.
— -DE-LA-BLASETTE, Château-renaud.
— -DE-LA-BOISSINE, Montcony.
— -DE-LA-BONDE, Abergement-de-Cuisery.
— -DE-LA-BROYE, Flacey.
— -DE-LA-CANNE, Cersot.
— -DE-LA-CHALOIRE, Verrière (la Petite-).
— -DE-LA-CHANÉE, St-Germain-du-Bois.
— -DE-LA-CHAPELLE, Chapelle-de-Bragny, Chapelle-Naude, Chapelle-Thècle, Messey, St-Desert.
— -DE-LA-CHARMÉE, La Charmée.
— -DE-LA-CHAUME-DE-CHARNAILLE, Jambles.
— -DE-LA-CLOCHETTE, Salornay.
— -DE-LA-CÔTE, Dyo.
— -DE-LA-COUDRE, Tronchy.
— -DE-LA-COUR, Montcony, Ste-Radegonde.
— -DE-LA-CREUSE, Châtenoy-le-Royal.

MOULIN-DE-LA-CROIX, Charbon-nière, Oronat, Ratte, Simandre.

— -DE-LA-CUETTE, Davayé.

— -DE-LA-DOURLANDE, Fronte-naud.

— -DE-LA-FIN, Saint-Léger-lès-Paray.

— -DE-LA-FOLATIÈRE, Flacey.

— -DE-LA-FOLIE, Etrigny, Gergy, Huilly.

— -DE-LA-FORTUNE, Morey.

— -DE-LA-FOURNAISE, Fronte-naud.

— -DE-LA-GABRIELLE, Saint-Huruge.

— -DE-LA-GARDE, Jambles.

— -DE-LA-GARENNE, Nanton.

— -DE-LA-GRAVIÈRE, Pourlans.

— -DE-LA-GRENOUILLE, Berzé-la-Ville, Martigny, Milly.

— -DE-LA-GROGNETTE, Thurey.

— -DE LA-GROSNE, Beaumont.

— -DE-LA-LHEUE, Lalheue.

— -DE-MAIGRETTE, Lugny.

— -DE LA-MARQUE, Semur.

— -DE-LANCHARRE, Chapaize.

— -DE-LA-PERCHE, St-Remy.

— -DE-LA-PIERRE, Saizy.

— -DE-LA-PLANCHE-CABOT, Bussière.

— -DE-LA-PORTE, Marcigny.

— -DE-LA-RATE, Montagny-lès-Buxy.

— -DE L'ARCONCE, Poisson.

— -DE-LA-RIVIÈRE, St-Julien-de-Civry.

— -DE-LA-ROCHE-QUENTIN, Ma-zille.

— -DE-LA-RUE, Jambles.

— -DE-LA-SCIE, Uchon.

— -DE-LA-TERRE-CHAPITEAU, Fley.

— -DE-LA-TOUR, Mâcon, Prissé.

— -DE-LA-TOURTE, Fley.

— -DE-LA-VALLÉE, Trambly.

MOULIN-DE-LA-VALLIÈRE, Saint-Martin-du-Mont.

— -DE-LAVAUT, St-Symphorien-de-Marmagne.

— -DE-LA-VELLE, Chagny, St-Bonnet-de-Vieille-Vigne.

— -DE-LA-VERNE, Baudrières.

— -DE-LA-VILLENEUVE, La Ge-nête.

— -DE-L'ETANG, Bourbon, Lu-gny, Montmelard, Savianges.

— -DE-L'ETANG-CRÉPOT, Fay.

— -DE-L'ETANG-NEUF, Mou-thier.

— -DE-L'ETANG-DE-PIERRE-AU-GRAIN, Donzy-le-National.

— -DE-L'ETOILE, Ligny.

— -DE-L'ETOURNEAU, Nanton.

— -DE-L'HIRONDELLE, Chapelle-Thècle.

— -DE-L'HÔPITAL, Saint-Desert.

— -DE-L'ŒUVRE, Cluny.

— -DE-L'OIZE, Nanton.

— -DE-L'ORME, Champagnat, Coublanc.

— -DE-MARCHAT, St-Martin-en-Bresse.

— -DE-MARTORET, St-Remy.

— -DE-MAUGUENIN, S—Berain-sous-Sanvignes.

— -DE-MERCÉ, Marizy.

— -DE-MESSEAU, St-Gengoux-le-National.

— -DE MIRBEL, La Chaux.

— -DE-MOISSONNIER, St-Remy.

— -DE-MONNET Dompierre-les-Ormes.

— -DE-MONTAGNY, Allériot.

— -DE-MONT-MEURY, Marigny.

— -DE-MONT-PERROUX, Grury.

— -DE-MONT-PETIT, Cressy.

— -DE-MORNAY, Blanot.

— -DE-NANCEAU, Chapelle-de-Bragny, Santully.

— -DE-NARBONNE, Prissé.

— -DE-NEUZY, Digoin.

MOULIN-DE-NOIREUX, Rousset.

— -DE-NOIRON, Saint-Léger-du-Bois.

— -DE-NOISY, Vérissey.

— -DE-NUITS, Morey.

— -D'OUTRY, Ozenay.

— -DE-PACOT, Messey.

— -DE-PAIZY, St-Symphorien-de-Marmagne.

— -DE-PASSEAU, St-Julien-de-Civry.

— -DE-PIGNIÈRE Changy.

— -DE-PIQUET, Azé.

— -DE-PLAINCHANT, Loisy.

— -DE-PLANCHE-SIMON, Chauffailles.

— -DE-POISSON, St-Léger-sous-Beuvray.

— -DE-PONTCHARRAS, St-Léger-sous-la-Bussière.

— -DE-POUILLY, St-Martin-en-Bresse, Serrigny.

— -DE-PRAS, Sigy-le-Châtel.

— -DE-PRÉOLLE, Grandvaux.

— -DE-QUINCAMPOIX, St-Remy.

— -DE-QUINZENARD, Champagnat.

— -DE-RATECAN, Étrigny.

— -DE-RIVAN, Saasangy.

— -DE-ROCHE, Salornay.

— -DE-ROCHEFORT, Cluny.

— -DE-ROMAIN, Montcony.

— -DE-RONDE, Ste-Hélène.

— -DE-RONZEMAY, Varennes-s.-Dun.

— -DE-RONZEVAUX, Davayé.

— -DE-ROUSSILLON, Anost.

— -DE-SAINT-BERAIN, Saint-Berain-sous-Sanvignes.

— -DE-ST-LOUP, St-Loup-de-la-Salle.

— -DE-ST-MARTIN-LA-VALLÉE, Semur.

— -DE-ST-SULPICE, Condal.

— -DE-SALLE, Laizé.

— -DE-SANÉ, Chapelle-Naude.

MOULIN-DE-SAUVIGNY, Chalmoux.

— -DE-SERCY, Sercy.

— -DE-SIVIGNON, Sivignon.

— -DE-SOUTERRAIN, Martigny.

— -DE-SOUVERT, Chissey-en-Morvan.

— -DE-SOUVRY, Bourbon.

— -D'ESSARD, Frontenaud.

— -DE-SULLY, Sully.

— -DE-TAVOISY, Germolles.

— -DE-THIOT, Laives.

— -DE-THUET, Loché, Mâcon.

— -DE-THURY, Mazille.

— -DE-TRENTE-SACS, Meulin.

— -DE-TRONCHAT, Demigny.

— -DE-VARENNES, Varennes-s.-le-Doubs.

— -DE-VARIGNOLES, Condal.

— -DE-VARVEILLES, Mesvres.

— -DE-VAULVRY, Ciel.

— -DE-VAUX, Mazille, Nochize.

— -DE-VERDIER, Germolles.

— -DE-VERNEUIL, Davayé.

— -DE-VEYROTTE, Sully.

— -DE-VILLARET, Dommartin.

— -DE-ZIER, Champagnat.

— -DES-AMOURANTS, La Tagnière.

— -DES-ANCES, Collonge-en-Charollais.

— -DES-BARRES, Saint-Eugène, Saint-Laurent-en-Brionnais, La Tagnière.

— -DES-BAUMES, Antully.

— -DES-BOIS, Bruailles, Chapelle-du-Mont-de-France.

— -DES-BOIS-FRANCS, Gourdon.

— -DES-BOIS, Jambles.

— -DES-BUISSONS, Drac, -le-Fort.

— -DES-CHAMPS, Chapelle-de-Guinchay.

— -DES-CHARPENNES, Jambles.

— -DES-OLAIES, Gibles.

— -DES-COUVERTS, Antully.

MOULIN-DES-FATYS, La Chapelle-Thècle.

— -DES-FRONTENELLES, Cuiseaux.

— -DES-GRIVEAUX, Buffières.

— -DES-HOULES, Clessé.

— -DES-JOUX, St-Nizier-sous-Charmoy.

— -DES-KAS, St-Racho.

— -DES-MATHEY, Chenay.

— -DES-NARRAUX, Bourbon.

— -DES-PIERRES, Verosvres.

— -DES-PLACES, Igé.

— -DES-PLANCHES, Sassangy.

— -DES-PLATTIÈRES, St-Germain-du-Bois.

— -DES-POUGEAUX, Saint-Symphorien-lès-Charolles.

— MOULIN-DES-PRÉS, Boyer, St-Symphorien-lès-Charolles, Torpes.

— -DES-PUITS, Gourdon.

— -DES-RIOTYS, Lans.

— -DES-SAPINS, Chauffailles.

— -DES-SOITURES, Chissey-en-Morvan.

— -DES-TÊTES, Iguerande.

— -DES-TOUILLARDS, Ciry.

— -DES-VAUX, Ouroux-sous-le-Bois-Ste-Marie.

— -DES-VERNES, Melay, Saint-Igny.

— -DES-VIEILLES-LEVÉES, Chaux.

— -DONAND, Beaudrières.

— -D'OR, Bellevesvre.

— -DRIVAN, Sassangy.

— -DU-BAS-DE-MONTBELLET, Montbellet.

— -DU-BATTOIR, Flacey.

— -DU-BOIS, Beaudrières, Charbonnières, Fontaines.

— -DU-BOIS-RENAUD, Mesvres.

— -DU-BOST, Charmoy.

— -DU-BOURG, La Charmée, Chauffailles, Vaudebarrier.

MOULIN-DU-BROUILLAT, Marizy.

— -DU-CHAMP-ROND, Ligny.

— -DU-CHARNE, Saint-Maurice-lès-Châteauneuf.

— -DU-CHAUME-HAUT, Marigny.

— -DU-CHEVALOT, Uxeau.

— -DU-CRAY, Anzy.

— -DU-CREUX, Cressy.

— -DU-DEFFEND, Cussy.

— -DU-FAY, Authumes.

— -DU-GRAND-COMMAND, Saint-Marcelin.

— -DU-GRAND-PRÉ, Barizey.

— -DU-GUÉ-MOUGAULT, Lesmes.

— -DU-MÔLE, Lays.

— -DU-PALAIS, Gibles.

— -DU-PASQUIER, Demigny.

— -DU-PERRIER, Ciry.

— -DU-PLESSIS, St-Vallier.

— -DU-PONT, Charnay-lès-M., Marizy.

— -DU-PRÉ-CHARMOY, Tavernay.

— -DU-REUIL, Uxeau.

— -DU-ROI, Bourbon, Simandre.

— -DU-ROUSSET, Le Rousset.

— -DU-SERVIN, Frangy.

— -DU-SAO, Toulon.

— -DU-SAUVEMENT, Ciry.

— -DUSSAUGE, Flacé, La Salle, Senozan.

— -DU-TARTRE, Le Tartre.

— -DUTHY, Vitry-lès-Cluny.

— -D'UXEAU, Lucenay.

— -DU-VAU, St-Julien-de-Civry

— -DU-VENAY, Frontenaud.

— -DU-VERGER, Abergement-Sainte-Colombe.

— -DU-VERNAY, Gondal.

— -DU-VERNOIS, St-Vallier.

— -DU-VILLARS, Flacey, Le Miroir.

— -DU-VIROT, Saint-Bonnet-de-Cray.

— -FLEURETTE, Marcigny, St-Martin-du-Lac.

Moulin-Fontenay, Autun.
— -Foudras, Brion.
— -Foulot, Mont.
— -Ferdin, Sevrey.
— -Gandin, Vérizet.
— -Gardenet, Montceau-les-Mines.
— -Garnier, Prizy, Saint-Sorlin.
— -Gaudry, Germagny.
— -Godillot, St-Désert.
— -Gondras, Saint-Germain-des-Rives, Varenne-Reuillon.
— -Greuzard, Germagny.
— -Grillet, Paray.
— -Guénard, St-Didier-en-Brionnais.
— -Guichard, Clessé.
— -Guillet, Lugny.
— -Guinot, Broye.
— -Janiaud, Lacrost.
— -Janin, Mâcon.
— -Jean-Bard, Sanvignes.
— -Jean-Charles, Morey.
— -Jean-Martin, Chenay.
— -Jeudi, Baudrières.
— -Joly, Dennevy, Mancey.
— -Jouleau, St-Didier-sur-Arroux, Thil-sur-Arroux.
— -Journet, Chevagny-les-Chevrières.
— -Juillet, Verzé.
— -Lacour, Marcilly-la-G.
— -Latrain, Chapelle-Th.
— -Laurent, Moroges.
— -Lecoq, Ozenay.
— -Leduc, Torcy.
— -Le-Grand, Chauffailles, Matour.
— -Leschenault, Montagny-lès-Buxy.
— -L'Étourneau, Nanton.
— -Lévier, Montceau-les-Mines.
— -Libourault, St-Jean-de-Vaux.

Moulin-Limousin, Couches.
— -Lingotte, Vérizet.
— -Madame (le), Givry.
— -Mallet, Uchizy.
— -Malterre, Montceau-les-Mines.
— -Marconnet, St-Prix.
— -Martenet, Dompierre-s.-Sanvignes.
— -Martroy, Change.
— -Mathey, Saint-Pierre-le-Vieux.
— -Mathys, Romenay.
— -Menaut, Couches.
— -Mercey, Devrouze.
— -Messard, Chassy.
— -Meurier, Cruzille.
— -Moiroux, Verzé.
— -Moissonnier, Serrigny, Sevrey.
— -Montot, Oudry.
— -Morain, Damerey.
— -Mutain, Mancey.
— -Neuf, Allerey, Bourbon, Cheilly, Ciry, Condal, Gourdon, Jambles, Malay, Mont, Pouilloux, Romenay, St-Agnan, St-Cyr, Sampigny.
— -Olivier, Boyer.
— -Pacaud, Messey-s.-G.
— -Panssot, Marigny.
— -Papier, St-Ambreuil.
— -Paquelet, St-Vérand.
— -Patin, Châtenoy-le-Royal, Ormes.
— -Perrault, Jully-lès-B.
— -Perret, Cronat.
— -Perron, Milly.
— -Petetin, Tournus.
— -Petit, Château, Matour.
— -Philippe, Chalmoux.
— -Picoli, Mâcon.
— -Pintot, Morey.
— -Piquet, Azé.
— -Pommier, Boyer.

MOULIN-PONCET, St-Sorlin.
— -PORCHER, Romenay.
— -PORRAULT, Jully-lès-Buxy.
— -PRÉ, Cronat.
— -PRÉAUD, St-Sorlin.
— -PRELAY ou PRELIN, Broye.
— -PRÉ-RIGNY, Poisson.
— -PUZENAT, Gilly.
— -RABOT, Bourgvilain.
— -RAGON, Bourbon.
— -RAVENEAU, Dracy-le-Fort.
— -RAVET, Tournus.
— -REBEY, Mancey.
— -RENAUD, St-Germain-des-Bois.
— -RICHY, Abergement-de-Cuisery.
— -RIGAUD, Clermain.
— -RIOTES, Oslon.
— -ROUGE, Laize, Ratte.
— -ROUSSET, Ratte.
— -ROUSSOT, Dracy-le-Fort, St Jean-de-Vaux.
— -ROUTHIER, Dracy-le-Fort.
— -RYOT, Verzé.
— -SATIN, Davayé.
— -SAVIN, Buxy.
— -SEGUIN, Germagny.
— -SEIGNEURET, Crèches.
— -SEILLENAT, Laize.
— -SOILLOT, Morlet.
— -SOUVRY, Bourbon-Lancy.
— -SUR-SEILLE, Loisy.
— -TALUCHOT, St-Martin-sous-Montaigu.
— -TERRIER, Lacrost.
— -TOLLERIN, Azé.
— -TRANCHE-POIX, Igé.
— -TRENTE-SACS, Meulin.
— -TROTTIER, Prissé.
— -VALLEREAU, Lugny.
— -VAUCARET, Couches.
— -VERDEAU, Couches.
— -VERNAY, Tournus.
— -VIELON, Chauffailles.
— -VIOLLOT, Moroges.

MOULINOT, Bouhans, Mouthier.
MOULINS (les), Donzy-le-Pertuis, St Romain-sous-Gourdon.
MOULINS-DE-JONC (les), Montbellet.
MOULU, Anost.
MOUNOT, St-Symphorien-lès-Charolles.
MOUREAUX (les), La Chaux.
MOURON, Boyer.
MOUSSEAU (le), Cuzy, Etang, Laizy, Marly-sous-Issy, Mesvres, Sailly, St-Boil, Sully, Thil-sur-Arroux.
MOUSSIÈRE (la), Flagy, Perreuil, Viry.
Mouthiers-en-Bresse.
MOUTON (le), La Chaux, Saint-Martin-de-Senozan.
MOUTONNIÈRE (la), Bray.
MOUTOT, Vaudebarrier, Rigny, Navilly, Verosvres.
MOUTRETS (les), Juif.
MOUX, Bruailles.
MOY (le) ou MOIS, Cressy, St-Sernin-du-Bois.
MAZONCLE, Oudry.
MULSANT (en), Melay.
MUNET, Igé.
MUNOT, Curtil-sous-Burnand.
MURAILLE (la), Chambilly.
MURE (la), Clermain, St-Bonnet-de-Joux, St-Igny, Saint-Laurent-en-Brionnais, Verzé.
MURES (les), Château.
MURET, Joudes, Varennes-St-Sauveur.
MURETTE, Montmort.
MURGER (le), Chapelle-sous-Uchon, Serrières.
MURGERS (les), Ciry, Donzy-le-National, Mussy.
MUROT (le), Beaurepaire, Brienne, Curtil-sous-Buffières, Savigny-sur-Seille.

Murs (les), Mussy, Pouilloux, Tancon.

Murs-Robin, Jugy.

Murzeau, St-Vincent-des-Prés, La Vineuse.

Muse, Dracy-St-Loup.

Musette (la), Bourg-le-Comte.

Musseau, Essertenne.

Musset, Chauffailles.

Mussy-sous-Dun.

Mussy-le-Rouvray, Vauban.

Mutine (la), Briant.

Mutte (la), Berzé-le-Châtel, Cluny.

Muzette (la), Blanot.

Muzot, Curtil-s.-Buffières.

Muzy, Digoin.

Myade, Montmelard.

Myard (les), Brandon.

Mydrille, Trivy.

N

Nacey (le), St-Germain-du-Plain.

Naffetas, Cronat.

Naisse (en), Laizé.

Naldon (le), Abergement-Ste-Colombe.

Nambrets (les), Vergisson.

Nameret, Hurigny.

Nancelle, Saint-Sorlin.

Nanteuil, Curgy.

Nanton.

Nantoux, Chassey.

Narbaux (Château), St-Gilles.

Narbonne, Prissé, St-Etienne.

Narbot, Artaix.

Nard (au), St-Didier-en-Bresse, St-Martin-en-Bresse.

Narroux, Genête.

Narrancey, Cortambert.

Narreaux (les), Bourbon-Lancy.

Narvaux, Morey.

Nassey (le), Saint-Germain-du-Plain.

Natys, Cronat.

Naubry (les), Neuvy.

Naude (la), Matour.

Naudin (en), St-Julien-sur-Dh.

Naudiots (les), Marmagne.

Naule-Basse (la), Champlecy.

Naule-Haute (la), Champlecy.

Navière (la), St-Sernin-du-B.

Navilly.

Nay, Tramayes.

Nazilly, Chissey-lès-Mâcon.

Nécudoir, Flacey-en-Bresse.

Néronde, Marly-sur-Issy, Mazille.

Nérot, St-Aubin-en-Charol.

Nessarie (en), Sologny.

Neuf-Chateau, La Salle.

Neuf-Clés (les), Mâcon.

Neuillon, Torpes.

Neuilly, Cersot, Matour, Tramayes.

Neuvelle, St-Gervais-en-Vallière, St-Martin-en-Gâtinois.

Neuvième-Ecluse, Ecuisses.

Neuville (la), Pouilloux.

Neuvy.

Neuzeret, St-Vincent-en-Br.

Neuzillière, Tronchy.

Neuzy, Digoin, Vigny.

Nèvre, Saint-Désert.

Nézert, Viry.

Nézy ou Naizy, Le Rousset.

Nicaise (la), Champlecy.

Nicolas (les), St-Bonnet-de-J.

Nicolins (les), Poisson.

Nid-a-la-Cane, Hautefond.

Nids-d'Oiseaux, Montagny-s.-Grosne.

Niées ou Niez (les), St-Gervais-sur-Couches.

Nielles (les), Ratte.

Nière (le), Château.

Nièvre (le), La Frette.

NIÈVRES (les), Flacé.
NIEZ (le), Dettey.
NINIOLLE, Couches, Saint-Maurice-lès-Couches.
NIORDE, Loisy.
NISSONS (les), Vérissey.
NIZIÈRES (les), Chassigny.
NOBIS ou NOBIX, Perrecy.
NOBLE-PETIT, la Chapelle-s.-Brancion.
NOBLES, Chapelle-s.-Brancion.
NOBLESSE (la), Condal.
Nochize.
NOCLE (la), Marmagne.
NOGENT, Chapelle-s.-Brancion, St-Léger-sous-la-Bussière.
NOCLE ou NOGLE, La Vineuse.
NOIRARDS (les), Chassigny.
NOIRAT (le), Chapelle-au-Mans.
NOIRE-TERRE, Issy-l'Evêque.
NOIREUX, Rousset.
NOIRIE (la), Briant, St-Christophe-en-Brionnais.
NOIRON, St-Léger-du-Bois.
NOIRY, Ormes.
NOISERET, Couches, St-Jean-de-Trézy.
NOISY, Vérissey.
NOISY-MOULIN, Vérissey.
NOIZILLIER, Uxeau.
NOLAT (les), Neuvy.
NOM (le), Creusot.
NOMAY, Volesvres.
NONAINS (les), St-Christophe-en-Brionnais, Matour, Pruzilly, Vauban.
NORENT, Saint-Vallier.
NORIAU, Cuzy.
NORMAND, Igé, Le Roussillon.
NORME, Champagnat.
NORMONT, Azé.
NOROUVRE, Auxy.
NORVAYRE, Auxy.
NOTRE-DAME, Cuiseaux.
NOTRE-DAME-DE-GRACE, Savigny-sur-Grosne.

NOTTAY, Saint-Vallier.
NOUE (la), Ciry, Gibles, Saint-Julien-de-Civry, St-Marcel.
NOUES, Céron, Vareilles, Vitry-sur-Loire.
NOUILLOTS (les), Creusot.
NOURUX, Saint-Gengoux-le-National.
NOUSSENNE, Baudrières.
NOUVEAU-BOURG, Beaudemont.
NOUVILLE, Blanot.
NOVELLE, Martigny, Saint-Bonnet-de-Joux.
NOVILLARD, Bourbon, Sagy.
NOYER, Chalmoux, St-Christophe-en-Brionnais, Serley.
NOYERATS (les), Mâcon.
NOYERETTES, St-Martin-de-Senozan.
NOYERS (les), Château, Varennes-sous-Dun.
NUELLE (la), Chauffailles.
NUGUET (les), Chapelle-de-Guinchay.
NUGON (les), Romenay.
NUILLY ou NEUILLY, Matour.
NUITS, Morey.
NULLY, Saint-Cyr.
NURUX, Montmelard.
NUSILLIÈRE (la) Lessard-en-Bresse.
NUYER, Saint-Christophe-en-Brionnais.
NUZERET, Mervans, St-Vincent-en-Bresse.
NUZERETTE (la), Farges-lès-M.
NUZILLET, St-Pierre-le-Vieux.
NUZILLY (le), Lournand.
NYON, St-Sernin-du-Plain.

O

OBSEIGNE, Palinges.
OCLE, Blanzy.

ODIEUX (les), Savigny-en-Rev.
ODRET, Matour, Trambly.
OISEAUX (les), Montceaux-les-Mines.
OLION (l'), Péronne.
OLIVIER, Boyer.
OLIVIERS (les), Paray.
OMBRES (les), St-Julien-de-Jonzy.
OR (Grand et Petit), Belle-vesvre.
ORACHE, Sanvignes.
ORAIN, Bey.
ORCILLY, Lugny-lès-Charolles.
ORGERIES (les), St-Léger-s.-Dh.
ORGEVAL, Marizy.
ORIGNY, Couches.
ORIOLE (l'), Varennes-St-Sauv.
ORME (l'), Briant, Champagnat, Coublanc, Crèches, Dompierre-les-Ormes, Laizé, Martigny, Saint-Christophe-en-Brionnais, St-Pantaléon.
ORME-DE-LYS (l'), Saint-Christophe-en-Brionnais.
ORMES (aux), Lacrost.
Ormes.
ORMEAU (l'), Mont-St-Vincent.
ORMETEAU (l'), Tournus.
ORMOY (l'), Tournus.
ORNÉE ou ORNEZ, Autun, Brion.
ORTIÈRE, St-Vincent-les-Bragny.
ORVAL, Oyé.
ORVEAUX (les), Sivignon.
Oslon.
OSNARD (Grand et Petit), Saint-Didier-en-Bresse, Saint-Martin-en-Bresse.
OSNAY, Gergy.
OSTELIN (les), Serley.
OUCHE (l'), Blanzy.
OUCHE-DAUVIN, Sanvignes.
— -MOURINIÈRE (l'), Sanvignes
— -SIVRY, Morlet.

OUCHE-MICHON, Sanvignes.
— -TACHON, Bourbon-Lancy.
OUDOT (les), Marly-sous-Issy, St-Germain-du-Plain.
Oudry.
OUGY, Malay.
OUILLE (l'), Céron.
OUILLY, Montagny-s.-Grosne.
OUROUX, Sancé.
Ouroux-sous-le-Bois-Ste-Marie.
Ouroux-sur-Saône.
OUTRAGE (l'), St-Loup-de-la-Salle.
OUTRE (l'), Saint-Symphorien-de-Marmagne.
OUTRE-COSNE, Saint-Martin-en-Bresse, Villegaudin.
OUTRE-LOIRE, Iguerande.
OUTRY, Ozenay.
OUXY, Cruzille.
OUZE, Changy, Charolles.
Oyé.
Ozenay.
Ozolles.

P

PAGAUD, PACOT ou PASCAUD, Charolles, Messey, St-Berain-sous-Sanvignes, Saint-Léger-lès-Paray.
PACAUDIÈRE, Vauban.
PAGEAULT (les), Montcony.
PAGES (les), St-Aubin-s.-Loire.
PAGNES (les), Breuil, St-Nizier-sous-Charmoy.
PAILLOUX (les), Chapelle-au-M.
PAISEY, Curgy.
PAISSES (les), Dompierre.
PAISY, St-Symphorien-de-M.
PALAIS (le), Gibles, Hautefond, Lugny-lès-Charolles, Mailly, Tagnière.

PALAIZOT, Chissey-en-Morvan.
PALANTHEUREAU (la), Briant.
PALETTE, Charette.
Palinges.
PALISSADE (la), Dompierre, Marly-sur-Arroux.
PALISSÉ (la), Etang.
Palleau.
PALLIER (le), St-Bonnet-de-Cray
PALLUET, Varennes-sous-Dun.
PALOUX, Chapelle-Naude.
PALUE (la), St-Gervais-s.-Couc.
PANAIS (les), Pressy, Varennes-sous-Dun.
PANCEMONT, Nochize.
PANIER, Comelle.
PANIÈRE (la), Charnay-lès-M.
PANILLY, Lournand.
PANISSIÈRE, Bosjean, Saint-Germain-du-Bois.
PANNECEAUX (les), Blanzy.
PANNETIERS (les), Colombier-en-Brionnais.
PANNONCEAU, St-Gengoux-de-Scissé.
PANTIN (le), L'Hôpital-Lemercier, Marcigny.
PANTONGE, Monthelon.
PANURE, Charnay-lès-Mâcon.
PANUSSET (le), Joncy.
PAPERIN, Chassigny.
PAPETERIE (la), Cluny.
PAPILLON, Saint-Maurice-lès-Châteauneuf.
PAQUELET (les), Chapelle-de-Guinchay.
PAQUELIN (les), Essertenne.
PAQUIER ou PASQUIER (le), Azé, Fontaines, Fretterans, Genouilly, Gergy, Laives, Mont-St-Vincent, Perreuil, Racineuse, St-Denis-de-Vaux, Ste-Hélène, Saint-Pierre-le-Vieux, St-Romain-sous-Versigny, Sampigny.

PAQUIER-AU-RENARD (le), Auxy.
— -CHARNAY, Auxy.
— -COLAS, Poisson.
— -DE-DESSUS, Sampigny.
— -DE-LA CROIX, Dracy-St-Loup.
— -DE-LA-MOUILLE, Auxy.
— -DE-LA-PLANCHE, Sampigny.
— -DE PIERRE, Géanges.
— -DES-BAS, Antully.
— -DES-BIEFS, St-Racho.
— -DES-CROTS, Antully.
— -DES-MOUILLES, Antully.
— -DES-SOULIERS, Antully.
— -EN-BAS, Antully.
— -MAUVIS, Antully.
— -NEUF, Antully.
— -SORIS, St-André-le-D.
PAQUIERS ou PASQUIERS (les), Aluze, Chardonnay, Créot, Leynes, Mont-Saint-Vincent, Perreuil, St-Pierre le-Vieux.
PAQUIERS-POINSOT (les), Sully.
PAQUIS-ROULEAU, St-Racho.
PARADIAU (les), Gourdon.
PARADIS (le), Bourbon-Lancy, Branges, Châteaurenaud, Davayé, Mâcon, Saint-Martin-en-Bresse.
Paray-le-Monial.
PARAY (les), Chapelle-St-Sauv.
PARC (le), Blanot, Mont-Saint-Vincent, Sancé.
PARC-ST-ANDOCHE, Autun.
— -ST-JEAN, Autun.
PARDELLE (la), Bourbon.
PARET, Coublanc.
PARIATS (les), St-Laurent-d'Andenay.
PARIAUX, Saint-Eusèbe, Saint-Laurent-d'Andenay.
PARI-GAGNÉ, Trambly.
Paris-L'Hôpital.
PARIZÉNOTS, Saint-Eusèbe.
PARMOINS, Sagy.
PARNAY (en), Créot.
PARNINS (les), Ratte.

PAROISSE (la), Villeneuve-en-Montagne.
PAROUILLOT (le), Chalmoux.
PAROY (le), Montcoy, Taguière.
PARPAS, Autun.
PARRAS, Collonges-en-Charoll.
PARRIGNY, St-Julien-de-Jonzy.
PART (le), Tartre.
PARTERRE (le), Rigny, Sainte-Hélène.
PAS (le), Chauffailles, Montmelard.
PAS-AU-CHAT (le), St-Bonnet-de-Joux.
PAS-DE-LA-PLACE (le), Trivy.
PAS-DE-LA-PLANCHE, Trambly.
PAS-DE-LA-SALLE (le), Beaubery
PAS-DE-PIOT (le), Essertenne.
PASQUIER, v. le mot *Pâquier*.
PASSAGE-A-NIVEAU, Igornay.
PASSAGE-N° 3, Laizy.
PASSANGE, Volesvres.
PASSEMONTET, Rigny.
PASSERIAUX, Blanzy.
PASSET (le), Serrières.
PASSOTS (des), St-Germain-des-Bois.
PASSOUX (le), Grury, Mary.
PASSY.
PATENGÈRE, Chenay.
PATIGNY, Le Breuil, St-Didier-sur-Arroux.
PATIN (les), Breuil, Céron, Viré.
PATOUILLET (le), Perrecy.
PATOUX (les), Chenay.
PATRAN, Bruailles.
PATRIERS (les), St-Martin-de-Salencey.
PATTE-D'OIE (la), Davayé.
PATURE-DU-BEUVRAY, Saint-Léger-sous-Beuvray.
PAU (le), Chapaize, Neuvy.
PAUCOUF, St-Martin-en-Bresse.
PAULE (en), Longepierre.
PAUTET (le), Gergy, Marnay, Villeneuve-la-Montagne.

PAUVRAY, Curgy.
PAVÉ (le), Bissey-s.-Cruchaud, Champforgeuil.
PAVILLON (le), Autun, Breuil, Champforgeuil, Issy-l'Evêque, Roussillon, St-Emiland, St-Micaud, La Salle.
PAVILLON-DE-CREUSE-VALLE(le), St-Pantaléon.
PAVILLON-ST-MARC, Bourbon-Lancy, Varennes-St-Sauv.
PAVILLONS (les), St-Emiland, Prissé.
PAVILLONS-DU-PARC-DE-MONTJEU, Autun.
PAY, Hurigny.
PAYOTS (les), Grury.
PAYS-NEUF (le), Fretterans.
PÉAGE(le),Dracy-le-Fort,Laizy, St-Germain-lès-Buxy.
PÉCELLES (les), Iguerande.
PÉCHERETTE, Uxeau.
PÉCHERIE (la), La Genête.
PÉCHINE, Gilly.
PÉGINES (les), Roussillon.
PÉGUET (les), Chenay.
PÉGUIN (les), Davayé.
PELLERIN, Cronat, St-Vincent-des-Prés, La Vineuse.
PELLETIER (les), Essertenne, Reclesne, St-Germain-du-B.
PELLETIÈRE (le), La Charmée.
PELLETEAT (les), Diconne.
PELLES (les), Sornay.
PELOUSE (la), Montceau-les-Mines, Varennes-Reuillon.
PELOUSES (les), Bussières.
PELOUX (le), Montagny-s. Gr.
PENACHE, Sanvignes.
PENAT (le), Chassy.
PENCHAUDE (la), Dommartin.
PENDANTS (les), Pierre, Préty, St-Symphorien-de-Marmag.
PENDU (le), Génélard.
PENNERIE, Ciry.
PENTE (en), Fleury.

PÉON, Curgy.
PERCHE (la), Bruges, Varennes-St-Sauveur.
PERCHES (les), Lalheue.
PÉRELLES (les), Chânes, Crèche.
PÉRÉRAGNY, Tournus, le Villars.
PERET (le), Berzé-la-Ville, Cuzy, St-Laurent-en-Brionnais.
PÉRIALE (la), Jalogny.
PÉRIALES (les), Mussy.
PÉRICHON (les), Lugny-lès-Ch.
PÉRIGAS, Montcenis.
PÉRIOLE, Anglure, Jalogny.
PÉRISSANTY, Serley.
PÉRISSON, Chenay.
PERLET (le), Pouilloux.
PERNARD (les), Chapelle-St-S.
PERNIN (les), Frangy, Thurey.
PEROLET, Loché.
PÉROLLES (les), St-Racho.
Péronne.
PÉROU (le), Mary, Pressy, Romenay.
PÉROUDE (la), Bourgvilain.
PÉROUZE (la), Plottes, La Salle.
PEROUZOT, Buffières.
PERRAT, Loché.
PERRAUDIN, Torcy.
PERRAUDS (les), Chapelle s.-Uc.
PERREAUX (les), Iguerande, Melay.
PERREAUX, Maltat.
Perrecy-les-Forges.
PERRET (le), Berzé-la-Ville, Goublanc, Cronat, Dyo, Iguerande, Ménétreuil, Prizy, St-Julien-de-Civry, Tramayes
PERRETS (les), Chassigny, Trivy.
PERREUIL, Paray-le-Monial.
Perreuil.
PERREY, Crissey.
PERRIAT (la), Frangy.
PERRIENS (les), Trambly.
PERRIER (le), Ciry.
PERRIÈRE (la), Boyer, Clermain, Etang, Ménétreuil, Mont-

ceau-les-Mines, Oyé, St-Martin-de-Commune, Semur-en-Brionnais.
PERRIÈRES (les), Antully, Beaubery, Briant, Chapelle-s.-D., Charnay-lès-Mâcon, Ciry, Clessé, Flacé, Laizé, Mâcon, Mazille, Poisson, Senneçé, Tournus, Trambly, Vendenesse-lès-Charolles.
PERRIERS (les), Chasselas, Leynes.
Perrigny-sur-Loire.
PERRIGNY, Issy-l'Evêque, Saint-Martin-en-Bresse.
PERRIN (les), St-Nizier-s.-Char.
PERRINE-FROIDE, St-Martin-du-Mont.
PERRISANTS, Broye.
PERROIR (le), Simard.
PERRON (le), St-Pierre-le-Vieux, La Vineuse.
PERRONS (les), Gourdon, Mont-Saint-Vincent.
PERROTS (les), Chapelle-sous-Uchon, St-Martin-de-Salencey, Verrière (la Grande).
PERROUX (le), Mary, Toutenant, Varenne-l'Arconce.
PERSOY (le), St-Symphorien-de-Marmagne.
PERTUIS (les), Collonge-en-Ch.
PERTUIS-AU-LOUP (le), Sologny.
PERTUIS-CHAT-HUANT, Montceau-l'Etoile.
PERTUIS-DE-LAIZ (le), Curdin.
PERTUIS-DE-LÉVIGNY (le), Charnay-lès-Mâcon.
PERTUIS-DU-BOIS (le), Brandon.
PERTUIS-FROID, Martigny.
PERTUISOTS (les), Couches.
PÉRUSSOT (les), Juif.
PERVIS, Cuzy.
PESSELIÈRES (la), Le Breuil.
PESSELLES (les), Iguerande.
PETEAUX, Vinzelles.

PETIOT (les), Donzy-le-National.
PETIOT-DES-GRANGES, Saint-Usuge.
PETIOUX (les), Etang.
PETIT-ARCY, Savigny-sur-Seille.
— -BALLAY, Joncy.
— -BARREND (le), Montcony.
— -BEAUMARTIN, Romenay.
— -BÊCHE, Bosjean.
— -BIOLET, Romenay.
— -Bois, Autun, Montceau-l.-Mines, Sagy, St-Julien-de-Civry, Vendenesse-sur-Arr.
— -Bois-DE-RATTE, Ratte.
— -BORDEY, Chapelle-Thècle.
— -BORDIAUX, Montret.
— -BOUSSAL, Thil-sur-Arr.
— -BRENIL, Dampierre-en-Br.
— -BREUIL, Damp.-en-Bresse.
— -BOULAY, Torcy.
— -BROUILLAT, Lesmes.
— -BUSSIÈRES, Bussières.
— -CERISIER, Simard.
— -CHAMP, La Selle, Grury.
— -CHARDONNET, St-Romain-sous-Versigny.
— -CHARMONT, Branges.
— -CHAUVORT, Verdun.
— -CHIGY, Marly-sous-Issy.
— -COMMAND, St-Marcelin.
— -CONDAL, Condal.
— -CORTOT (le), St-Christophe-en-Bresse.
— -COUAS, Gigny.
— -CREUSET, Mesvres.
— -DARDON, Uxeau.
— -ÉTANG, Poisson.
— -FLEURY, Bourbon-Lancy.
— -FOURNET, Vauban.
— -FUSSY, Le Rousset.
— -GAUTHEY, Saint-Didier-sur-Arroux.
— -JEAN, St-Jean-le-Priche.
— -LANGÈRE, Génelard.
— -LAYER, Saint-Germain-du-Bois.

PETIT-LESSARD, Allériot.
— -LIMONT, Saint-Germain-du-Plain.
— -LOUIS (le), Saint-Germain-du-Bois.
— -LOURDON, St-Berain-sur-Dheune.
— -LUCY, Montceau-les-Mines.
— -LUX, Lux.
— -MAI, Igornay.
— -MARDIAUGUE, Vigny.
— -MAUVERNAY, Montmort.
— -MOLAMBIEF, Le Fay.
— -MOLARD, Montpont.
— -MOLOY, St-Léger-du-Bois.
— -MOULIN, Matour, Pressy.
— -MOULIN-D'EN-BAS, Bourg-le-Comte.
— -MUNOT, Curtil-s.-Burn.
— -NOBLES, Chapelle-sous-Brancion.
— -OSNARD, St-Martin-en-Br.
— -OUTRE-COSNE, Villegaudin.
— -PATUREAUX, Grury.
— -PERRET, Ménetreuil.
— -POISEUIL, St-Racho.
— -PONT-DE-VAUX, Marly-s.-Issy.
— -POUILLOUX, Pouilloux.
— -RÉDY, Sornay.
— -REUIL, Verrière (la Grande).
— -RONFAND, Devrouze.
— -SAINT-JEAN, St-Jean-le-Pr., St-Martin-de-Senozan.
— -SERVIGNY, St-Christophe-en-Bresse.
— -SIMON, Saint-Germain-du-Plain.
— -TAILLIS, Bruailles.
— -TAPEREY, Saint-Bonnet-en-Bresse.
— -THIOT, Martigny.
— -VALOT, Neuvy.
— -VEILLY, la Genête.
— -VERNAY, Monthelon, Verrière (la Grande).

PETIT-VIREY, Virey.

PETITE-BUOLIÈRE, Bantange, Montpont.

— BUSSIÈRE, St-Marcelin-de-Craye.

— CHANÉE, Saint-Germain-du-Bois.

— CHARMOTTE, Serley.

— CHAUME, Igornay.

— CHAUX, St-Prix, Simard.

— CHIZE, Saint-Vincent-en-Bresse.

— COMMUNE (la), St-Germain-du-Bois.

— FAYE, Marly-sur-Arroux, St-Germain-du-Bois.

— FERME, Dracy-le-Fort.

— FORÊT, Ligny.

— GRANGE, Varennes-Saint-Sauveur.

— MARGOT (la), St Germain-du-Bois.

— MEURETTE, Bourbon-Lancy.

— MOTTE, Dennevy, Saint-Léger-s-Dheune.

— MOUCHE, Sancé.

— SERRÉE, Ormes.

— SORME, Montceaux les-M.

— TRÉMAILLÈRE, St-Usuges.

— VALLE, Menetreuil.

— VÉLESSE, Oudry.

— VILLENEUVE, Diconne.

PETITES-AVAIRES, St Maurice-lès-Châteauneuf.

— CHAUMES, Vaux-en-Pré.

— CHEVAGNES, Chalmoux.

— COURTIÈRES, Romenay.

— FONTENELLES, La Chaux.

— FORÊTS, Broye.

— MAISONS, St-Aubin-en-Ch., Clessy.

— PRAIRIES, Marcigny.

— TEPPES, Gergy.

— VIGNES, Chassy.

— TAILLETS, le Miroir.

— VARENNES, Iguerande.

PETITS (les), St-Symphorien-de-Marmagne.

PETITS-BOIS, Bantange, Montpont, Sagy, Gueugnon.

— -CHAMPS, Marly-s.-Issy.

— -CHATEAUX, St-Eugène.

— -FLAIS ou FLEY, Saint-Bonnet-en-Bresse.

— -JOURS, Lucenay.

— -MAULAIX, Cronat.

— -MOULINS, Gibles.

— -ROUSSOTS, Charmoy.

PETIOUTS, Etang-s.-Arroux.

PÉTOUX (les), Chardonnay.

PEUCHAUDE (la), Dommartin.

PEU-CRÔT (le), Uchon.

PEUILLET, Longepierre.

PEUILLETERIE (la), Chauffailles.

PEULE, Longepierre.

PEUT (la), St Léger-s.-Beuv.

PEUTE, Fleury-la-Montagne.

PEUTOTS (les), Simard.

PEUTS (les), Sarry.

PEUTTE-RUE, St-Symphorien-de-Marmagne.

PEYRELLES (les), Crêches.

PÉZANIN, Dompierre-les-Ormes.

PÉZIAU (le), Chapelle-sous-Dun.

PHILIBERT (les), Rigny, Saint-Vérand.

PHILIPPE (les), Chalmoux.

PHLY, Chalmoux.

PIANONT, Tramayes.

PIAN, Champlecy, Romenay.

PIANREUX, Blanzy.

PIAT (la), St-Amour.

PIATS (les), Dyo.

PICARD (les), Péronne.

PICARDES (les), Briant.

PICARDIÈRE (la), Bourg le-Comte, Dampierre-en-Bresse.

PICAUD, Cronat.

PICBŒUF, St-Pierre-de-Varen.

PICHARNE, Vitry-sur-Loire.

PICHAUDIÈRE (la), Bruailles.

PICHEROTTE (la), Lesme.

PIPÉE (la), Charbonnat.
PIPELÉ, Chenay-le-Châtel.
PIPETTE (la), Les Guerreaux.
PIQUE-BŒUFS, Marcilly-lès-B.
PIQUETS (Ez-), Autun.
PIRE (lu), St-Didier-en-Bresse,
  Serrigny.
PIREY, La Genète.
PIRON ou PY-ROND, St-Léger-
  sous-la-Bussière.
PIROT, Chauffailles.
PISAYEUX (les), Chambilly.
PIS-DE-CHIEN, St-Léger-sous-
  Beuvray.
PISSOIRE-DE-PROD'HUN (la), An-
  tully.
PITAUDS (les), Vinzelles.
PITHIAUDS (les), Donzy-le-Nat.
PITOUR, Chapelle-St-Sauveur.
PIZAYEUX, Chambilly.
PIZEY, St-Laurent-en-Brion.
PIZEY, Laizé.
PLACE (la), Ballore, Beaumont-
  s.-Grosne, Brandon, Chasse-
  las, Chassigny, Chissey-en-
  Morvan, La Comelle, Cor-
  desse, Gibles, Malay, Saint-
  Léger-lès-Paray, St-Pierre-le-
  Vieux, La Selle, Sologny,
  Vauban, Verrière (Grande-).
PLACE-BARBIER (la), Mont-
  ceaux-l'Etoile.
— -BOULON, Sanvignes.
— -BOUQUIN, Uchon.
— -BRETON, Charmoy.
— -CHAGNOT, Saint-Didier-s.-
  Arroux.
— -CHÊNE, Saint-Nizier-sous-
  Charmoy.
— -DE-FOY-SABLON, Poisson,
— -DE-LA-CARRIÈRE, St-Lau-
  rent-en-Brionnais.
— -DE-LA-CHASSAGNE, Paray.
— -DE-LA-FOIRE, Perrecy, St-
  Vallier.
— -DE-FOIX, Poisson.

PLACE-DES-DIOT, Clessy.
— -DES-LEURRES, Colombier-
  en-Brionnais.
— -DES-LEVÉES, Cronat, Vitry-
  sur-Loire.
— -DES-VERNOTTES (la), Ver-
  rière (la Grande-).
— -DU-SAULE, Prizy.
— -QUELET, Sanvignes.
PLACES (les), Anost, Ballore,
  Chapelle-s.-Uchon, Chassy,
  Ciry, Génelard, Les Guer-
  reaux, Hautefond, Igé, Laist,
  Mont-Saint-Vincent, Motte-
  Saint-Jean, Oyé, St-Bonnet-
  de-Cray, Saint-Bonnet-de-
  Joux, Saint-Christophe-en-
  Brionnais, Saint-Martin-de-
  Salencey, Thil-sur-Arroux,
  Uxeau, Varennes-l'Argonce,
  Vauban, Volesvres.
PLACES-DE BRANCILLY, Chapel-
  le-sous-Dun.
PLACES-POURTAUX (les), Chal-
  moux.
PLACETTES (les), Tramayes.
PLACYS-MEURSAULT, St-Vin-
  cent-des-Prés.
PLACYS (les), Pruzilly.
PLAIGE, La Boulaye.
PLAIN (le), St-Clément-s.-Guye,
  Vareilles.
PLAIN-CHAMP, Loisy.
— -CHASSAGNE, Vendenesse-
  les-Charolles, Viry.
— -DE-BOIS, Géange.
— -JOLY, Gourdon.
PLAINE (la), Blanzy, Chissey-
  en-Morvan, Marmagne, Mes-
  vres, Saint-Symphorien-de-
  Marmagne, Royer, Sully,
  Trambly, Uchon.
PLAINE-COCHET, (la), Bourg-le-
  Comte.
— -DE-BUSSIÈRE (la), La Ta-
  guière.

PLAINE-DE-MÉGINE, Pressy. —
— -VESVRES (la), St-Usuge.

PLAINÉE (la), Rousset.

PLAINES (les), Vendenesse-lès-
Charolles.

PLAINES (les), Autun, Chambilly, Cluny, Mareilly, St-
Léger-lès-Paray, St-Nizier-
sous-Charmoy.

PLAINES-DE-LA-RUÉE (les), Antully.

PLAINS (les), Baugy, Changy,
Chassigny, Marcigny.

PLAINT-LE-GRAND, St-Igny-de-R.

PLAINURE, Saint-Maurice-lès-
Châteauneuf.

PLAISIRS (aux), Cluny.

PLANGES-DE-LA-RUE (les), Antully.

PLANCHE (la), Auxy, Damerey,
Dompierre-les-O., Laizé, Ménetreuil, Péronne, St-Léger-
sous-la-Bussière, Saint-
Nizier-sur-Arroux, St-Pantaléon, St-Prix, La Selle.

PLANCHE-AUX-CHÈVRES (la),
Beaubery.

— -CALLARD, Blanzy.

— -COULOT, Chapelle-Naude.

— -DE-CHEVANNE, Mesvres.

— -DE-CORGEAT, Chapelle-
Naude.

— -DE-TORCY, Torcy.

— -DU-RIVET, Charbonnat.

PLANCHE-VALETTE (la), Chalmoux.

PLANCHES (les), Berzé-la-Ville,
Créches, Issy-l'Evêque, Puley, Réclesne, Thil-sur-Arroux, St-Vincent-en-Bresse.

PLANCHES-DE-VAUMIGNON (les),
Anost.

PLANCHETTE (la), Curbigny, St-
Étienne-en-Bresse, Saint-
Vallerin.

PLANCHETTES (les), Mazille,
St-Vallerin.

PLANCHON (le), Bourbon-Lancy.

PLANCY (en), Pierreclos.

PLANEAU (le), Morlet.

PLANETS (les), Viry.

PLANGOTTES (les), Laizy.

Planois (le).

PLANT (le), Pierreclos.

PLANTE (la), Laizy.

PLANTES (les), Flacé, Géanges,
St-Jean-de-Trézy, Serrières.

PLANTES (les), Davayé.

PLANURE (la), St-Maurice-lès-
Châteauneuf.

PLASSARDS (les), Créches, Meulin.

PLASSOTS (les), Ste-Radegonde.

PLAT (le), Coublans.

PLATEAUX (les), Bouhans.

PLATERIE (la), Vitry-en-Charol.

PLATIÈRE (la), Branges, Brienne, Marcilly-lès-Buxy.

PLATIÈRES (les), Cuisery, Jouvençon, Sainte-Croix.

PLATRE (le), Pierreclos, Pruzilly, St-Germain-du-Plain,
St-Symphorien-des-Bois.

PLATRE-DURAND (le), St-Amour.

PLATRERIE (la), St-Clément-s.-
Guye, St-Martin-de-Com.

PLATRES (les), Pierreclos.

PLATRIÈRE (la), Fley, Marcilly-
lès-Buxy, Saint-Clément-sur-
Guye, St-Sernin-du-Plain.

PLATS (les), Cussy-en-Morvan.

PLATTAFIN, Flacey-en-Bresse.

PLATTE (la), St-Eugène, Mervans.

PLATTE-DES-BOIS (la), Mervans.

PLATTES (les), Abergement-
Sainte-Colombe.

PLATY (au), Montmelard.

PLEIN-MONT (en), Couches.

PLEENECEY, Vauban.

PLESSIÈRES (les), Clermain.

— 162 —

PLESSIS (le), Blanzy, Chidde, La Comelle, Epinac, Essertenne, Etang, Maltat, Monthelon, St-Vincent-des-Prés.
PLEUX (au), Champlecy.
PLOJUS, La Guiche.
PLOMB, Baron.
PLONGEONS (les), Thil-sur-Ar.
PLOTTE (la), St-Boil, Gourdon.
Plottes.
PLUMES (les), Gibles.
POCARD (les), Hurigny.
POIGNANTS (les), Verrière (Gr.).
POIL-ROUGE, St-Gengoux-de-Scissé.
POILLOTS (les), Autun.
POINSOT, Sully.
POINT-DE-VUE, Saint-Pierre-de-Varennes.
POINTE (la), Digoin.
POIRIER (le), Buffières, Donzy-le-National, St-Igny.
POIRIER-AUX-CHIENS, St-Léger-sous-Beuvray.
POIRIERS (les), Sagy.
POISEUIL, La Boulaye, Saint-Racho, Vérizet.
POISOT, Broye.
POISSENOTS (les), Etang.
POISSES (les), Charmoy.
Poisson.
POISSON, St-Berain-s.-Sanvig, St-Léger-s.-Beuvray.
POISSOUX (la), Cussy.
POIVRE (le), St-Romain-sous-Gourdon, St-Vallier.
POIZAT, Mussy-s.-Dun, Anglure.
POIZOLLES, Dompierre-les O.
POLIEN, Sarry.
POLLEROYE, La Selle, Tavernay.
POLLE (la), Chauffailles.
POLLIAT, Rosey.
POLUZOT, St-Laurent-d'And.
POMBASSOT ou PONT-BASSOT, Villegaudin.
POMEAU, Jully-lès-Buxy.

POMMELÉE (la), Charette
POMMERAIE (la), Beaurepaire, Brancion, Guisery, Gibles, La Guiche, Hautefond, Viry.
POMMERATTES (les), Frontenaud.
POMMEY, Ozolles, St-Mard-de-Vaux.
POMMIER, Charbonnat-s.-Arr., Cortevaix, St-Mard-de-Vaux, Sologny, Vendenesse-lès-Ch.
POMMIERS (les), Chassy.
POMMOY (le), Roussillon.
PONAY, St-Christophe-en-Br.
PONCEBLANCS (les), Clermain.
PONCEMAGNE, St-Maurice-de-Satonnay.
PONCES (les), Montjay.
PONCETYS, Davayé.
PONCIN, St-André-le-Désert.
PONCEY, Givry.
PONDREVAUX, Bragny-sur-S.
PONNEAU, Jully-lès-Buxy.
PONSARD (le), Marly-s.-Arr., Perrecy.
PONT (le), Cressy-sur-Somme, Frontenaud, Marizy, Saint-Bonnet de-Vieille-Vigne, Savianges, Serrières, Uchizy, Vitry-en-Charollais, Volesvres.
PONTAISE (la), Volesvres.
PONT-ALLARD, St-Emiland.
PONT-A-MAILLY, Varenne-R.
PONTANEVAUX, Chapelle-de-G., St-Symphorien-d'Ancelles.
PONTAT, Cressy-sur-Somme.
PONT-BASSOT, Villegaudin.
PONT-BOUILLON, Varennes-sous-Dun.
PONT-BROSSE, Trambly.
PONT-CHARBONNEAU, Ciel.
PONTCHARRAS, St-Léger-sous-la-Bussière.
PONT-CHEVALIER, Mussy, Oyé.
— -D'AIGUILLY, Auxy.
— -D'AJOUX (le), Marmagne.

PORT-DE-CHEVROUX (le), Ratey.
— -DE-FLEURVILLE, Montbellet.
— -DE-GROSNE, Marnay.
— -DE-JEAN-DE-SAONE, Montbellet.
— -DE-JOUVENÇON, Jouvençon.
— -DES-FOINS, Villars.
— -DE-THOREY, St-Germain-du-Plain.
— -DU-FOURNEAU, Bourbon.
— -GUILLOT, Lux.
— -JEAN-GRAS, Chapelle-de-Guinchay.
— -LAPIERRE, Verdun.
— -MICHELET, Cronat.
— -SACHET ou CHASSET, Bourg-le-Comte.
PORTEAU-RICHY, Abergement-de-Cuisery.
PORTE-DE-BROYE (la), Broye.
PORTE-DE-L'USINE, St-Symphorien-de-Marmagne.
PORTES (les), St-Léger-sous-la-Bussière.
PORTESSE, Solutré.
PORTES-VIEILLES, Rigny.
PORTU, Collonge-en-Charollais.
POSTES-ET-TÉLÉGRAPHES, St-Germain-du-Plain.
POTEAUX (les), Melay.
POTENCE (la), Briant.
POT (le), Farges-lès-Mâcon.
POTERNE (la), Briant.
POTET (le), Matour, Varenne-Reuillon.
POTET-DE-GRES, St-Symphorien-lès-Charolles.
POTETS (les), La Chapelle-de-Guinchay, Montmelard, Touches.
POTINS, St-Léger-lès-Paray, Volesvres.
POTOT (le), Saint-Bonnet-de-Vieille-Vigne.
POUDRATS (les), Ballore.
POUDRES (les), Perrecy.

POUGAIN (les), La Tagnière.
POUGE (les), St-Symphorien-des-Bois.
POUGEAUX, St-Symphorien-lès-Charolles.
POUGET (le), Ciry, St-Bonnet-de-Vieille-Vigne.
POUILLAT ou POYET, Rosey.
POUILLEN ou POLIEN, Sarry.
Pouilloux.
POUILLY, Fuissé, Marmagne, St-Privé, Serrigny-en-Bresse, Solutré, Vitry-en-Charollais.
POULARDIÈRES (les), Romenay.
POULETS (les), Saint-Amour, Marizy.
POULON, Montceau-lès-Mines.
POUPETTE (la), Chapelle-Naude.
POUPOT, Lugny.
Pourlans.
POURLANS, Beaurepaire, Savigny-en-Revermont.
POURRIOT, Verrière (Grande-).
POURTU (le), Collonge-en-charollais.
POUSSOT (le), La Tagnière.
POUTILLIÈRE, Varennes-Saint-Sauveur.
POUTERBAU (le), Trivy.
POUTET (le), Savigny.
POUTOT (le), Montpont, Saint-Germain-du-Plain.
POUZES (les), Charnay-lès-M.
POUZU, St-Aubin-en-Charollais.
POYET (le), Rosey.
PRA (la), Collonge-la-Madeleine, Passy, Uxeau, Chapelle-s-Uchon.
PRA (le), Bergesserin, Genouilly, Grandvaux, St-Romain-sous-Gourdon.
PRAT-DE-TOULONJEON (la), Chapelle-sous-Uchon.
PRACHELOT, Boulaye.
PRAIE (la), Gilly-sur-Loire.
PRAINET, Jugy.

PRAIRIE (la), Jalogny, St-Gilles.
PRAIRIES (les), Marcigny, Clu-
ny.
PRALE (la), Gibles, Matour,
Pierreclos.
PRALIN, Anzy.
PRALION, Chalmoux.
PRALLOT, La Boulaye.
PRALON, St-Berain-sous-Sanv.,
Grury.
PRAMAS, Vendenesse-s-Arroux.
PRAMES (les), Chapelle-Saint-
Sauveur.
PRANBY (le), St-Denis-de-Vaux.
PRANGEY, Sommant.
PRAPILLES, St-Loup-de-la-Salle.
PRAS, Genouilly.
PRAT, Bergesserin, St-Romain-
sous-Gourdon.
PRATE (la), Bourbon-Lancy,
Chalmoux, Gilly, Jully-les-
Buxy, Passy, Saint-Eugène,
Tramayes.
PRATES, Chissey-lès-Mâcon,
Ste-Cécile.
PRAYON, Montmelard.
PRÉ (le), La Frette, Broye.
PRÉAU (le), Broye, Palinges.
PRÉ-AU-BŒUF ou PROBŒUF,
Grury.
— -AUXOIES, Santilly.
— -AUX-RATS, Issy-l'Evêque.
— -BEDOT, Neuvy.
— -BINOT, Cordesse.
— -GAILLARD, Le Breuil.
— -CHARMOY, Tavernay.
— -CHEVEAU, Ste-Radegonde.
— -PRÉ-CLOU, St-Émiland.
— -CORBERON, Autun.
— -COYER, Semur.
— -DE-L'EPI, Blanzy.
— -DES-VERNES, Gilly.
— -DU MASSÉ, Saint Prix.
— -DU-POIRIER, Pierreclos.
— -JOLY, Tramayes.
— -FOSSÉ, Bourbon.

PRÉ-LONG, St-Symphorien-de-
Marmagne.
— -MACON, Curtil-s-Buffières.
— -MARTIN, Lesme.
— -NEUF, Dyo, Pierreclos.
— -NOIR, Varennes-sous-D.
— -POTET, St-Symphorien-de-
Marmagne, Uchon.
— -PRÉOLE, Vaudebarrier.
— -PREPTOT, Saint-Didier-en-
Bresse.
— -RIGNY, Poisson.
— -ROTY, Hurigny.
— -VERNOIS, Gergy.
PRÉS (les), Creusot, Marcilly-
lès-Buxy, St-Racho, Saint-
Vallerin.
PRÉS-CHAPEY (les), Auxy.
PRÉS-DE-CIVRY (les), St-Ger-
main-des-Bois.
PRÉS-LONGS (les), Vinzelles.
PRÉS-SAINT-MARTIN, Perrecy.
PRÉS-SAUES (les), St-Aubin-en-
Charollais.
PRÉALLE (la), Amanzé.
PRÉAU (le), Broye, Trivy.
PRÉAUX (les), Chânes, Neuvy.
PRÉBENDE, Bourbon-Lancy.
PRÉBEN, Anost.
PRÉCELLES (les), St-Jean-de-
Trézy.
PRÉCY, Marcilly-lès-Buxy, Neu-
vy.
PRÉCY-LE-BAS, Anzy.
PRÉCY-LE-HAUT, Anzy.
PRÉDON, Villeneuve-en-Mont.
PRÉE (la), Chissey-en-Morvan.
PRÉJERONS (les), Chassigny.
PRÉJOINT, St-Laurent-en-Br.
PRÉLAY (le), Motte-Saint-Jean.
PRÉLE (la), Saint-Micaud.
PRÉLETS (les), Pouilloux.
PRÉMONILLON, Dompierre-lès-
Ormes.
PRÉMONON, Trambly, Trivy.
PRÉOLE, Vaudebarrier.

Prépucin (le), Montret.
Prère, Pouilloux.
Présentin, Trambly.
Près-le-Grand-Pont, Géanges.
Presles (les), Chassigny, St-Micaud.
Pressoir, Cronat.
Pressy-sous-Dondin.
Preste (la), Tournus.
Prestement, Saint-Privé.
Pretin, Charolles.
Préty.
Preuze (la), Ciry.
Préveraud, Chenay.
Prévigny, Amanzé.
Pré-Virard, St-Sernin-du-Pl.
Prévols (les), Géanges.
Prey (le), Cussy.
Prezin, Saint-Prix.
Priale (la), Mazille.
Priaux, St-Romain-s-Gourdon.
Prie (la), Versaugues.
Prielle (la), Gourdon, Saint-Julien-de-Civry.
Prière (la), Ste-Radegonde.
Priest (les), Chenay.
Prieuré (le), Palleau, St-Germain-des-Bois, Uchon, Villars.
Prieurs (les), Saint-Emiland.
Princes (les), Simard, Thurey.
Pringues, Baron.
Prissé.
Printet, Sancé.
Prise d'Eau (la), Blanzy.
Prix (le), Grury, Marmagne, Montcenis.
Prizy.
Probœuf ou Pré-au-Bœuf, Grury.
Procul (le), Grury.
Procureur (le), Chapelle-Th.
Prognat, Romenay.
Proie (la), Perreuil.
Prôle (la), Mont.
Proizi, Anzy-le-Duc.

Prolot (le), Charbonnat.
Promby (le), Chapelle-Naude, Simard.
Promées (les), Charmoy.
Prompt (le), Uxeau.
Prondevaux, Allériot.
Prost (la), Chenay.
Prost (le), Saint-Point, Sarry, Toulon.
Prost-des-Vernes (le), Saint-Germain-du-Bois.
Protot (le), Charbonnat-sur-Arroux.
Prouillat, Champagnat.
Proule, Grury.
Proux (les), Charna-yles-M.
Prouze, Bragny-en-Charollais, St-Vincent-lès-Bragny.
Provenchère, Varennes-Saint-Sauveur.
Provenchères (les), La Boulaye, Serrières.
Provins (les), St-Symphorien-lès-Charolles.
Proye (la), Milly.
Prudents (les), Fay.
Prunée (la), Neuvy.
Pruniers (les), St-Didier-en-Brionnais.
Pruzilly.
Psaulles (la), Chassigny.
Puget (les), Tramayes.
Puillet, Longepierre.
Puilleterie, Chauffailles.
Puits (le), Saint-Romain-sous-Versigny, Sully.
Puits-Brechet, Givry.
— -de-l'Ormay, Chassigny.
— -de-l'Ouche (le), Blanzy.
— -de-Montrouan, Dyo.
— -des-Crépins, Blanzy.
— -des-Creux, St-Sorlin.
— -du-Charmoy, St-Martin-de-Commune.
— -Lucy, Montceau-les-Mines.

PUITS-MONTROI ou MONTROUAN (le), Dyo.
— -PANSEMONT, Sanvignes.
— -PRIX (le), St-Jean-le-Priche.
— -SAINT-GEORGES, Saint-Léger-du-Bois.
— -SAINT-FRANÇOIS, Montceau-les-Mines.
— -SAINTE-BARBE, Torcy.
— -SAINTE-MARIE, Montceau-les-Mines.
— -SAINTE-EUGÉNIE, Montceau-les-Mines.
— -SENAILLER, Sancé.
— -WILSON, Montchanin-les-Mines.
PUITS (les), Gourdon, Sagy.
PUIZAT (le), La Vineuse.
Puley (le).
PULIMOT (le), Ouroux-sur-S.
PULLY, Uxeau.
PURLANGES (les), Ste-Cécile.
PURLAT (le), Donzy-le-Nat.
PUSSEY, Allerey.
PUTACROT (Grand et Petit), Montagny-près-Louhans.
PUTET (les), Miroir.
PUTHIÈRES, Saint-Yan.
PUTIGNY (les), Simard, Saint-Vincent-en-Bresse.
PUTINAT, Melay.
PUTIN (les), Dommartin.
PUY (le), Sully, St-Romain-s.-Versigny.
PYRE, St-Didier-en-Bresse.
PYRON, St-Léger-s.-la-Bussière.
PYS (les), Motte-St-Jean.

Q

QUAIN, Dévrouze.
QUARANTE-ARPENTS, Gergy.
QUARRES (les), Vitry-en-Char.

QUART (le), Artaix, Blanzy, Curdin, Fragnes. L'Hôpital-le-Mercier, Pouilloux, Sassenay, Sassangy, St-Vallier, Trivy, Uchizy.
QUART-BARBOT (le), St-Albain.
— BELIN, Santilly.
— -BERNARD, Gigny, Saint-Albain.
— -BORGNE, Messey-s.-Gros.
— -BOURDON, Ste-Hélène.
— -BOURGEOIS (le), Chapelle-Thècle.
— -BOYER, Baudrières.
— -BRESSAN, Laives.
— -CABAUD, Montret, Saint-Etienne.
— -D'AUXY, Auxy.
— -DE-LA-CROIX-STE-BARBE, Sampigny.
— -DES-CHAUSSARD, Auxy.
— -DES-PONTS (le), Chapelle-Thècle.
— -DU BOIS, Laus.
— -DU-CHÊNE, Champforgeuil.
— -GOINET (le), Cuisery.
— -JOLY, Chapelle-Thècle.
— -MAUDEL (le), St-Christophe-en-Bresse.
— -NAIN, Ozenay.
— -PIDOUX, Champforgeuil.
— -TILLOT, Uchon.
QUARTS (les), Collonge-la-Madeleine, St-Laurent-d'Andenay.
QUARTIER (le), Etang, Paliages.
QUARTIER-DE-L'EGLISE, Genouilly.
— -DU-VERNOIS, Montceau-les-Mines.
— -SAINT-CHARLES (le), Montceau-les-Mines.
— -STE-CATHERINE, Montceau-les-Mines.
QUARTILLOT (le), Uchon.
QUATRE (aux), St-Romain-s.-Versigny.

QUATRE-BRAS, St-Berain-sur-Dheûne.
QUATRE-CHEMINS (les), Broye, Bruailles, Devrouze, Villegaudin.
QUATRE-CHÊNES (les), Branges.
QUATRE-HUTTOTS-DE-CHARNAY (les), Chapelle-Naude.
QUATRE-HUTTOTS-DE-SANE (les) Chapelle-Naude.
QUATRE-LAVOIRS (les), Mâcon.
QUATRE-PIGNONS (les), La Boulaye.
QUATRE-REUX (les), Lessard-le-Royal.
QUATRE-ROUTES (les), Villegaudin.
QUATRE-RUES (les), St-Berain-s.-Sanvignes.
QUATRE-VENTS (les), Artaix, Le Breuil, Donzy-le-Pertuis, Essertenne, La Guiche, Laizy, Maltat, St-Bonnet-de-Joux, Toulon.
QUEMINE (la), Beauvernois, Chapelle-Saint-Sauveur.
QUÉMONTS (les), Chapelle-Thècle.
QUENTIN (en), Charette, Uchizy.
QUESSOT (le), Charbonnat.
QUEUE (la), Châteaurenaud, Monthelon.
QUEUE-AU-LOUP (la), Demmartin.
QUEUE-AU-RENARD (la), Dyo.
QUEUE-CHENIÈRE (la), Paray.
QUEUE-DE-L'ETANG (la), Barnay, Chapelle-au-Mans, Charbonnat-sur-Arroux, Grury, Martigny, Saint-Christophe-en-Bresse, Saint-Pierre-de-Varennes, Saint-Sernin-du-Bois, Torcy.
QUEUE-DE-MAINE (la), Broye.
QUEUE-DE-POISSON, St-Léger-s.-Beuvray.

QUEUE-DE-PRÉ, Cronat.
QUEULOTS (les), Auxy.
QUEURTIGNON, Anzy-le-Duc.
QUICHÈRE (la), Saint-Martin-de-Lixy.
QUIERRE, Beaubery.
QUIGNIARDS (les), La Tagnière.
QUINCENAT, Champagnat.
QUINCY, Saint-Martin-de-Commune.
QUINTAINE, Clessé, Viré.
QUINTE-NIÈRE ou QUINTE-MÈRE (les), Juif.
QUINTIN, Charette.
QUINTRY, Savianges.
QUIZE (la), Romenay.

R

RABOT (Moulin), Bourgvilain.
RABOTIN (les), Saint-Racho.
RABOTTIÈRE, Montjay.
RABOUTEAU (les), Chenay.
RABUTIN, Champlecy, Changy, St-André-le-Désert.
RABUTINS (les), St-Maurice-de-Satonnay.
RABUTS (les), La Chaux.
RACES ou RASSES (les), Chapelle-du-Mont-de-France.
RACHESSIAT, Montpont.
RACHET (le), Trivy.
Racineuse (la).
RACONNAY, Gergy.
RADREAUX (les), Lessard-en-Br.
RAFTAS, Cronat.
RAGEAT (le), Mussy.
RAGÉE (la), La Genête, Sanvig.
RAGNY (le), Montceaux, Saint-Eusèbe.
RAGON, Bourbon.
RAGOTET, Pressy.
RAGOTS (les), Autun, Saint-Maurice-lès-Châteauneuf, St-Micaud.

RAGUENATS (les), Briant.

RAGY, Marigny.

RAIE (la), Blanzy, Martigny-le-Comte, Mussy, St-Martin-de-Salencey.

RAIE-D'ANDRÉ, Martigny, Marizy.

RAIE-DE-BOUDEUR, Pouilloux.

RAIE-DE-L'ÉCHENAULT, St-Micaud.

RAIE-DE-SERRECY (la), Saint-Vallier.

RAINS, Joncy.

RAJIN (le), Mussy.

RAMBEAU, Ménetreuil.

RAMBODIÈRE (la), Serrières.

RAMBUTEAU, Ozolles.

RAMEAUX (les), Broye, Vitry-s-Loire.

RAMÉE (la), Curbigny, St-Maurice-en-Rivière.

RAMÉES, Gueugnon.

RAMELETTE (la), St-Symphorien-d'Ancelles.

RAMIERS (les), Artaix.

RAMIÈRES (les), St-Julien-de-Jonzy.

RAMONDY, St-Pierre-le-Vieux.

RAMOUILLE (la), Authumes.

RAMPES (les), St-Germain-du-Bois.

RANCHE (la), Chapelle-St-Sauv., Chenay-le-Châtel, Leynes, Oudry, St-Didier-s.-Arroux.

RANCHES (les), Charbonnat, Curbigny, Toulon-s.-Arroux.

Rancy.

RANDARDS (les), Dettey.

RANDIERS (les), Sivignon.

RANG-DES-DRURES (le), Les Guerreaux, St-Agnan.

RANGOUX, Chapelle-au-Mans.

RAPERIAU, Vitry-sur-Loire.

RAPES (les), Melay.

RAPILLES (les), Charette.

RAPILLIÈRES (les), Viré.

RAPILLOT (le), Bouhans.

RAQUIN (les), Perrecy.

RASE (la), Antully.

RASSES (les), La Chapelle-du-Mont-de-France.

RATECAMP, Etrigny.

Ratenelle.

RATERIE (la), Coublanc.

RATS (les), Rousset.

Ratte.

RATTE (la), Sainte-Hélène.

RATTES (les), Mouthier.

RATTIER, Jugy.

RAVANT (le), Grury.

RAVATINS (les), La Selle.

RAVEAU, Ozenay.

RAVEAUX (les), Berzé-le-Châtel, Buxy, St-Romain-s-Versigny.

RAVELON, Dracy-St-Loup.

RAVELOTTES (les), Uchon.

RAVENEAU, Dracy-le-Fort.

RAVEROTTE (la), Cluny.

RAVERY, Château.

RAVES (les), St-Didier-sur-Arr.

RAVETELAT, Chassy.

RAVETOUT, Saint-Eugène.

RAVICHON, Marizy.

RAVIÈRE (la), Saint-Bonnet-de-Vieille-Vigne, Uchon.

RAVIERS, St-Laurent-en-Br.

RAVINE (la), Chissey-en-M.

RAVINETS (les), Pruzilly, Saint-Amour.

RAYE, Mussy.

RÉALE, Varennes-St-Sauveur.

RÉAUT-DANAUD, Ciry-le-Noble.

REBAS (les), La Guiche.

REBONDIE (la), Comelle-sous-Beuvray.

REBOUILLON, Gilly.

REBOUT (le), St-Léger-s.-Beuv.

REBOUX, Chauffailles.

REBUANS, Saillenard.

REBUTY, St-Laurent-en-Brion.

RECETTE (la), St-Racho.

RECHAUD (ez), Grury, Roussiet.

Reclesne.

RECORNES (les), Genouilly.

RECUANGE, La Boulaye.

RECULE (la), Charette, Frontenaud, Ste-Croix.

RÉCY, Ozolles, St-Yan.

REDARNAY, Torcy.

REDOUTE (la), Cersot, Champlecy, Hautefond, Sassangy.

RÉDY (Grand et Petit), Sornay.

REFFY, Baugy.

REFOUIN, Grandvaux.

REGNOLLES, Ste-Radegonde.

REGOLAY (les), St-Racho.

REGON, Vitry en-Charollais.

REINE (la), Varennes-St-Sauv.

REINGE (la), St-Prix.

REISSES (les), Dommartin.

REJEPPE (en), Laizé.

REJUS, Marcilly, St-Martin-du-Lac.

RELAIS, Montmelard.

REMARANCHE, Pierreclos.

Remigny.

REMPARTS (les), Coublanc.

RENARD (le), Cressy.

RENARDE (la), St-Pierre-le-V.

RENARDIÈRES, Montcenis.

RENAUD (les), Charbonnières, Chasselas, St-Bonnet-de-Joux, Grande-Verrière.

RENAUDIN, Gergy.

RENAUDINE (la), Lessard-le-R.

RENAUDIOTS, Saint-Pantaléon.

RENAULES (les), Ménetreuil.

RENDARD (les), Dettey.

RENDIERS (les), Sivignon.

RENOM (le), Bussières.

RENOUSE, Pierreclos.

REPARET, St-Maurice-lès-Châteauneuf.

REPAREYS (les), Dommartin.

REPAS, Auxy, Chissey-en-M.

REPESSES (les), La Chaux.

REPIN, Massilly.

REPIONS (les), Serley.

REPLATIÈRES, Oyé.

REPLATS (les), Beaubery, Meulin, Pierreclos, St-Racho, Varennes-sous-Dun.

REPLONGE (la), Bouhans.

REPOSOIR (le), Trivy.

REPOSTÈRE (le), Vergisson.

REPPE (la), Charette, Montjay, Oyé.

REPPE-CUGNOT (la), La Chaux.

REPPE-VERNIN, Granges.

REPPES (les), Marcilly-la-Gueurce, Saint-Maurice-en-Rivière, St-Étienne-en-Bresse, Saint-Romain-sous-Gourdon.

RERAFAY, Frontenaud.

RÉSERVE (la), Givry.

RESSILLES ou RESCILLES, Epinac, St-Pierre-le-Vieux.

RESSUGE, Baugy.

RETARDS (les), Pouilloux.

RETOUR (le), Beaubery, Jalógny.

RÉTY, Cressy, Chassy.

RÉTYS (les), Condal, Germolles.

REUCHES (les), Saint-Eugène.

REUNCHY, Mesvres.

REUGNY, Montceau-les-Mines.

REUIL (le), Chalmoux, Chapelle-au-Mans, Condesse, Marcilly-lès-Buxy, Mont-St-Vincent, Uxeau, Vendenesse-lès-Char.

REUIL (Grand et Petit), Verrière (Grande).

— -CHATEAU, Sommant.

— -DE-FER, Beaubery.

— -DES-DAMES (le), Beaubery.

— -D'EZÉ, Sully.

— -DE-PLESSIS, Gueugnon.

— -DE-VAUX, Motte-St-Jean.

— -GABODOT, Hautefond.

REUILLE, Champagnat.

REUILLON, Chapelle-s.-Uchon, Saint-Yan.

REUILLY (le), St-Eugène.

REUILS (les), Mary.

REULET, St-Léger-s.-Dheune.
REULLE (la), Vauban.
REURE (la), Chapelle-St-Sauv., Montpont.
RECRE-LE-CHATEAU, Mervans.
REURE-SUR-FLORENCE, Mervans.
REUTYS (les), Baudrières.
REUX (les) ou les REUILS, Barnay, Colombier-en-Brionnais.
REVAILLIÈRE (la), St-Germain-du-Bois.
REVANCHE (la), Leynes.
REVATRAY (le), Perrigny, Neuvy.
REVEILS (les), Dyo.
REVENUE (la), Laizy, Mesvres, Tavernay.
REVERDEAU (le), Cressy, Saint-Didier-sur-Arroux.
REVERNAY (en), Digoin.
REVERSEY, Diconne, Mervans.
RÉVILLETS, Dyo, St-Laurent-en-Brionnais.
REVIRETS (les), Autun.
REVIRONS (les), St-Sernin-du-B.
REVOLLE, Chauffailles, Vareilles
RHODES, Château.
RIAU (le), Ciry.
RIAU-DE-BONNE-FONTAINE, Torcy.
RIAU-DE-SAINT-SULPICE (le), Marmagne.
RIAU-PORNOT, Saint-Firmin.
RIAUX (les), Charmoy, Le Creusot, Marcilly-les-Buxy, St-Berain-sous-Sanvignes, St-Huruge, St-Symphorien-de-Marmagne, Sanvignes.
RIAUX-DE-VIOLLE (le), Saint-Symphorien-de-Marmagne.
RIAUDEZ (les), Ciry.
RIBASSES (les), Curdin.
RIBAUD, Cronat.
RICHARD (les), Montcony.
RICHARDES (les), St-Gilles.
RICHOTTES (les), Laizy.
RIDARDS (les), La Selle.

RIÈPE (la), Messey-sur-Grosne, Saint-Romain-sous-Gourdon.
RIGAUD (les), Clermain.
RIGAUDIÈRE, Montpont.
RIGNEMOYD, Paray-le-Monial.
Rigny-sur-Arroux.
RIGNY (en), Artaix.
RIGNY-SUR-DRÉE, St-Léger-du-Bois.
RIGOLE (la), Montchanin-les-Mines.
RIGOULOTS, Genouilly.
RIMBOZ, Simandre.
RIMOND, Fley.
RINCHIES (les), St-Firmin.
RIOLLOT, St-Aubin-en-Charoll.
RION, Demigny, St-Berain-s.-Sanvignes.
RIOTTIER (en), Tournus.
RIOTYS, Lans.
RIPAINE, Suin.
RIPPARDS, Saint-Firmin.
RIPETTES (les), Châteaurenaud.
RIPIÈRE (la), Chapelle-s-Uchon.
RIPPE (la), Condal, Le Fay, Montcony.
RIPPE-A-PEINE, Huilly.
RIPPE-DES-MONTS, Romenay.
RIPPE-LOISY, Montpont.
RIPPE-NOIRE (la), Romenay.
RIPPE-PAGEAULT (la), Montagny-près-Louhans.
RIPPES (les), Saint-Usuge, Simandre.
RIRAFAY, Frontenaud.
RIVAULT, Autun.
RIVIS (la), Chambilly, Palinges, Tancon, Thil-sur-Arroux.
RIVE-DU-BOIS, Antully.
RIVES, Toulon.
RIVET (le), Charbonnat.
RIVIÈRE (la), Anglure, Briant, Chapelle-sous-Uchon, Iguerande, Jambles, Leynes, Mary, Montbellet, Mussy, Oyé, Romanèche, St-Bonnet-

de-Cray, St-Forgeot, Saint-Julien-de-Civry, Saint-Nizier-sur-Arroux.

RIVIÈRES (les), Melay, Saint-Pantaléon.

RIVOLIÈRE (la), Iguerande.

RIVONS (les), Chapelle-Thècle.

RIZ (les), Fleury-la-Montagne.

RIZEROLLES, Azé.

ROBALOTS, Vers.

ROBELOT, Le Breuil.

ROBERT (les), La Tagnière.

ROBICHONS (les), Le Rousset.

ROBIN (les), Blanzy, Chapelle-Thècle, Germolles, Saint-Martin-de-Lixy, Sornay, Verrière (la Grande-).

ROBINE (la), Ozolles.

ROBUTIN, Changy.

ROC-BLANC (le), Aluze.

ROCHARDS (les), Chevagny-sur-Guye, St-Martin-de-Salencey.

ROCHAT (le), Clermain, Pruzilly.

ROCHE (la), Anost, Ballore, Baugy, Beaubery, Bourbon, Boyer, Chânes, Chapelle-au-Mans, Charmoy, Chenay, Chérizet, Ciry, Clermain, Coublanc, Curbigny, Dompierre-les-Ormes, Issy-l'Evêque, Marcilly-lès-Buxy, Marizy, Mazille, Mornay, Mussy, Pierreclos, Rigny, Saint-Agnan, St-Julien-de-Civry, St-Point, St-Vallerin, Saint-Vallier, St-Vérand, La Salle, Sancé, Santilly, Sassangy, Savianges, Sologny, Sommant.

ROCHE-ANDRÉ (la), Antully.

— -AU-PRÊTRE (la), Chapelle-du-Mont-de-France.

— -AUX-CLEFS, Uxeau.

— -BRULÉE, Verosvres.

— -DU-FOUR, Mussy.

ROCHE-DE-FRAGNE, Colombier-en-Brionnais.

— -DE-VELLE, Reclesne.

— -JOUBERT, Donzy-le-Nat.

— -MAILLARD, Villars.

— -MOURON, Etang, Laizy.

ROCHEFORT, Chauffailles, Cluny, St-Julien-de-Jonzy, Vendenesse-sur-Arroux.

ROCHELLE (la), Abergement-Ste-Colombe, Gibles, Saint-Romain-sous-Versigny, La Vineuse.

ROCHER (le), Amanzé, Chalmoux, Gilly, St-Agnan, St-Point, La Tagnière.

ROCHERS (les), Châtenay, Serrières.

ROCHES (les), Château, Gibles, Issy-l'Evêque, Marcigny, St-Firmin, St-Nizier-sur-Arroux, St-Prix, Tramayes, Uxeau.

ROCHES-GAUTHIER (les), Saint-Racho.

ROCHES-QUINOT, St-Martin-de-Commune.

ROCHETS (les), Pruzilly.

ROCHETTE (la), Azé, Chevagny-les-Chevrières, Laizy, Milly, Motte-Saint-Jean, Pierreclos, St-Eusèbe, St-Maurice-des-Champs.

ROCHETTES (les), Chasselas, Chidde, St-Nizier-s-Charmoy.

ROCHIRES (les), Vitry-s.-Loire.

ROCHONS (les), Le Rousset, Tournus.

ROCUANGE ou RECUANGE, La Boulaye.

ROGNE, Saint-Point.

ROIES (les), Charbonnat.

ROI-GUILLAUME, Tournus.

ROIRE ou ROUÈRE, St-Usuge.

ROIS (les), Bantanges, Mont, Montpont.

Roi-Seguin, Verrière (la Gr.-).
Roites, Toulon.
Roizerons (les), Sommant.
Roizot (les), St-Symphorien-de-Marmagne.
Rolland (les), Saint-Romain-sous-Gourdon.
Rolle (la), Tramayes.
Rollin (les), Leynes.
Romagne, Perrecy, Tramayes.
Romain, Montcony.
Romaine ou Romenne, Huilly.
Romainville, Nochize.
Romanèche-Thorins.
Romay, Charmoy, Paray, Volesvres.
Rombeau, Ménetreuil.
Rome-Château, Saint-Sernin-du-Plain.
Romenay.
Romenne ou Romaine, Huilly.
Romiers (les), St-Berain-s-S.
Rompart, Mont-Saint-Vincent.
Rompay (le), Bourg-le-Comte, Briant, Champagnat, Matour, Mesvres, Montagny-s-Grosne, Ste-Cécile, Saint-Romain-sous-Gourdon, St-Symphorien-des-Bois, Sologuy.
Rompey (le), Fleury, Grury, Mesvres, Milly.
Rombois (le), Blanzy, Chapelle-Thècle, Ciry, Ste-Radegonde, St-Romain-sous-Gourdon.
Ronce (la), Mouthier-en-Bresse, Serley.
Ronceau (le), Saint-Martin-du-Mont.
Rond (en), Mouthier.
Rondaille, Azé.
Ronde, St-Laurent-en-Brionnais, Vauban, Beaubery.
Rondeaux (les), St-Martin-d'Auxy, Nizier-s-Arroux.
Rondelot (le), Demigny.

Rondes (les), Saint-Julien-de-Civry.
Rondets (les), Curbigny.
Rondiche, Châteaurenaud.
Rondot (le), Chaux, St-Martin-d'Auxy, St-Micaud, Serley.
Rondots (les), Chassy.
Ronfand, Deyrouze.
Ronge (la), Vincelles.
Rongère (la), Dommartin, Epervans, Frontenaud, Montret.
Ronguey (les), Saint-Léger-du-Bois.
Rontets (les), Fuissé.
Ronze (la), Charnay-lès-Mâcon, Gibles.
Ronzeaux (les), Varennes-s.-Dun.
Ronzemay, Varennes-s.-Dun.
Ronzevaux (Moulin de), Davayé.
Ronzière, Germolles, Massilly, St-Christophe-en-Brionnais, St-Julien-de-Civry.
Ropes (les), Anost.
Roquelins (les), St-Eugène.
Roquette (la), St-Martin-de-Salencey.
Roquets, Chissey-en-Morvan.
Rora, Versaugues.
Rosey.
Roselay, Perrecy-les-Forges.
Rosière (la), Bragny-en-Charollais, Champagnat, Joudes, Toulon.
Rosiers (les), Chapelle-du-Mont-de-France.
Rossignolet (le), Martigny.
Rossignols (les), Versaugues.
Rossons (les), St-Aubin-s-L.
Rothey, Racineuse, Serrigny.
Roths (les), Juif.
Rouageat (le), Chissey-en-Morvan.
Rouchaux (les), Romanèche.
Roudines, Etang-s.-Arroux.

Roué, Issy-l'Evêque, St-Prix, Verrière (la Grande-).

Roue (la), Versaugues.

Rouelle (la), Saint-Pantaléon.-Saint-Pierre-de-Varennes.

Rouen ou Rouin, Amanzé

Rouette (en), Suin.

Rouge (en), Igé.

Rougemont, Pourlans, Saint-Vincent-en-Bresse.

Rougeon, Bissey-s.-Cruchaud.

Rougeot (le), Farges-lès-M., Lessard-en-Bresse.

Rougie (la), St-Gilles.

Rouillère, Chenay.

Rouilly (le), Ouroux-s.-Saône.

Rouis (les), Chenay.

Roujus-de-Mont-Gardon, Gondal.

Roulots (les), Chapelle-s.-Uchon.

Roupoix (le), Loisy, Savigny-sur-Seille.

Roure, Tancon.

Rousseau (le), St-Racho.

Rousseau, Hurigny, Prissé, Chatenay.

Roussenne, Baudrières.

Rousset (le).

Rousset (le), Bourgvilain, Châteauneuf, Clessé, Marcilly la-Gueurce, Ouroux-sous-le-Bois-Ste-Marie, Ratte, Vaudebarrier.

Roussillon.

Roussins (les), Céron.

Roussots (les), St-Etienne, La Tagnière.

Roussy, Lugny-lès-Ch., Oyé.

Route (la), Beaumont-s.-Gr., Montret, St-Albain, St-Martin-de-Sénozan, Vinzelles.

Route-de-Boulbon, Gueugnon.

Route-de-Blanzy, Montceau-les-Mines.

Route-de-l'Abbatoir, Montceau-les-Mines.

Route-de-Demigny, St-Jean-des-Vignes.

Route-de-Maçon, St-Symphorien-lès-Charolles.

Route-de-Marcigny, Charolles.

Route-de-Paris, Placé, Saint-Jean-des-Vignes.

Route-de-Toulon, Perrecy-les-Forges.

Route-Neuve (la), Montcenis.

Rouverat, Montceau-les-M.

Roux (les), Anost.

Rouzeaux, Varennes-sous-D.

Rouzière, St-Christophe-en-Brionnais.

Rouy, Briant.

Royelon, Dracy-St-Loup.

Royards (les), Matour.

Royer.

Roys (les), Mont, Toulon-sur-Arroux.

Rozelay, Perrecy.

Rozercuil, Igornay.

Rozian, Cuzy.

Ruachons (les), Bruailles.

Ruaudets, Ciry-le-Noble.

Ruau-Vailleau, Blanzy.

Ruaut ou Riau-de-Saint-Sulpice (le), Marmagne.

Ruches (les), St-Eugène.

Rue (la), Anzy, Céron, Champagnat, Hautefond, Sologny.

Rue-aux-Juliens, St-Berain-sous-Sanvignes.

Rue-Barraud, St-Aubin-s.-L.

Rue-Basse, Mailly, Varenne-Reuillon.

Rue-Carlin, St-Prix.

Rue-Chagnot (la), Chissey-en-Morvan.

Rue-Chaptal, Creusot.

Rue-Creuse, St-Agnan.

Rue-de-Champforgeuil, Saint-Jean-des-Vignes.

Rue-de-la-Saule, St-Vallier.
Rue-des-Halles, La Clayette.
Rue-Dessous, Morlet.
Rue-Dessus, Morlet.
Rue-de-Virey, St Jean-des-V.
Rue-d'Herne, St-Loup-de-V.
Rue-Dinet, Artaix.
Rue-du-Bois, Clessy.
Rue-du-Jus ou du-Jeu, Boyer.
Rue-du-Pont, La Clayette.
Rue-Girard, Uchizy.
Rue-Martin, Saint Jean-des-Vignes, St-Loup-de-Var.
Rue-Moreau, Saint-Albain.
Rue-Morin, Messey-s.-Grosne.
Rue-Neuve, Versaugues.
Rue-Sautelée, Perrecy.
Rue-Tourlain, Laives.
Rué (le), Mont-St-Vincent.
Ruée (la), Antully, Bissey-sous-Cruchaud, Cronat, Laives.
Ruées (les), Marly-s.-Arroux, Oudry, St-Forgeot.
Rueil (le), Sully.
Ruelles (les), Thil.-s.-Arroux.
Ruère, Laives, Pierreclos, St-Sernin-du-Bois, Suin.
Ruesses (les), Fay.
Rues (les), Charmoy, Cordesse, Colombier-en-Brionnais, Fleury, Oyé, St-Marcel, Sanvignes.
Rues-Bourdillons, Diconne.
Rues-de-Précy (les), Neuvy.
Ruet (le), Tavernay.
Ruffey, Cluny, Sennecey-le-Grand.
Rugny (le), Montceau-les-M.
Ruin (le), Grande-Verrière.
Ruisseau (le), Bey, St-Christophe-en-Brionnais, St-Germain-du-Bois.
Ruisseau-d'Angle (le), Sté-Foy.
Ruisseau-d'Aran, Cressy-sur-Somme.
Ruisseau-des-Planches, Grury

Ruisselets, Montcenis, Saint-Léger-lès-Paray.
Ruisselle, Chissey-en-Morvan.
Ruisserolles (la), Rully.
Russière, La Tagnière.
Rully.
Rully, Etang.
Runchy, Mesvres.
Rurin, St-Vincent-des-Prés.
Russilly, Givry.
Ruvé (la), Igornay.
Ry (le), Mussy.
Ryon, St-Berain-s.-Sanvignes.

S

Sables (les), Bourbon-Lancy, Palinges.
Sablière (la), Montceau-les-Mines, St-Sernin-du-Plain, Torcy.
Sablon (le), Poisson, St-Germain-des-Rives, Tancon.
Sabotier, Vergisson.
Sabotière (la), St-Vallier.
Sac (Domaine et Moulin du), Toulon, Iguerande.
Saccard (les), Issy-l'Evêque.
Sachette (la), Culles, Saint-Gengoux-le-National.
Sacquets (les), Autun.
Sacrevins (les), Ciry.
Saffre, Frontenaud.
Sagets (les), Artaix, Chenay, Frangy.
Sagy.
Sagy (Bas et Haut), Cruzille.
Saigne ou Seigne-d'Avaizes (la), Varennes-sous-Dun.
Saigne-Morte, St-Pierre-le-V.
Saignes (les), Sté-Cécile.
Saignet-Gratet, Suin.
Saillant, Viry.
Saillenard.

Sailly.
St-Agnan.
St-Albain.
St-Albain, Vareilles.
St-Amable, Ligny.
St-Ambreuil.
St-Amour.
St-André-en-Bresse.
St-André-le-Désert.
St-André-du-Mont, Bragny-s.-Saône.
St-Antoine, Toulon.
St-Arnaud, Issy-l'Evêque.
St-Aubin-en-Charollais.
St-Aubin-sur-Loire.
St-Authin, Plottes.
St-Bange, St-Vallier.
St-Benoit, Cuisery.
St-Berain-sous-Sanvignes.
St-Berain-sur-Dheune.
St-Boil.
St-Boil, St-Vallier.
St-Bonin, Marcilly-la-Gueurce.
St-Bonnet-de-Gray.
St-Bonnet-de-Joux.
St-Bonnet-de-Vieille-Vigne.
St-Bonnet-en-Bresse.
St-Branchet, Vendenesse-lès-Charolles.
St-Brice, Mâcon.
St-Christophe-en-Bresse.
St-Christophe-en-Brionnais.
St-Christophe, Saint-Sorlin.
St-Claude, Autun, Mervans, Prissé.
St-Clément-sur-Guye.
St-Clément, Cressy-s-Somme, Mâcon.
Ste-Colombe, Saint-André-le-Désert, St-Martin-de-Salencey.
St-Cosme, Chalon.
St-Cyr.
St-Cyr, Montmelard.
St-Denis, Bourbon-Lancy, St-Agnan.
St-Denis-de-Péon, Curgy.
St-Denis-de-Vaux.
St-Denis-du-Bois, Curgy.

St-Denis-le-Chateau, Curgy.
St-Désert.
St-Didier-en-Bresse.
St-Didier-en-Brionnais.
St-Didier-sur-Arroux.
St-Didier, Ciel.
St-Eloi, Palinges, St-Ambreuil.
St-Embrun, Amanzé, St-Germain-des-Bois.
Ste-Barbe, Sampigny.
Ste-Catherine, Colombier-en-Brionnais.
Ste-Cécile.
Ste-Claie, Tournus, Le Villars.
Ste-Croix.
Ste-Foy.
Ste-Hélène.
Saintes-Ailes, Cuzy.
St-Emiland.
St-Etienne-en-Bresse.
St-Eugène.
St-Eusèbe.
St-Firmin.
St-Firmin, Marcilly-la-Gueurce.
St-Forgeot.
St-Forgeuil, Bresse-s-Grosne, Champagny-sous-Uxelles.
St-Gengoux-de-Scissé.
St-Gengoux-le-National.
St-Gelin, Blanzy.
St-Georges, Amanzé, Autun, St-Symphorien-des-Bois.
St-Germain-des-Bois.
St-Germain-des-Rives.
St-Germain-du-Bois.
St-Germain-du-Plain.
St-Gervais-en-Vallière.
St-Gervais-sur-Couches.
St-Gilles.
St-Gilles-le-Haut, St-Gilles.
St-Guinot, Broye.
St-Hilaire, Fontaines.
St-Hippolyte, Bonnay.
St-Huruge.
St-Igny-de-Roche.
St-Isidore, Ciel.
St-Jacques, Buxy, Chagny, Rigny.

St-Jean, Bosjean, Tournus.
St-Jean-d'Angely, Lacrost.
St-Jean-de-Maizel, Chalon.
St-Jean-des-Vignes.
St-Jean-de-Trezy.
St-Jean-de-Vaux.
St-Jean-le-Priche.
St-Jean-vers-Saône, Sennecé-
  lès-Mâcon.
St-Julien-de-Civry.
St-Julien-de-Jonzy.
St-Julien-sur-Dheune.
St-Julien, Sennecey-le-Grand.
St-Just, Champlecy.
St-Laurent, Chalon, Château,
  Laizé, Perrigny, Tournus.
St-Laurent-d'Andenay.
St-Laurent-en-Brionnais.
St-Lazare, Cluny.
St-Léger, Bourbon-Lancy,
  Charnay-les-Mâcon, Château.
St-Léger-du-Bois.
St-Léger-lès-Paray.
St-Léger-sous-Beuvray.
St-Léger-sous-la-Bussière.
St-Léger-sur-Dheune.
St-Leu, St-Laurent-d'And.
St-Louis, Verzé.
St-Loup-de-la-Salle.
St-Loup-de-Varennes.
St-Loup, Artaix, Cressy-sur-
  Somme, Marly-sous-Issy.
St-Marc, Bourbon, St-Pierre-
  de-Varennes.
St-Marcel.
St-Marcel, Iguerande.
St-Marcelin-de-Cray.
St-Mard-de-Vaux.
St-Martin, Bourbon, Ozolles,
  St-Pantaléon, Tournus.
St-Martin-d'Auxy.
St-Martin-de-Commune.
St-Martin-de-Croix, Burnand.
St-Martin-de-Lixy.
St-Martin-de-Salencey.
St-Martin-des-Champs, Saint-
  Jean-des-Vignes.
St-Martin-de-Senozan.
St-Martin-des-Vignes, Mâcon.

St-Martin-du-Lac.
St-Martin-du-Mont.
St-Martin-du-Tartre.
St-Martin-en-Bresse.
St-Martin-en-Gâtinois.
St-Martin-la-Patrouille.
St-Martin-la-Vallée, Semur.
St-Martin-sous-Montaigu.
St-Maurice, Poisson, St-Yan.
St-Maurice-de-Satonnay.
St-Maurice-des-Champs.
St-Maurice-en-Rivière.
St-Maurice-lès-Châteauneuf.
St-Maurice-lès-Couches.
St-Mazeul, Bourbon-Lancy.
St-Micaud.
St-Michel, St-André-le-Désert.
St-Nicolas, Fontaines, Mes-
  sey-s.-Grosne, Sigy-e-Chatel.
St-Nazaire, Bourbon-Lancy.
St-Nizier-sous-Charmoy.
St-Nizier-sur-Arroux.
St-Odille, Cluny.
St-Oyen, Montbellet.
St-Pantaléon.
St-Pantaléon ou Escles, St-
  Remy.
St-Philibert, St-Cyr.
St-Pierre, Lugny, Marizy,
  Montceau-les-M., Péronne.
St-Pierre-de-Lanque, Péronne.
St-Pierre-de-Varennes.
St-Pierre-l'Etrier, St-Panta-
  léon.
St-Pierre-le-Vieux.
St-Point.
St-Privé.
St-Privé, St-Firmin.
St-Prix.
St-Prix, Bourbon, Dyo.
St-Quentin, Perrecy-les-For-
  ges, Le Rousset.
St-Racho.
Ste-Radegonde.
St-Remy.
St-Rigaud, Ligny.
St-Roch, St Gengoux-le-Nat.
St-Romain, Bissy-la-Mâcon.,
  Blanot, Chânes, Romenay.

St-Romain-des-Iles.
St-Romain-sous-Gourdon.
St-Romain-sous-Versigny.
St-Seine ou Senseignes, Chalmoux.
St-Sernin-du-Bois.
St-Sernin-du-Plain.
St-Sorlin.
St-Stanislas, La Selle.
St-Sulpice, Condal, Diconne, Marmagne.
St-Stacre, Grury.
St-Symphorien, St-Pantaléon.
St-Symphorien-d'Ancelles.
St-Symphorien-de-Marmagne.
St-Symphorien-des-Bois.
St-Symphorien-lès-Charolles.
St-Usuge.
St-Vallerin.
St-Vallier.
St-Vérand.
St-Vincent, La Loyère.
St-Vincent-des-Prés.
St-Vincent-en-Bresse.
St-Vincent-lès-Bragny.
St-Yan.
St-Ythaire.
Saillant (les), Viry.
Saivre, Villeneuve-en-Mont.
Saizy.
Salade (la), Grury, Dettey.
Salignon, Varennes-St-Sauv.
Salle (la).
Salle (la), Digoin, Laizé, Rigny, Romenay, St-Loup-de-la-Salle.
Sallière, Saint-Pierre-de-Var.
Salnay, Cronat, Vitry-s-Loire.
Salons (les), St-Vallier.
Salornay-sur-Guye.
Salornay, Hurigny.
Salugnons (les), Varennes-St-Sauveur.
Sambinerie (la), Romanèche.
Sampigny.
Sanaujour, Blanzy.
Sance (la), Vinzelles.
Sancé.
Sanceau, La Genête.

Sancenay, Oyé.
Sancenne, Le Planois.
Sanceray, Anost.
Sandon, La Vineuse.
Sane, Chapelle-Naude, Sornay.
Sanra (les), La Comelle.
Sans, Sennecey-le-Grand.
Sanseigne, Chalmoux.
Santagny, Genouilly.
Santa-Maria, Saint-Vallier.
Santilly.
Sanverne, Marizy.
Sanvignes.
Sapins (les), Auxy, Céron, Chapelle-au-Mans, Dyo, Hôpital-le-Mercier, St-Berain-sous-Sanvignes, Sanvignes.
Sacquets (les), Autun.
Sara (la), St-Berain-s-Sanv.
Sard ou Sarre (en), Curbigny, St-Martin-de-L. Verosvres.
Sardys (les), Bourgvilain.
Sarilles (les), Cortambert.
Sarnes (aux), Mont.
Sarrancy, Iguerande.
Sarrandière (la), Baudemont.
Sarranjoux, Blanzy.
Sarrazines, (les), St-Eusèbe.
Sarreguemines, Digoin.
Sarre ou Sard, Curbigny.
Sarrée (la), Cronat.
Sarroux (le), Mont, Motte-St-J.
Sarry.
Sarvagnat, Sagy.
Sassangy.
Sassenay.
Sassy, La Vineuse.
Satonnay, St-Amour, Saint-Maurice.
Sauches ou Soches (les), St-Firmin.
Saudreville, Ozolles.
Saudets (les), Meulin.
Saudiots (les), Chapelle-du-Mont-de-France.
Saudon, St-Loup-de-Varennes.

SAUBY, Chassigny, St-Julien-de-Jonzy.

SAUGE, Anzy-le-Duc, Givry, La Salle.

SAUGENT (le), Ciry, Uchon, Givry.

SAUGERAY ou SAUGERÉE (la), Abergement-de-Cuisery, Clessé, Etrigny, Laives.

SAUGERETTE (la), Issy-l'Evêque.

SAUGERIE (la), Villeneuve-en-Montagne.

SAUGES (les), Dettey, Givry, St-Jean-de-Trézy.

SAUGETS (les), Sornay.

SAUGEY, Sancé, Tavernay.

SAUGIES (les), Antully.

SAUGY, Baudrières, Châtenoy-en-Bresse, Louhans, Saint-Etienne, St-Vincent-les-Br.

SAUGY (le), Epervans.

SAULA ou SOLA (la), Ciry.

SAULE (la), Chapelle-du-Mont-de-France, Montagny-lès-Buxy, St-Bonnet-de-Joux, St-Désert, St-Vallier.

SAULE (le), Placé, Palinges.

SAULÉES (les), Charmoy.

Saules.

SAULNIÈRE, Changy.

SAULT, Lucenay, Grande-Verrière.

SAUMONT, Dampierre-en-Bresse.

SAUNAT (en), Jalogny.

SAUNIER (les), St-Vérand.

Saunières.

SAURATS (les), la Comelle.

SAUSSEY, Verrière (la Grande).

SAUT (le), Monthelon, Verrière (la Grande).

SAUTE-LIÈVRE, Mailly.

SAUTURNE, Saint-Gervais-sur-Couches, St-Martin-de-Commune.

SAUVAGE (le), Blanzy, Bragny-en-Charollais.

SAUVAGEOT (les), Marmagne.

SAUVAGÈRES (les), St-André-le-Désert.

SAUVAGETTE, Saillenard.

SAUVEMENT (le), Ciry.

SAUVIGNY, Chalmoux.

SAUZE (le), Gueugnon.

SAUZÉE (la), Ste-Radegonde.

SAUZERESSE, Issy-l'Evêque.

SAUZY ou SAUGY (le), St-Vincent-lès-Bragny.

Savianges.

SAVIANTS (les), Ratte.

SAVIGNY, Blanzy, Champlecy, Etang.

Savigny-en-Revermont.

SAVIGNY-LE-JEUNE, Curgy.

SAVIGNY-LE-VIEUX, Curgy.

Savigny-sur-Grosne.

Savigny-sur-Seille.

SAVILLY, Verrière (la Grande).

SAVOTS (les), St-Maurice-de-S.

SAVOYE (la), St-Léger-sur-Dh.

SAVOYE-CONTIN, Azé.

SAVRE (le), Laizy.

SAVEY (les), Ballore.

SAVY (Bas et Haut), Chaintré.

SCIAUD, Monthelon.

SCIERIE, Barizey.

SCIVOLIÈRE, Jugy.

SEBOT, Varennes-St-Sauveur.

SÈCHÈNE ou mieux SEPT-CHÊNES, La Frette.

SÉEZ, St-Didier-sur-Arroux.

Selle (la).

Semur-en-Brionnais.

Sennecé-lès-Mâcon.

Sennecey-le-Grand.

Sénozan.

Sens.

Sercy.

Serley.

Sermesse.

Serrières.

Serrigny-en-Bresse.

SÉGAUDE, La Clayette, Varennes-sous-Dun.

SEGAUDS (les), St-Berain-sous-Sanvignes, Sologny.
SEGUINET, Cronat.
SEGUINOLLE (la), Oyé.
SEICHEY (le), Champagnat.
SEIGNASSE, Charbonnat.
SEIGNE (la), Gibles, Pruzilly, Varennes-sous-Dun.
SEIGNES (les), Buffières, Ouroux-sous-le-Bois-Ste-Marie, St-Laurent-en-Brionnais.
SEIGNE-NOYER (la), Chauffailles.
SEIGNEURIE (la), Cronat, Mont, Ormes.
SEIGNOTS (les), Clermain.
SEIGNOTTE, St-Martin-en-Br.
SEIGUNAS, Charbonnat-sur-Arroux.
SELLE-D'EN-BAS, Auxy.
SELLLE-D'EN-HAUT, Auxy.
SELLE-DU-BOIS, Montcoy.
SELLÉE, Semur.
SELOBE, St-Yan.
SEMON, Champagnat, Cuiseaux.
SEMMECIÈRES, Branges.
SÉNAUDS (les), Trivy.
SENAVELLE, La Comelle, Verrière (la Grande).
SENNÉCIÈRES (les), Branges.
SÉNÉTRÉ, Ste-Radegonde.
SÉNÉTRIÈRE (la), Sennecé-lès-M.
SENNECKY-EN-BRESSE, Tautenant.
SENSEIGNE, Chalmoux.
SENSENNE, Planois.
SEPHRIN, Vendenesse-s-Arroux.
SEPPE (la), Anglure, Mussy, Tançon.
SEPT-BARRIÈRES-DU-CHEMIN-DE-FER, Sennecey-le-Grand.
SEPT-ECLUSES (les), Ecuisses.
SEPT-FONTAINES (les), Tournus.
SEPTYS (le), Villegaudin.
SERANDEY, Issy-l'Evêque.
SERINGES (les), St-Vallier.
SERLES, Gourdon.

SERMAISE, Châtenay, Gibles, Poisson. St-Julien-de-Civry, Vendenesse-lès-Charolles.
SERMAIZY ou SERMEIZEY, Laives.
SERMESNE, Ste-Hélène.
SERNAT, Laizy.
SERNIER, Saint-Christophe-en-Brionnais.
SERNIN, St-Laurent-en-Brionn.
SEROUX (les), Diconne.
SERPENT-LONDON (à), Savigny-sur-Seille.
SERPENTEUSE (la), Bergesserin.
SERPRIX (le), Gourdon.
SERRE (la), Beaurepaire, Bourbon-Lancy, Tournus.
SERRÉE (la), Bonnay, Curtil-s.-Burnand, Guerfand, Ormes, St-Martin-en-Bresse, Sens, Simandre, Villegaudin.
SERRÉES (les), Baudrières.
SERRIGNY, Châteaurenand, St-Romain-s.-Gourd.
SERROIR (le), Pierreclos.
SERTEAUX (les), Broye, Bussières.
SERTINES (les), Briant, Ligny, Verosvres.
SERVAGNAT, Sagy.
SERVAGON, Tançon.
SERVE (la), Chapelle-au-Mans, Coublanc, Romenay.
SERVELLE, Beaumont-sur- G., Nanton.
SERVIGNY (Grand et Petit), St-Christophe-en-Bresse.
SERVILLAT, Varennes-St-Sauv.
SERVILLE, Saint-Christophe-en-Bresse.
SERVIN (le), Burgy, Frangy.
SEUGNE, Malay.
SEUGNY, Châteaurenaud.
SEUIL (le), Monthelon, Varenne-l'Arconce, Volesvres.
SEUILLY, Saint-Christophe-en-Brionnais.

Seurres ou les Sœurs, Juif.
Sevêvre (la), Chapelle-Naude.
Sèvre, Villeneuve-en-Montag.
Seyrée (la), Sens.
Sevrey.
Seyves (les), Tramayes.
Sibert ou Cibert (les), Tramayes.
Siège du Bureau, St-Germain-du-Plain.
Sicardière (la), Bourg-le-C.
Sienne (Bas et Haut), La Charmée.
Sigrée (la) Pierre.
Sigy-le-Châtel.
Simandre.
Simard.
Sinoland (les), Colombier-en-Brionnais.
Simon (le), Bourg-le-Comte.
Simonnot (les), Gourdon, St-Nizier-sous-Charmoy.
Sirot, Flagy.
Sirou, Verrière (la Grande).
Sisseigne (la), Dampierre-en-Bresse.
Sivignon.
Sivignon, La Vineuse.
Sivry (Hameau et Château), Saizy.
Slère, Grandvaux.
Soches (les), Le Creusot.
Sortures, Chissey-en-Morvan.
Sola ou Saula (la), Ciry, Génelard.
Solain (le), Saint-Christophe-en-Brionnais.
Soleil (en), Dyo, Saint-Symphorien-des-Bois.
Solerat, St-Pierre-le-Vieux.
Solier (le), Anglure, Mussy.
Solins (les), Chapelle-au-Mans, St-Aubin-en-Charollais, Grury, Vendenesse-sur-Arroux.
Solmont, St-André-le-Désert.
Solnin, Paray.
Sologny.

Solons, St-Julien-de-Civry.
Solutré.
Solutrière (la), Sennecé-lès-M.
Sommant.
Sommant, Etang.
Sommeré, St-Sorlin.
Sommery, Gilly, Ozolles.
Sommette, Issy-l'Evêque.
Sonde-Bois, St-Gervais-en-Val.
Sorbiers, St-Pierre-le-Vieux.
Sorbonnes ou Sœurs-Bonnes (les), l'Hôpital-le-Mercier.
Sordet (les), Chidde.
Sordet, St-Racho.
Sordons (les), St-Germain-du-Plain.
Sorlin, Paray-le-Monial.
Sormain (en), Anzy.
Sorme ou Chorme, Charmoy.
Sorme (la Grande-), Blanzy, Montceau-les-Mines.
Sornat, Bourbon-Lancy.
Sornay.
Souchons (les), Hurigny.
Soudy (le), Chassigny.
Souillard, Lesme.
Souloy, Gueugnon.
Soulier, Cressy.
Soulin (le), Grury, Mont.
Soulton, St-Maurice-lès-Ch.
Soumilly (Grand et Petit), Oudry.
Sourdaux, St Sernin-du-Bois.
Sourde (la), Iguerande.
Sourillot (les), Sanvignes.
Souris (les), Gibles.
Sous-Derville ou Sauderville, Ozolles.
Sous-Goutelle, Gigny.
Sous-la-Corne-d'Artus, Beaubéry.
— -la-Forêt-de-Préau, Broye.
— -le-Bois, Baudemont, St-Albain, St-Racho.
— -le-Château, St-Pierre-de-Varennes.

Sous-l'Eglise, Monte.-l'Etoile.
— -le-Pont, Gibles.
— -les-Baumes, Motte-St-Jean.
— -les-Tilles, Burzy.
— -Lourdon, Lournand.
— -Richard, Chissey-en-Mor.
— -Vielle-Cour, Auxy.
Soutenant (Grand et Petit), Meryans.
Souterrain, Martigny-le-C.
Souve, La Tagnière, Thil-sur-Arroux.
Souvert, Chissey-en-Morvan.
Souviants (les), Ratte.
Souvigne, Beaubery, Ozolles.
Sovy, Marigny.
Soyée (la), Allériot.
Spay (le), Vauban.
Sublanche, St-Laurent-en-Br.
Suchaux, Broye.
Suchet (le), Champagnat.
Suchots (les), St-Didier-sur-Ar.
Suin.
Suires (les). St-Igny.
Sulignat, Montpont.
Suligny, Frangy.
Sully.
Sully, Nanton.
Supoy (le), St-André-le-Désert, St-Vincent-des-Prés.
Supré (le), Marly-sous-Issy.
Suragaux, St-Point.
Sur-Bains, Bourbon-Lancy.
— -Bouton, Chambilly.
— -Char, Marcigny.
— -Charmois, Broye.
— -Chaume, Nochize.
— -la-Chaussée, St-Pierre-de-Var.
— -Janvier, Mussy.
— -la-Fontaine, Donzy-le-P.
— -la-Lévée, Lacrost.
— -la-Roche, Brandon, Clermain.
— -la-Route, Donzy-le-Pertuis, Bergesserin, Rous-

sillon, St-Denis-de-Vaux, Sornay.
Sur-Laye, Mussy.
— -l'Eau, Lays-sur-le-Doubs.
— -le-Canal, Chambilly, St-Julien-sur-Dheune.
— -le-Mont, Ozolles, Verzé.
— -le-Pont, Péronne, Trambly.
— -le-Pré, Marcigny.
— -les-Crots, St-Léger-s.-Dh.
— -l'Etang, St-Léger-s.-Beu.
— -Mérat, Mary.
— -Moulin, Dracy-St-Loup, Saint-Romain-s.-Gourdon.
— -Pontet, Mussy.
— -Puits, Roussillon, Saint-Eugène.
— -Roche, St-Vinc.-des-Prés.
— -Rue, Monthelon.
— -Saône, Lacrost, Varennes-le-Grand.
— -Vaux, Paray, Volesvres.
— -Vély, Chauffailles.
Sury, Marizy.
Surys (les), Savigny-en-Rev.
Suts (les), Branges.
Suzeau, St-Martin-s.-Montaig.
Suzet (le), Serrières.
Sylla, Baron, Martigny, St-Bonnet-de-Vieille-Vigne.

T

Tabot, St-Bonnet-de-Joux.
Taboulot, Maltat, Perrecy.
Tabourais (les), Thurey.
Tâche-Andrée (la), Antully.
Taches (les), Brandon, Châtel-Moron, Essertenne, St-Didier-en-Brionnais.
Tachons (les), Bourbon-Lancy.
Tachonnières, Chalmoux.
Tageat, Varennes-St-Sauveur.
Tagiset, Ste-Croix.

TAGNERETTE (la), St-Berain-s.-Sanvignes.

Tagnière (la).

TAGNIÈRE (la), Chassigny-s.-D.

TAILLE-DES-RONCES, Broye.

TAILLEFER (le), Diconne.

TAILLERET, St-Yan.

TAILLES (les), La Tagnière.

TAILLET, Simandre.

TAILLETS (les), Brienne.

TAILLETS (Grands et Petits), Le Miroir.

TAILLIS (le), Anglure, Chassy, Chauffailles, St-Christophe-en-Brionnais.

TAILLIS-BOBIN (les), Frontenard.

Taizé.

TAIZEY, St-Remy.

TALLANT, Etrigny.

TALLÈGE, Tramayes.

TALLOIS (le), St-Étienne-en-Br.

TALUCHET (le), Monte.-l'Étoile.

TALUCHOT, Ormes, Toulon, Villeneuve-en-Montagne.

Tancon.

TANDIN, Giry.

TANIELLE, Verrière (La Grande).

TANNERIE (la), Anost, Chapelle-sous-Dun, Perrecy-les-Forges, St-Bonnet-de-Joux, St-Léger-sur-Dheune, St-Maurice-lès-Châteauneuf, St-Romain-s.-Gourdon, Tramayes.

TANNERIES (les), La Clayette.

TANNIÈRE (la), Chapelle-s.-Dun.

TANNIÈRES (les), St-Julien-de-Civry.

TAPERET (Grand et Petit), St-Bonnet-en-Bresse.

TARAUDERIE, St-Symphorien-des-Bois.

TARDES (les), Brion, Issy-l'Evêque, Marly-sous-Issy, Mont, Saint-Firmin.

TARDY (les), Verzé.

TARTINS (les), Poisson.

Tartre (le).

TARTRE (le), Marigny, Saint-Loup-de-la-Salle, Sanvignes, Volesvres.

TASSENIÈRE, Bosjean.

TATE-VIGNE, Chambilly.

TATINS, Marizy.

TAUFFERIN, Marly-sous-Issy.

TAUGE, Montpont.

TAUPEREUX (les), Saizy.

TAUPIÈRES (les), Gourdon.

TAUREAU-JAUNE, Saint-Léger-lès-Paray.

TAUREAUX (les), Branges, Chassigny.

TAUSSARDY, Suin.

TAUTES (les), Mornay.

TAUVENTRE, Grury.

TAVAZOT, Flagy.

Tavernay.

TAZEL, La Vineuse.

TEILLES (les), Charbonnat, Mornay.

TEILLET (en), St-Pierre-le-V.

TÉLÉGRAPHE (le), Rousset.

TEMPLE (le), Autun, Jully-lès-Buxy, Sevrey.

TENARRE, Baudrières.

TENAUDIN (les), Torpes.

TENDCUL ou TANCUL, Gibles.

TENTES (les), Marnay.

TEPPE (la), Blanot, La Charmée, Fley, Simandre, Varennes-Saint-Sauveur.

TEPPE-AU-LOUP, Jully-lès-Buxy, Messey-sur-Grosne.

TEPPE-AU-RYARD, Frontenard.

TEPPE-COCHET (la), St-Jean-le-Priche.

TEPPE-DU-LOUP, Brienne.

TEPPE-DES-BOIS, Montret.

TEPPE-MATHIEU, Givry.

— -MOUTONNIER (la), Simandre.

— -PROTELET (la), Boyer.

TEPPES (les), Brienne, Clessé, Lugny-lès-Charolles, Romenay, St-Gengoux-de-Scissé, Sanvignes, Virey.

TEPPES-POURRIES (les), Verzé.

TERNES (les), Bragny-en-Char.

TERRANGEOT (le), Pierre.

Terrans.

TERREAU-DE-NOBRUE (le), Sologny.

TERREAUX (les), Brandon, Chapelle-du-Mont-de-France, St-Pantaléon, Verosvres.

TERRE-A-MARTIN, Ciry.

— -AU-MARD, Saint-Aubin-en-Charollais.

— -CARREAU, Digoin.

— -DE-PIERRE (la), Montceaux-l'Etoile.

— -DES CHEMINS, Sanvignes.

— -DES-REY, Saint-Amour.

— -DU-BOIS (la), Sanvignes, Charnay-lès-Mâcon.

— -DU-POT, Chapaize.

— -FUSEAU, Varennes-lès-Mâcon.

— -NOIRES, Mornay, St-Germain-des-Bois, Saint-Julien-de-Civry.

TERRES (les), Chaintré, Dompierre-les-Ormes, Pruzilly, Saint-Bonnet-de-Joux.

TERRES-AU-GEAI (les), Saint-Didier-en Brionnais.

— -BLANCHES, Ciry.

— -DIEUX (les), Briant, Ozolles

— -GRASSES, Oslon.

— -MARGUERITES (les), Serrières.

— -MORTES (les), Beaubery.

— -ROUGES, Ciry.

TERTRE (le), Sampigny.

TERTRES (les), Lugny-lès-Ch.

TERZÉ, Marcilly-la-Gueurce.

TESSONNIERES (les), Sanvignes.

TÈTE-A L'ANE, Trambly.

TÈTE-NOIRE, St-Racho.

TÊTES (les), Iguerande, Sivignon, Trivy, Verosvres.

TEUGNE (la), Maltat.

TEUILLON, Vitry-sur-Loire.

TEUPES (les), Ciry.

TEURISSOT, Broye, Etang, Verrière (la Grande-).

TEUROTS, Sanvignes.

TEUX (les), Brienne.

THÉATRE (le), Toulon.

THÉPET (le), Laizé.

THEILLET, St-Pierre-le-Vieux.

THEL, Chapelle-sous-Dun, Dettey.

THÉLET (le), Pressy.

THELOTS (les), St-Forgeot.

THELY, Toulon.

THENEVET, Perrecy.

THEUREAU (le), Montceaux-l'Etoile, Motte-Saint-Jean, St-Aubin-sur-Loire, Varenne-l'Arconce.

THEUREAU-DES-EAUX (le), Saint-Vallier.

THEUREAU-DU-MONT-CHAUVEAU, St-Léger-sur-Dheune.

THEUREAU-GEORGEON, Vitry-s-Loire.

THEUREAU-JAUNE (le), Digoin, St-Léger-lès-Paray.

THEUREAUX (les), Mornay, Rigny.

THEURET, Barizey, St-Nizier-sous-Charmoy, Uchon.

THEUROT, Curdin, Perreuil, St-Nizier-s.-Charmoy, Sanvignes, Touches.

THEUROT D'AUPONT, Gilly.

THEUROT-DE-LOMBREY (le), Montceaux-l'Etoile.

THEUROT-DES-GENEVRIERS (le), St-Julien-de-Civry.

THEUROTS (les), Amanzé, Baudemont, Châtel-Moron, Martigny, Mornay, Uxeau.

THEURSOT, Etang.

THEVAUX, Rigny.

THEVELEYS, Hurigny.

THEVENET, Perrecy.

THEVENIN (les), Amanzé, Pressy, Saint-Amour, Saint-Laurent-en-Brionnais, Senozan, Vareilles.

THEVENOT (les), Neuvy, Verrière (la Grande).

THÉZU, Saint-Micaud.

THIBAUTS (les), Colombier-en-Brionnais.

THIELLET ou THIELAY (le), Palinges, Savigny-sur-Seille, St-Usuge, Torcy, La Boulaye.

THIENS, St-André-en-Bresse.

THIL (le), Chenoves, Cussy.

Thil-sur-Arroux.

THILHOMME, Donzy-le-National.

THINOTS (les), Palinges.

THION, Savigny-sur-Seille.

THIVAUX (les), Matour.

THIVELAY (la), Mesvres.

THIVELLE, Cussy.

THOINY (les), Cronat, Saint-Sernin-du-Bois.

THOIRIAT, Crêches.

THOMACHOTS, St-Igny-de-Roche

THOMAS (les), St-Laurent-en-Brionnais.

THOMAS-LOUIS (les), St-Sernin-du-Bois.

THOMASSE (en), Ciry, Pouilloux.

THOMERY, Collonge-en-Charol.

THOREY, St-Germain-du-Plain.

THORINS, Romanèche.

THOU, Gueugnon.

THOYS (les), Palinges.

THOZETS (les), Germolles.

THUBES (les), Marmagne,

THUET, Loché.

THULLIÈRE (la), Varennes-s.-D.

Thurey.

THURISSEY, Montbellet.

TIBES, Grury.

TIENTRES, Rey.

TIFFAILLES, Huilly.

TIGNY, Chaudenay.

TILLAY, Suin.

TILLERET (le), Beauvernois.

TILLES (les), St-Germain-du-P.

TILLET (en), Vergisson.

TILLIÈRES (les), Dommartin.

TILLOTS (les), Vaux-en-Pré.

TILLOUZOT, Massilly, Taizé.

TILLY, St-Aubin-en-Charollais.

TINAILLIERS, Milly, Senozan.

TINONS (les), Berzé-le-Châtel.

Tintry.

TIRBIZE, St-Racho.

TIRCHALPT, Demigny.

TISSIERS (les), Iguerande.

TIVOLY, Toulon.

TOINES (les) Simard.

TOISSY, Cronat.

TOITS ou TOÈTES (les), Blanzy.

TOLCY, St-Julien de-Civry, Prizy.

TOLIN, Cronat.

TOLLETS (les), Bourg-le-Comte.

TOLLIÈRE (la), Mailly.

TOMACHOTS, St-Igny-de-R.

TOMBEREYS (les) Motte-St-Jean.

TONDUE (la), Ballore, St-Aubin-en-Charollais.

TONNALIÈRES (les), Baudemont.

TOPPES ou TEPPES (les), Simard, Mesvres.

TOPPES (les), Autun.

TORAIL (le), Bois-Ste-Marie, Chassigny.

TORAUDERIE (la), St-Symphorien-des-Bois.

TORCHEPOTTE, Saint-Germain-du-Bois.

TORCHEVILLE, St-Micaud, Mont-St-Vincent.

TORCHIS, Chalmoux.

Torcy.

Torpes.

TORREAUX, Varennes-sous-Dun.

TORTECELLE, Champlecy.

12.

TOTEROTS, Trambly.

TOTELIN, Mont.

Touches.

TOUCHE (la), Anzy, Semur.

TOUILLARDS (les), Ciry.

TOUILLEAU (le), Diconne.

TOUILLY (le), Ouroux-s-Saône.

TOUJARD (le), Ozolles.

TOUJARNET, Ozolles.

TOULAIZE (la), Vinzelles.

TOULE (la), Dompierre-les-O.,
Trambly.

TOULONGEON, Chapelle-s-Uch.,
Cuiseaux.

Toulon-sur-Arroux.

TOULOUSE, Mervans, Vinzelles.

TOUPE (la), La Frette.

TOUPE-BOULAY, St-Vincent-en-B.

TOUPE-DES-BOIS, Montret.

TOUPE-DU-COU, Toutenant.

TOUPPES - DES - CHAMPS (les),
Chapelle-Thècle.

TOUR (la), Anzy-le-Duc, Cham-
plecy, Collonge-en-Charollais,
Gibles, Mâcon, Marcilly-la-
Gueurce, Montceaux-l'Etoile,
Péronne, Prissé, Romanèche,
St-Julien-de-Jonzy, St-Mau-
rice-lès-Châteauneuf, Saint-
Vallerin, Sanvignes, Varenne-
l'Arconce.

TOUR-BAUDIN (la), Montagny-lès-
Buxy.

— -BRICARD, Brion.

— -CHATEAU (la), Romanèche-
Thorins.

— -D'AVAIZE, Mornay.

— -DE-BASSY, St-Gengoux-de-
Scissé.

— -DE-BOURDEAU, St-Symphorien-de-Marmagne.

— -DE-BURET (la), Charmoy.

— -DE-CHAMPAGNE, Péronne.

— -DE-CHAMPITEAU, St-Firmin.

— -DE-MONT-VOISIN, Collonge-
en-Charollais.

TOUR-DE-VERS, Sennecey-le-Gr.

— -DES-BOIS, St-Gengoux-de-
Scissé.

— -DORMY, Salornay.

— -DU-BLÉ, Massy.

— -DU-BOIS, Uxeau.

— -DU-BOST, Charmoy.

— -DU-CHAPITRE, Brion.

— -DU-POTET, Montmelard.

— -DU-SOIR (la), Toulon.

— -MALAKOFF, Curgy.

— -PENET, Péronne.

— -RAGON, Marigny.

— -ST-GIRAUD, Champlieu.

— -VILLAUFANS, Sennecey-le-
Grand.

— -VILLERET, St-Julien-de-Jonzy.

TOURNACHE (la), Charnay-lès-M.

TOURNELLE (la), St-Martin-du-
Mont.

TOURNETS (les), Chapelle-de-G.

TOURNIERS (les), Sologny.

TOURNON (les), Charnay-lès-M.

Tournus.

TOURNUSSE (la), Géron.

TOURNY, Changy.

TOURS (les), Anzy-le-Duc, Crèches.

TOURVA, Sanvignes.

TOURVAILLON ou TOURVAYON,
Sologny.

TOURY, Bray, Cortambert.

Toutenant.

TOUZAINE, Jalogny.

TOUZIERS (les), St-Sorlin.

TRACHE, Châteaurenaud.

TRACY-MOULIN, Nochize.

TRAIN (la) ou LATRAIN, Romenay.

TRAMAILLE, Marigny.

Tramayes.

Trambly.

TRAMBLY, St-Maurice-lès-Chât.

TRANCHE-GORGE, Varenne-Reuil.

TRANCHEFOIL, Igé.

TRAPELOUP, Varennes-s-Dun.
TRAPOYE (la), Torcy.
TRAPPE (la), Sommant.
TRASSE (la), Issy-l'Evêque.
TRAVERS (le), Verrière (Grande-).
TRAY, Clessé.
TRÈCHE (la), Charbonnat, La Guiche, Sanvignes, Vigny.
TRÉCOURT, Matour.
TRÉFFAUT ou TREFFORT, La Vineuse.
TREFFORT, St-Germain-du-Pl.
TRÉGAGES (les), St-Agnan.
TRÉLAGUE, La Tagnière.
TRÉLU, St-Cristophe-en-Br.
TREMAILLÈRE, St-Usuge.
TREMBLAY (le), St-Eusèbe, St-Martin-de-Senozan, St-Nizier-sous-Charmoy, Rigny, Serrières, Uchizy.
TREMBLAYS (les), St-Micaud, Sennecey-le-Grand.
TREMBLES (les), Tancon.
TREMBLY (le), Dio, Manizy, St-Bonnet-de-Cray, St-Laurent-en-Brionnais.
TREMOLLE, Vitry.
TREMOLLET, Romenay.
TRÉMONT, Plottes, Varennes-s-Dun.
TREMPIÈRE (la), Rancy.
TREMPLE (le), Saint-Privé.
TRENTE-SACS, Meulin.
TRÉSOIRE, Simandre.
TREUIL (le), Iguerande, Mailly, St Désert, La Tagnière, Rosey.
TRÉVAL, St-Julien-de-Jonzy.
TRÈVES (les), Saint-Igny.
TRÉZY, St-Jean-de-Trézy.
TRIBOULOTS, Uxeau.
TRIGOTS (les), Montret.
TRION, La Vineuse.
TRIOT (le), Chenay-lès-Ch.
TRIQUETTERIE (la), Saint-Symphorien-des-Bois.

TRIVY.
TRIZY, Cronat.
TROCHE (la), Châteaurenaud, La Comelle, Lessard-en-Bresse, Marmagne, Romenay, St-Emiland, St-Léger-sur-Dheune, Toutenant.
TROIS-CHEMINÉES (les), Auxy, Tintry, Verrière (Grande-).
— -DEMOISELLES (les), Devrouze.
— -ÉCLUSES (les), Morey.
— -FONTAINES, Bragny-en-Ch., Saint-Yan.
TROMPIERRE (la), Rancy.
TRONCHAT, Demigny, Montmelard, St-Léger-sur-Dheune.
TRONCHÈRES, (les), St-Igny.
TRONCHES (les), St-Igny.
TRONCHET (le), Frangy, Mesvres.
TRONCHETS (les), St-Racho.
TRONCHY-LE-BAS, Tronchy.
TRONCHY.
TRONCY (le), Chalmoux, Nochize.
TROU-DU-BOIS (le), Brandon.
TROUPE (la), Clessé.
TROUES (les), Verrière (la Gr.)
TROUILLETS (les), Mussy.
TRUCHARDS (les), La Chaux.
TRUCHE (la), Vergisson.
TRUCHÈRE (la).
TRUCHET, Le Miroir.
TRUCHON (le), Chassigny.
TRUGES (les), Dyo, Ligny, St-Vérand, Trivy.
TUBES (les), Marmagne.
TUELLE (la), St-Usuge.
TUFF (la), Antully.
TUFFY (en), Mussy.
TUILERIE (la), Bantanges, Beaurepaire, Bourgvilain, Bragny-en-Charollais, Branges, Bux, Chagny, Chalmoux, Champforgeuil, Chapelle-s.-Uchon, Chassy, Châteaurenaud, Châtenoy-en-Bresse, Clessy, La

Comelle, Cormatin, Curbigny, Curtil-s.-Burnand, Dracy-le-Fort, Dracy-lès-Couches, Dyo, Epinac, Essertenne, Etang, Lesme, Lugny-lès-Ch., Lux, Mâcon, Mailly, Le Miroir, Martigny-le-Comte, Montcoy, Monthelon, Montpont, Motte-St-Jean, Navilly, Ormes, Pierre, Pontoux, Pourlans, Le Rousset, Sailenard, Saint-Berain-sur-Dheune, Saint-Forgeot, St-Germain-du-Plain, St-Gilles, Sainte-Hélène, Saint-Julien-s.-Dheune, Saint-Loup-de-la-Salle, St-Marcel, St-Nizier-sous-Charmoy, St-Sernin-du-Plain, St-Vallier, St-Vincent-lès-Bragny, Salornay-sur-Guye, Saint-Yan, Sassenay, Sens, Serrières, Le Tartre, Toulon, Tavernay, Varennes-sur-le-Doubs, La Villeneuve.

TUILERIE-BELLE, St-Vallier.

— -BRUCLION, St-Germain-du-Bois.

— -DES-CARRIÈRES, Ameugny.

— -DE-CHAZELLES, Cormatin.

— -DE-COURCELLES, Bruailles.

— -DE-LA-BALME, St-Germain-du-Bois.

— -DE-LA-BENNE, Chissey-la-M.

— -DE-LA-FAYE, St-Germain-du-Bois.

— -DE-LA-PRAYE, Bourbon-Lancy.

— -DE-LA-REVENUE, Laizy.

— -DE-MALPORTE, St-Germain-du-Bois.

— -DE-MARTENET (la), Saint-Romain-sous-Versigny.

— -DE-ROMAGNE, Perrecy-les-Forges.

— -DES-CHARMES, Mazille.

TUILERIE-DES-MORANDS, Montchanin.

— -DES-MOUILLES, Mazille.

— -DE-VERDENET, Allériot.

— -DE-VEZON, Bourbon-Lancy.

— -DU-VIGNAN, Bourbon-Lancy.

— -DU-BOIS-PLAIN, Bresse-sur-Grosne.

— -GEORGES, St-Vallier.

TUILERIES (les), Châtenoy-en-Bresse, St-Maurice lès-Chateauneuf, Neuvy.

TUILLIÈRE (la), Chambilly, Colombier-en-Brion., Marcigny, Varennes-sous-Dun.

TUPES (les), Montmelard, Viry.

TUPINS (les), Bruailles, Le Miroir, Sainte-Croix.

TURISSOT ou TEURISSOT, Broye.

TYRS (les), Chalmoux, Charolles, Vaudebarrier.

U

UCHAMPS, Simandre.

Uchizy.

Uchon.

UGAUX (les), St-Mard-de-Vaux.

URGERIES (les), Martigny.

URLY, Issy-l'Evêque.

URSINGE, Marigny.

URSULES (les), Montbellet.

Us (les), La Chaux.

USAGES (les), Chapelle-sous-Uchon, Clessy.

USIGNY, Bragny-en-Charollais, St-Aubin-en-Charollais.

USINE (l'), Champforgeuil, Cordesse, St-Symphorien-de-M., St-Forgeot, St-Léger-sous-la-Bussière, St-Berain-sur-Dheune, Igornay.

USSEAU ou UXEAU, Lucenay-l'Evêque.

Vange, Montpont.
Vannes (les), Gibles, Vendenesse-lès-Charolles.
Vanniers (les), Martigny-le-Comte, St-Sernin-du-Bois.
Vanoise, Ormes, St-Martin-de-Lixy, Simandre.
Vanzé, Verzé.
Varamagnien, Ménetreuil.
Varandaine (la), Buxy.
Varanges, Cortambert.
Varanjoux, Davayé.
Vareille, Anzy, Lucenay, St-Didier-en-Brion., Sommant.
Vareilles.
Vareilles, Sigy-le-Châtel.
Varendeux, Maltat.
Varenne (la), Amanzé, Collonge-en-Charollais, La Frette, Géanges, Igornay, Iguerande, Lessard-en-Bresse, Mervans, Motte-St-Jean, Oyé, Pierreclos, Sagy, St-Bonnet-en-Bresse, St-Didier-en-Brion., St-Léger-lès-Paray, St-Martin-en-Bresse.
Varennes (les), Azé, Dracy-le-Fort, Flacé, La Genête, Jully-lès-Buxy, Mazille, Palinges, Romenay, St-Agnan, Saint-Forgeot, St-Usuge, Sancé.
Varenne-l'Arconce.
Varennes-le-Grand.
Varennes-lès-Mâcon.
Varenne-Reuillon.
Varennes-Saint-Sauveur.
Varennes-sous-Dun.
Varenne-sur-le-Doubs.
Varette (la), Tournus.
Varignolles, Condal, Dommartin.
Varillon, St-Didier s.-Arroux.
Varin, Anost.
Variots ou Vouroits (les), St-Martin-d'Auxy.
Varolles, St-Forgeot, Tavernay.

Varnat (le), Ste-Radegonde.
Varrault (les), Bourbon.
Varrion (le), Volesvres.
Vasnes (les), Antully.
Vassot (en), St-Symphorien-de-Marmagne.
Vassy, Anzy.
Vatys (les), Ballore.
Vau ou La Vault, Collonge-en-Charollais, Cressy, Cuzy, Dyo, Gibles, Marmagne, Mesvres, Montmort, Neuvy, Perrecy, Pruzilly, St-Léger-sous-B., St-Sernin-du-Plain, St-Symphorien-de-M., Varennes-sous-Dun, Verosvres, Verrière (la Petite-), Vers.
Vau (le), Bruailles, St-Julien-de-Civry.
Vauban.
Vaublanc, Chaudenay.
Vaubresson, Gibles.
Vaucelle ou Vauxelles (Grand et Petit), Lucenay.
Vauçery, Chissey-en-Morvan.
Vauchaintron, Matour.
Vauchauge, Verrière (la Petite-).
Vauchézeuil, Chissey-en-Morv.
Vauchirey, St-Etienne-en-Br.
Vaucourieux, St-Léger-sous-Beuvray.
Vaudebarrier.
Vau-de-Chizeuil (le), St-Julien-de-Civry.
Vau-de-Cypière (la), Champlecy.
Vau-de-Joux (la), Anost.
Vau-de-la-Varenne, St-Léger-lès-Paray.
Vaudelin, Chalmoux, Issy-l'Evêque.
Vaudon, Charmoy.
Vaugrenand, La Racineuse.
Vaulion, Verrière (la Petite-).
Vaulvry, Ciel.
Vau-Martin, Marmagne.

VAU-MIGNON, Anost.

VAULT-QUEUGNE (la), Thil-s-A.

VAURIOTS (les), Saint-Martin-d'Auxy.

VAUTANTENAY, Loisy.

VAUTHOT, Verrière (Grande-).

VAUTRÉE (la), Pierreclos.

VAUVIENNE, Dennevy.

VAUVILLARD, Uchon.

VAUVRET ou VAUVREY, Chapelle-Naude.

VAUVRETTE, Cronat.

VAUVRH., Roménay, St-Usuge.

VAUVEILLE (la), Varennes-St-Sauveur.

VAUX (la ou les), Briant, Chalmoux, Champagnat, Champlecy, Châteaurenaud, Cressy-sur-Somme, Cuzy, Dampierre-en-Bresse, Etang, La Guiche, Jalogny, Marmagne, Mesvres, Montmort, Neuvy, Perrecy, Preuzilly, St-Marcelin, St-Ythaire, Sivignon, La Tagnière, Varennes-s.-Dun, Verosvres, Vers.

VAUX-CHOSE, Verrière (Petite-).

— -DE-JOUX (la), Anost.

Vaux-en-Pré.

VAUX-PRÉ, Verzé.

— -SOUS-TARGE, Péronne.

— -SUR-AISNE, Azé.

— -VERZÉ, Verzé.

VAUXERY, Chissey-en-Morvan.

VAUZÉ, Verzé.

VAUZELLE, Montmelard, Saint-Didier-s.-Arroux, St-Micaud, Saint-Romain-sous-Gourdon, Suin, Vaudebarrier.

VAVRE (la), Brandon, Ménetreuil, Montpont.

VAVRES ou VASVRES (les), Marmagne, Ste-Cécile.

VÉAGE, Sagy.

VEILLET ou VILLET (le), Saint-Martin-en-Bresse.

VEILLY, La Genête.

VEILLEROT, Ste-Radegonde.

VELACOT, St-Martin-la-Patr.

VÉGARD, Ouroux-sur-Saône.

VELARD (Grand et Petit), Serrigny.

VELAY, VELÉE, VELEY ou VELLET, Anost, Broye, Etang, St-Pierre le-Vieux.

VELETTE (la), Cuzy.

VELETTE (Grande et Petite), Oudry.

VELLE (la), Anglure, Chapelle-au-Mans, Chapelle-s.-Uchon, Gilly, La Guiche, Morey, Mussy, St-Agnan, St-Amour, St-Bonnet-de-Vieille-Vigne, St-Léger-sous-Beuvray, St-Racho, Vauban, Verjux.

VELLE ou VILLE (la), St-Amour.

VELLE-DU-BOIS (la), Montcoy.

VELLENOUX, Dompierre-s-Sauv.

VELLENUD (la), St-Aubin-en-Charollais.

VELLERET, Cronat, Verrière (la Grande-).

VELLENNAT, Champagnat.

VELLEROT (le), Chalmoux, St-Berain-s-Dh., Ste-Radegonde.

VELNOUX, Tournus.

VELOTTE (la), Vitry-sur-Loire.

VÉLY, Buffières.

VÉMONT ou VEZ-MONT, Bourg-le-Comte, St-Bonnet-de-Cray.

VENAILLE, Marcilly-la-Gueurce.

VENAY (le), Branges, Bruailles, Châteaurenaud, Frontenaud.

VENDÉE (la), Curtil-s-Burnand, Sanvignes.

Vendenesse-lès-Charolles.

Vendenesse-sur-Arroux.

VENEUZE, Etrigny.

VENIAN, Neuvy.

VENIÈRES, Boyer.

VENIES (les), Pouilloux.

VENNE (en), Bourgvilain, St-
Point.
VENTE (la), Cussy, St-Forgeot.
VENTRIGNY ou VINTRIGNY, Chauf-
faillés.
VÉRABLE, Savigny-en-Reverm.
VERCHÈRE (la), Charnay-lès-M.,
Issy-l'Evêque, Vitry-s-Loire.
VERCHÈRE-DU-BOIS (la), Joncy.
VERCHÈRE-MELON (la), Fargea.
VERCHÈRES (les), Chassigny,
Issy-l'Evêque, St-Igny-de-
Roche, St-Maurice-lès-Châ-
teauneuf.
VERCHIZEUIL, Verzé.
VERDELET, Cronat, Racineuse.
VERDENET, Allériot, Châtenoy-
en-Bresse.
VERDENETS (les), La Tagnière.
VERDIER (le), Chauffailles, Di-
goin, Motte-St-Jean, Saint-
Laurent-en-Brionnais, Saint-
Symphorien-lès-Charolles,
Dompierre-lès-Ormes.
VERDIERS (les), Germolles, Va-
renne-l'Arconce.
VERDIN, Montagny-près-Lou-
hans, La Vineuse.
VERDOUX, St-Martin-la-Patr.
VERDRAT (le), Martigny-le-
Comte, Mornay.
Verdun-sur-le-Doubs.
VERDURES (le), Melay.
VÈRE (le), Sommant.
VERGENNE, St-Gervais-s-Couch.
VERGER (le), Clessy, Lessard-
en-Bresse, Montceau-les-M.,
Roussillon, Ste-Radegonde.
VERGER-GUILLON, Gigny.
Vergisson.
VERGNE (la), Cluny.
VERGNEAU (le), Saint-Agnan,
Bourbon.
VERGNIAUD (les), Montceaux-
l'Etoile.
VERGONCEY, Ourgy.

VERGY, Vers.
VÉRIAT, Savigny-en-Reverm.
Vérissey.
Vérizet.
Verjux.
VERLÉ, Sanvignes.
VERLION, Volesvres.
VERMENOT, Verrière (Grande-).
VERMIAUX, Bourbon-Lancy.
VERMILLAT, Lugny.
VERMILLOT, Grury.
VERMONT, St-Maurice-lès-Châ-
teauneuf.
VERNA (la), Puley, St-Vallier.
VERNAILLETS (aux), Ste-Cécile.
VERNASSE, Cronat.
VERNAT (le), Champlecy, Ste-
Radegonde.
VERNAUSEUR (le), St-Vincent-
lès-Bragny.
VERNAY (le), Anost, Berzé-la-
Ville, Bourgvilain, Chapelle-
sous-Dun, Château-Chérizet,
Condal, Culles, Dompierre-
les-Ormes, Gibles, Grury,
Lugny-lès-Charolles, Maltat,
Mazille, Perrigny, St-Chris-
tophe-en-Brionnais, Saint-
Gengoux-le-National, St-Ger-
main-des-Rives, St-Laurent-
en-Brionnais, St-Martin-de-
Commune, Saint-Maurice-de-
Satonnay, St-Pierre-le-Vieux,
St-Racho, Rigny, Savigny-
en-Rev., Semur, Simandre,
Sornay, Tancon, Vauban.
VERNAY-AU-BOIS ou AU-BOS (le),
Montret.
VERNAYANT, Montmelard.
VERNAY-DE-MONTGARDON, Con-
dal.
VERNAY-GIRARD, Baudrières.
VERNAY-PASSERAT, St-Germain-
du-Bois.
VERNAYS ou VERNETS (les),
Marcilly-la-Gueurce, Paray,

Pierreclos, Saint-Aubin-sur-Loire, St-Bonnet-de-Joux.

VERNE (la), Bellevesvre, Mouthier, Ouroux-sur-Saône.

VERNE (le), Beaubery, Comelle, Curdin, Gueugnon, Mâcon, Martigny-le-Comte, Montceau-les-Mines, St-André-le-Désert, St-Bonnet-de-Vieille-Vigne, St-Didier-s.-Arroux, St-Vallier, Sanvignes.

VERNE-AU-CHAT (la), Pressy.

VERNE-DES-PLAINS, Uchon.

VERNE-DU-GOY, Antully.

VERNE-SULEAU (le), St-Symphorien-de-Marmagne.

VERNES (les), Artaix, Baron, Branges, Chassigny, Ciry, Curgy, Frontenaud, La Genête, Germolles, Les Guerreaux, Lessard-en-Br., Martigny, Melay, Oyé, St-André-en-Bresse, St-Aubin-en-Charollais, St-Berain-sous-Sanvignes, St-Bonnet-de-Vieille-Vigne, St-Eugène, St-Germain-du-Plain, St-Igny, St-Léger-du-Bois, St-Léger-s.-Beuv., St-Marcelin, Ste-Cécile, Thurey, Toutenant, Volesvres.

VERNES-BRÉDA (les). Rousset.

VERNES-DES-LYRES (les), Broye.

VERNES-DU-PETIT-TAPEREY (les), St-Bonnet-en-Bresse.

VERNES-GUYOTTES (les), Saint-Bonnet-en-Bresse.

VERNES-THIBERT, Serley.

VERNÉE (la), Beaubery, Etang, Mont-St-Vincent, Oudry, St-Bonnet-de-Joux, St-Symphorien-de-Marmagne, Suin, Trivy.

VERNELLE (la), Amanzé, Changy.

VERNET (le), La Chaux, Bouhans.

VERNET-AUX-BEAUX ou AU BOST (le), Montret.

VERNET-COULON, Montcony.

VERNETS (les), St-Aubin-sur-L.

VERNET-RIVIÈRE, Tavernay.

VERNETTE (la), Ballore, Chaintré, Leynes.

VERNEUIL, Charnay-lès-Mâcon, Marcilly-la-Gueurce.

VERNEY, Verrière (Grande-).

VERNIELLES (les), Amanzé.

VERNIER-A-PAIN (le), Beaubery.

VERNIBLE (la), St-Yan.

VERNILLOT, Gruny.

VERNISEAUX ou VERNIZAUX (les), Le Creusot, Saint-Pierre-le-Vieux, Saint-Sernin-du-Bois.

VERNISSE, Vigny.

VERNISY, Le Breuil, Charmoy, Génelard, Sanvignes, Uxeau.

VERNOCHIEN, Chidde.

VERNOIS (le), ou VERNOY, Breuil, Cussy, Etang, La Frette, Menetreuil, Mervans, Montceau-les-Mines, Saint-Sernin-du-Plain, St-Vallier.

VERNOT, Jalogny.

VERNOTTE (la Petite-), Simard, Vérissey.

VERNOTTES, Saint-Pierre-de-Varennes, Verrière (Grande-).

VERNOUSE (la Grande), Baudrières.

VERNUCHOTS, Marmagne.

VERNUSSE, St-Gervais-s-Couch.

Verosvres.

VÉROTTE, Barnay.

VÉROU (le), Perrigny.

VERPIGNY, St-Bonnet-de-Vieille-Vigne.

VERPILLIÈRE, Chissey-en-Morv.

VERPRÉ, St-Igny, Tancon.

VERQUILLEUX, Ozolles.

VERRERIE (la), Autun, Ciry, Dyo, Montceau-les-Mines, Roussillon, Sanvignes.

VERRERIE-DE-PROD'HUN (la), Antully.

Verrey, Sennecé-lès-Mâcon.
Verrière (la Grande-).
Verrière (la Petite-).
Verrière (en), Châtel-Moron.
Verrière (la), Frontenaud, Le Miroir, Montpont, St-Martin-de-Salencey.
Verrodière, Varennes-St-Sauv.
Vers.
Vers (la), Sommant.
Versangues.
Vers-Bost, St-Bonnet-de-Cray.
Vers-Chanes, Fuissé.
Vers-Chaux, Suin.
Vers-Débulloy, Saint-Jean-le-Priche.
Vers-Foux, Melay.
Vers-la-Croix, Vergisson.
Vers-la-Route, Champforgeuil.
Vers-le-Bois, Buffières, Mailly, Mary, Mazille, Mornay, St-Bonnet-de-Cray, Verrière (la Grande-).
Vers-le-Bourg, Vers.
Vers-le-Clou, Broye.
Vers-l'Eglise, Chasselas, Davayé, Jugy, La Loyère, Marnay, St-Jean-le-Priche, St-Loup-de-Varennes, Saint-Martin-de-Senozan, Santilly, Senozan, Serrières, Saint-Sorlin.
Vers-le-Mont, Bourg-le-Comte, Mont.
Vers-le-Moulin, Curbigny, St-Vincent-des-Prés.
Vers-le-Pont, Vitry-les-Cl.
Vers-le-Reuil, Mont-Saint-Vincent.
Vers-les-Bois, Donzy-le-Nat., Mailly.
Vers-Mont ou Vémont, Saint-Bonnet-de-Cray.
Vers-Pré, Curtil-s.-Buffières, Tançon.

Vers-Saône, Senozan, St-Jean-le-Priche, St-Martin-de-Sen., St-Jean-des-Vignes.
Vers-St-Jean, St-Jean-le-Pr.
Versaud ou Versaux, Anglure, Mussy, St-Maurice-lès-Chât.
Versigny, Perrecy.
Vers-Ville, St-Point.
Vertambeau (en), Sassenay.
Vertempierre, Chagny.
Verteline (la), Moroges.
Vertpré, Pouilloux, St-Igny, Tancon.
Verust, Maltat.
Verveilles, Etang-s.-Arroux, Mesvres.
Vervier (le), Chassigny.
Verzé.
Verzée (la), St-Gengoux-de-Scissé.
Veslat, Sologny.
Ves-Roche, St-Igny.
Vessat (le), Leynes.
Vesserots, Clermain.
Vessey, Châtenoy-le-Royal.
Vessières (les), Montagny-près-Louhans.
Vessots, Senozan.
Vesvre ou Vesvres (la), Baudemont, Beaumont-s-Grosne, Blanzy, Breuil, Clessé, Cordesse, Dracy-St-Loup, Fleury, Grury, Gueugnon, Iguerande, Martigny, Melay, Montagny-près-Louhans, Mont-Saint-Vincent, Neuvy, Rousset, St-Ambreuil, St-Julien-de-Civry, St-Vincent-lès-Bragny, Saizy, La Selle, Villeneuve-en-Montagne, Viry.
Veulerot, Chalmoux.
Veure (la), Bellevesvre.
Veuvreys (les), Bourbon-L.
Vevaux ou Veveaux, Dompierre-sous-Sanvignes.

VÈVRE (la), Ciry, Clessé, Epinac, Ligny, Mervans, Perrecy, Saizy.

VÉVRES (les), Chambilly.

VEVROTTE ou VEUVROTTE, Barnay, Sully.

VEYLE (la), Chapelle-s.-Uchon, St-Racho.

VEZEAUX (les), St-Jean-de-Tr.

VEZENOT, Mont.

VEZIAUX (les), Barizey, Châtel-Moron.

VÉZON, Bourbon, Chalmoux.

VIA (la), Igé.

VIAGE, Sagy.

VIAUDET (les), Mornay.

VICAIRE (le), Céron.

VICELAIRE ou VIE-CÉLAIRE, Montmelard.

VICHERESSE (la), St-Usuge.

VIE (la), Sainte-Croix.

VIE-GRAVÉE (la), Frontenaud.

VIECOURT, St-Gervais-s.-Couch.

VIEILLE (la), Cuzy.

VIEILLE-CURE, Cressy, Vauban.

VIEILLE-MAISON-COMMUNE, Sevrey.

VIEILLE-POMPE (la), Montceau-les-Mines.

VIEILLE-VERRERIE, St-Berain-sur-Dheune, Montchanin-les-Mines, Sanvignes.

VIEILLE-VIGNE, St-Bonnet-de-Vieille-Vigne.

VIEILLES (les), St-Laurent-d'Andenay.

VIEILLES-COUPES (les), Clessy.

VIEILLES-COURS ou VILLECOUR, Saint-Racho.

VIELLE (la), Cuzy.

VIEL-MOULIN, Sennecey-le-Gr.

VIENNETTE, Montret.

VIEUX-BOIS-DUVERNE, Montceau-les-Mines.

VIEUX-BOURG, Baudemont, Chapelle-sous-Dun.

VIEUX-CHEMIN, Perrecy-les-F.

VIEUX-CHATEAU (le), Auxy, La Charmée, Cordesse, Couches, La Guiche, Montcénis, Monthelon, St-Aubin-sur-Loire, St-Gervais-s-Couches, Saviangès, La Salle.

VIEUX-MOULIN, Bourg-le-Comte, Céron, Ciel, Marigny.

VIEUX-PORT, Lays-s.-le-Doubs.

VIFS-D'ANZY (les), Montceaux-l'Etoile.

VIGNAL (le), Marcigny, Semur.

VIGNAUDOH VIGNEAU (le), Bourbon, Motte-St-Jean, Mussy, St-Agnan, Varennes-s.-Dun.

VIGNE (la), Martigny, Mornay, Paray, Perrecy-les-Forges, Rousset, St-Bonnet-de-Joux, La Tagnière, Volesvres.

VIGNE-DE-SAULE, Saint-Remy.

VIGNE-MARCHANT (la), Morlet.

VIGNE-MONT, Paray.

VIGNE-MORIN, Maltat.

VIGNERET (le), Saviangès.

VIGNERUX, Cussy.

VIGNES (les), Beaumont-sur-G., Brienne, Chânes, Chassy, Gilly, Mesvres, Pressy, St-Igny, St-Martin-du-Lac, Verrière (la Grande-), Vareilles, La Vineuse, Marcigny.

VIGNES-BOIVIN (les), St-Jean-de-Trézy.

VIGNES-BRUNES (les), St-Privé.

VIGNES-ROBIN, Uxeau.

VIGNOLLES (les), Montret.

VIGNON, St-Vincent-en-Bresse.

VIGNONNERIE (la), Cressy-sur-Somme, St-Didier-s-Arroux.

VIGNY (le), Gourdon.

Vigny-lès-Paray.

VIGOUSSET, Montmelard.

VILAINE, Etang.

VILLA (la), Baron, Clessy.

VILLAIN, Maltat.

VILLAINE, Changy, Nochize, Volesvres.

VILLAIRE, VILLERS ou VILLAIRS, Grury, Maltat, Toulon.

VILLARD (le), Anost, Autun, Chassign., Flacey, Flagy, Joudes, Marizy, Mellecey, Le Miroir, Montagny-près-Louhans, Montmelard, Saint-Agnan, St-Julien-de-Civry, Tintry.

VILLARD-CHAPELLE, Condal.

VILLARD-LAMPIN, St-Agnan.

VILLARD-PUTET, Dommartin.

VILLARETS, Bantanges, Dommartin, Montpont, Rancy.

VILLARGEAULT, Abergement-Ste-Colombe.

VILLAROT, Bosjean.

VILLAROUX, Romenay.

Villars (le).

VILLARS (le), Donzy-le-Pertuis.

VILLARS, Ciry, Lucenay, Les Guerreaux, Trivy, St-Yan.

VILLE (la), Champagnat, Clessé, La Frette, Mazille, St-Martin-de-Senozan, St-Amour.

VILLE-AUX-DAVID (la), Chapelle-Naude.

VILLE-BASSE (la), Mervans.

VILLEBOEUF, Cussy.

VILLE-BUGUET, Montcony.

VILLECLAIR, Chapelle-s.-Uchon.

VILLECOUR, Gueugnon, Saint-Racho, Vaudebarrier.

VILLE-DE-FOURNE, Chapelle-Thècle.

VILLE-DES-BASSETS, Varennes-St-Sauveur.

VILLE-DES-MARÉCHAUX, Serley.

VILLE-DIEU (la), Le Creusot, St-Nizier-sous-Charmoy, Torcy.

VILLE-DU-BOIS, Mervans.

VILLE-FÈVRE, Uxeau.

VILLE-FLOREY (la), Frontenaud.

Villegaudin.

VILLE-LÉNA (la), Montre

VILLE MAISON, Uxeau.

VILLE MARTIN, Saillenard, St-Julien-de-Civry.

Villeneuve (la).

Villeneuve-en-Montagne.

VILLE-NEUVE (la), Abergement-de-Cuisery, Bouhans, Diconne, Etrigny, Frangy, La Genête, Gergy, Gueugnon, Le Miroir, Montret, Mouthier, Pierre, Pouilloux, St-Aubin-en-Charollais, St-Didier-en-Bresse, St-Marcel, Serrigny, Toutenant, Vigny, Vindecy.

VILLEREST, La Vineuse.

VILLERETS (les), Chassigny, Poisson.

VILLERMIN, St-Usuge.

VILLERON, Savigny-en-Rev.

VILLEROT (le), Lessard-en-Br., Thurey.

VILLEROTS (les), Fay, Ste-Croix.

VILLERS, Toulon.

VILLERIE, St-Julien-de-Jonzy.

VILLET (le), Torcy.

VILLETS (les), Pouilloux.

VILLETTE (la), Issy-l'Evêque, St-Julien-de-Civry.

VILLETTES (les), Matour.

VILLE-VAUDREY, Savigny-en-Revermont.

VILLEVÉNY, St-Vincent-en-Br.

VILLEY, St-Etienne-en-Br., St-Germain-du-Bois, St-Martin-en-Bresse, Thurey.

VILLON, Chauffailles.

VILLORBAINE, Mornay.

VINAUTS (les), Ratte.

VINCELLE, Nanton, St-Loup-de-Varennes.

Vincelles.

VINCENT (les), Mesvres, Ratte.

Vindecy.

VINETS (les), Bruailles.

MACON, IMPRIMERIE GÉNÉRALE, X. PERROUX ET Cie.

www.ingramcontent.com/pod-product-compliance
Lightning Source LLC
Chambersburg PA
CBHW070359090426

42733CB00009B/1467